“美丽经济”铸就乡村振兴
——共同富裕之水口模式

姚海琴　张宇华　著

科学出版社
北　京

内 容 简 介

本书共分十四章，第一章介绍乡村旅游发展的国际经验、我国乡村旅游的发展历程与现状及面临的主要问题和应对策略；第二章阐述乡村旅游发展背景下水口乡共同富裕的现状；第三章阐述水口乡农家乐产业和乡村旅游业的起步和发展过程；第四章阐述水口乡“生态立乡、旅游兴乡”发展战略的缘起和践行，以及该战略指导下的低碳发展路径；第五章总结并提炼水口乡旅游的发展模式和商业模式；第六章、第七章分别介绍水口乡旅游发展的管理体系和服务体系；第八章、第九章主要介绍水口乡旅游的自治体系和智治体系；第十章在分析集体经济内涵和作用的基础上，剖析水口乡旅游发展背景下的新型集体经济的作用和类型；第十一章介绍水口乡妇女在乡村旅游发展中的就业与作用；第十二章分析水口乡乡贤人才助力乡村旅游发展的情况和案例；第十三章介绍水口乡旅游业在疫情下的应对措施和后疫情期间的复苏举措；第十四章指出水口乡旅游业发展仍存在的问题，提出今后的发展愿景。

本书既可以作为高等院校旅游管理专业的教学用书，也可以作为乡村振兴、乡村旅游、共同富裕方面的研究人员，以及各地旅游系统管理人员、乡村旅游目的地县乡级干部、乡村旅游从业人员的参考书和培训用书。

图书在版编目（CIP）数据

“美丽经济”铸就乡村振兴：共同富裕之水口模式/姚海琴，张宇华著. —北京：科学出版社，2022.12

ISBN 978-7-03-073976-6

Ⅰ. ①美… Ⅱ. ①姚… ②张… Ⅲ. ①乡村旅游-旅游业发展-研究-长兴县 Ⅳ. ①F592.755.4

中国版本图书馆 CIP 数据核字（2022）第 223008 号

责任编辑：陈砺川 / 责任校对：王万红
责任印制：吕春珉 / 封面设计：东方人华平面设计部

科学出版社出版
北京东黄城根北街 16 号
邮政编码：100717
http://www.sciencep.com

三河市骏杰印刷有限公司印刷

科学出版社发行　各地新华书店经销

*

2022 年 12 月第 一 版　开本：787×1092 1/16
2022 年 12 月第一次印刷　印张：13 1/4
字数：305 000

定价：38.00 元

（如有印装质量问题，我社负责调换〈骏杰〉）

销售部电话 010-62136230　编辑部电话 010-62135763-1028

作 者 简 介

姚海琴，浙大城市学院国际文化旅游学院副教授、硕士生导师，杭州市哲学社会科学重点研究基地“数字化转型与社会责任管理研究中心”、浙江省文化和旅游厅共同富裕专家委员会秘书处研究人员。硕士毕业于浙江大学旅游管理专业，博士毕业于浙江大学农业经济管理专业，长期专注于旅游管理、乡村旅游经济等方面的研究，已主持完成各类重点课题十余项。通信地址：浙江省杭州市拱墅区湖州街 51 号浙大城市学院南校区西辅楼；邮编：310015。电话：13858026833；电子邮箱：yaohq@zucc.edu.cn。

张宇华，中共党员，长兴县水口乡人民政府总工会主席。曾任水口乡人民政府生态旅游办公室主任、水口茶文化景区综合管理办公室主任、水口乡党政综合办公室主任、水口乡社会经济发展办公室主任、水口乡民宿行业联合工会主席、水口乡农家乐调解委员会主任和湖州市旅游协会旅游景区分会副会长，浙江生态文明干部学院、长兴县委党校客座讲师。通信地址：浙江省湖州市长兴县水口乡人民政府；邮编：313108。电话：18157223550；邮箱：1583065637@qq.com。

序 言

“三农”工作事关国家的稳定与健康发展。随着社会经济发展水平的稳步提升和供给侧改革的需要，从温饱问题解决到脱贫致富、从乡村振兴到共同富裕、从农民工进城务工到城市反哺农村，新的发展阶段，“我国社会主要矛盾是人民日益增长的美好生活需要和不平衡不充分的发展之间的矛盾”。脱贫攻坚任务的完成标志着乡村振兴全面拉开序幕，在推进乡村振兴和城乡融合的大背景下，如何振兴乡村成为现阶段的最主要任务之一。习近平总书记指出：“要抓住乡村旅游兴起的时机，把资源变资产，实践好绿水青山就是金山银山的理念。”二十大报告指出“农业农村优先发展，巩固拓展脱贫攻坚成果，加快建设农业强国，扎实推动乡村产业、人才、文化、生态、组织振兴，全方位夯实粮食安全根基，牢牢守住十八亿亩耕地红线，确保中国人的饭碗牢牢端在自己手中。”更是为新时代农业农村的高质量发展明确了方向。对于资源相对丰富、有条件发展旅游的农村地区而言，高质量发展乡村旅游是改变乡村、活化乡村、重塑乡村，快速缩小地域差距、城乡差距、收入差距，实现乡村振兴和共同富裕行之有效的重要举措和重要途径。

2013—2020年，笔者因工作需要在浙江省湖州市长兴县水口乡人民政府生态旅游办公室负责乡村旅游工作。彼时水口乡旅游已经初具规模，农家乐数量已达325家，年游客量为180万人次左右。到2020年，水口乡乡村民宿规模发展到近600家，总床位数超20 000张，年游客量超400万人次，而水口乡也成了远近闻名的乡村旅游目的地和乡村旅游产业集聚区。在多年的旅游岗位经历中，笔者接待了来自全国各地的各类考察、学习人员20余万人，同时也对多个省市地区的乡村旅游发展情况进行了调研学习，这些经历都使得笔者对“三农”工作的内涵有了更深刻的理解和认识。我国地大物博，地区差异较大，从沿海地区、山区、半山区到平原地区，从广阔大漠、草原到江南水乡，都各具特色，而且乡村旅游的业态布局、发展模式、运营模式、管理机制等也是因地制宜、百花齐放。但在考察、调研、交流过程中，笔者也看到了发展过程中的一些共性问题：虽然对“绿水青山就是金山银山”的发展理念认识深刻，但对于从“绿水青山”到“金山银山”转化的通道探索有待突破；对发展与保护平衡、建设与经营矛盾、投入与产出失调、可持续发展动力缺乏等问题的探索和解决有待加强和深入等。

从长三角地区来看，笔者所在的水口乡在发展乡村旅游方面并没有特别显著的优势，既缺乏著名、特色、优质的旅游资源，也没有近年来流行的网红打卡点，但通过深挖文旅资源，依靠当地乡民开办农家乐（现在统称为乡村民宿）这一载体取得了年游客量超 400 万人次、年增长比例不低于 15%的成绩，且知名度、满意度和美誉度不断提升，客源地不断拓展，客源结构不断优化，当地群众收入不断增长，幸福感不断提升。水口乡通过从传统农家乐到乡村旅游、乡村度假、乡村生活的不同发展阶段及其定位路径，实现了“民富、村壮、乡强”的目标。水口乡践行“两山理念”、推进乡村振兴、实现共同富裕的路径极具典型性、代表性和借鉴性，尤其是在疫情影响下，无论是疫情期间还是后疫情时代，乡村旅游产业均表现出强大的韧性、抗风险性和可持续性。

本书以长兴县水口乡 20 余年间乡村旅游产业从萌芽、成长、发展到规范和转型的路径为主线，从长兴县委、县政府及水口乡历届党委政府始终坚持“两山理念”，坚持“生态立乡、旅游兴乡”发展战略，坚持以农为本，坚持相信群众、发动群众、依靠群众，坚持共建共享共治，从当地村民的积极性调动、产业的发展与保护、个体经济与集体经济并驱发展、工商资本与个体经济平衡、开放式景区规范化管理体系组建、旅游产业链供应链体系整合、政府与市场关系处理等共性和个性问题的解决举措等方面展开阐述，尤其是对水口乡因乡村旅游起步较早，在缺乏可借鉴经验情况下针对实际问题解决方案的多角度探索和开创性举措进行归纳总结，以期为有条件、有资源的地区通过发展旅游实现乡村振兴提供一些启发和经验借鉴，帮助基层政府在践行乡村振兴过程中进一步拓宽思路、节约资源、推陈出新、因地制宜、少走弯路。

张宇华

2022 年 11 月于长兴

前　言

“全面建设社会主义现代化国家，最艰巨最繁重的任务仍然在农村”，因此，在我国的现代化建设道路上，实现农民农村的共同富裕具有至关重要性。促进农村地区现代化和共同富裕必须依据各地实际找到有力抓手和有效途径，乡村旅游促进了一二三产业的融合发展，是实现乡村振兴的重要途径。

2005 年 8 月 15 日，在考察浙江省安吉县余村时，时任浙江省委书记习近平同志首次提出“绿水青山就是金山银山”的科学论断和发展理念，被誉为“两山”理念。水口乡地处长江三角洲经济前沿圈的山丘地区，既有“绿水青山”的优质生态，又有打造“金山银山”的地缘机遇。在习近平同志“两山”理念的指导下，在省委省政府“八八战略”的带动下，水口乡及时准确地确立了“生态立乡、旅游兴乡”的绿色发展战略，在充分保护“绿水青山”的前提下，合理开发利用“绿水青山”，鼓励当地农民参与乡村旅游业的发展，农民收入大大提高。经过 20 余年的旅游发展历程，水口乡形成了以乡村旅游业为发展核心的共同富裕模式，积累了丰富的实践经验，可供全国乡村旅游发展地参考和借鉴。

农家乐、乡村民宿、乡村旅游是本书探讨的主要对象。于长兴县水口乡而言，吴瑞安老先生最初创建的疗养中心带动了一大批农家乐的兴起和发展。经历了初步发展期和快速增长期后，水口乡现有农家乐和乡村民宿近 600 家，规模比较稳定。如同全国其他地区，水口乡的农家乐在经历了发展的辉煌期后，一些问题如档次不高、设施比较简陋等逐步凸显，发展遇到瓶颈。但水口乡的客人主要来自长三角地区，尤其是上海的老年人，他们对价格比较敏感，对设施设备的要求则没有年轻人那么高，再加上“亲情经济”模式下老年回头客非常多，这给了水口乡机会，较低档次的农家乐没有因为游客的新鲜感减少而像有些地区一样被抛弃。水口乡基层政府及相关管理部门及时抓住机会，鼓励有能力的农家乐业主适时进行转型发展，鼓励有学识和有见地的青年人才返乡创业，一大批颇具当地文化气息和产品特色的乡村民宿应运而生。以前的发展基础不能成为现今转型提升发展的绊脚石，水口乡通过各项政策激励特色民宿的创办，努力改善当地的客源结构，促进客源市场的逐步年轻化。为了促进农家乐和乡村民宿更好地发展，全域性乡村旅游发展刻不容缓，大唐贡茶院等景区景点的建设、全乡域开放式国家 4A 级景区的创建、乡村大型项目的引入等，大大促进了当地旅游的产业化发展。

我国乡村旅游始于 20 世纪 80 年代，之后得到全面发展，乡村旅游遍地开花。但经过几十年的发展后，问题也逐步显现，不少地区的乡村发展遇到瓶颈，尤其是一些低端的农家乐慢慢为游客所抛弃，逐步退出了市场，因此，农家乐的提档升级，乡村旅游的整体化、品牌化和产业化发展被提上了议事日程。水口乡在发展乡村旅游的过程中，始终以当地农民为核心，鼓励和帮助当地农家乐转型升级，同时打造全乡域开放型景区，联动各项产业，“触网”电子商务，走出了一条乡村旅游致富乡民的新路径。

本书剖析、总结和提炼了乡村旅游促进共同富裕的水口模式，希望能给各地乡村旅游的经营者、管理者、规划者提供借鉴，为乡村旅游发展地的基层政府提供具体的治理方法参考。同时，本书对于旅游从业人员、旅游企业的管理人员、MBA 学员等提升从业能力和管理能力也颇有帮助。

感谢长兴县社会科学界联合会、长兴县文化和广电旅游体育局、水口乡人民政府对本书撰写的大力支持，感谢长兴杳梦文化传播有限公司对本书撰写期间提供的各项帮助，感谢丁洁总经理为团队调研提供的各项便利；感谢浙大城市学院旅游管理专业 2020 级学生为本书收集各项相关资料，特别感谢郭雪峰、郭贤世、郑可颖、周佳沂、张津、金雪妮、单温雅、苏宇增、张妤萱、张凯颖、林润梓、宁文静、龚禹滔、朱丹丹、陈龙伟、谢怡婕等同学。

本书为浙江省妇女研究会、浙江省妇女联合会 2021 年妇女/性别研究立项课题“高水平推进乡村旅游业振兴中的妇女作用发挥研究”（课题编号：202125）成果；为浙大城市学院科研培育基金资助课题“乡村旅游发展中的农村妇女创业就业及政策研究”（课题编号：J-202119）成果。

本书的撰写受到杭州市哲学社会科学重点研究基地“数字化转型与社会责任管理研究中心”资助。

姚海琴

2022 年 11 月于浙大城市学院

目　录

第一章　绪　　论

相比于欧洲、日本等，我国乡村旅游起步较晚，业界认为，20 世纪 80 年代中后期，成都“徐家大院”是农家乐诞生的标志，深圳举办的“荔枝节”是我国乡村旅游起源的标志。乡村旅游虽是新兴事物，但是得到了国家的高度重视。2006 年，我国的旅游主题为“中国乡村游”；2007 年，国家旅游局和农业部联合发布了《关于大力推进全国乡村旅游发展的通知》；2008 年，《中共中央关于推进农村改革发展若干重大问题的决定》使乡村旅游经营模式更加科学化、合理化和多样化；2009 年，《国务院关于加快发展旅游业的意见》提出了“实施乡村旅游富民工程”。2014 年，《农业部关于进一步促进休闲农业持续健康发展的通知》提出“发展具有文化内涵的休闲乡村”，进一步推进了农业和旅游业的融合。2018 年，国家发展改革委等 13 个部门联合印发《促进乡村旅游发展提质升级行动方案（2018 年—2020 年）》，提出“鼓励引导社会资本参与乡村旅游发展建设”，加大了对乡村旅游发展的配套政策支持。近几年，国务院中央一号文件多有针对乡村旅游和休闲农业发展做出的专门指示，强调和鼓励有条件地区大力发展乡村旅游和休闲农业。

第一节　乡村旅游发展的国际经验

发展乡村旅游有助于改善农村民生，能够促进农民基本生存状态的改善、拓展农民的发展空间、提高农民的发展能力和生活质量[1]。同时，乡村旅游也能帮助城市人群暂时离开都市、释放身心压力等，但是总体而言，相比西方发达国家，我国的乡村旅游起步较晚，发展相对落后，概括和分析国外乡村旅游发展的经验模式，能够对我国乡村旅游的发展、管理和研究起到一定的借鉴作用。

一、法国——独特性代表

法国乡村旅游项目按照消费功能可划分为休闲、住宿和美食品尝三大类，按照经营方式可分为农场客栈、点心农场、农产品农场、骑马农场、教学农场、探索农场、狩猎农场、暂住农场和露营农场九个系列。

法国乡村旅游的独特性在于，它的每一个产品及其由产品构建起来的系统都力图保持其原真性与独特性。以“农产品农场”为例，游客可在农场购买当地的产品，也可享用农场的美食，但是每个农场销售的主要农产品必须是自己生产的，主要原材料原则上不可以向外采购，必须以农场种植、养殖的动植物为主，副材料虽可以来自农场之外的产区，但生产加工程序必须在农场内部进行，从而保证每个农场都有自己独特的产品。为了保证农产品不是大规模工业生产的产物，农场必须向有关部门提交相关资料，从制度上保证了乡村旅游与自然的和谐，减少了农场之间同质恶性的竞争。

二、德国——多元化代表

德国乡村旅游的多元化，体现为经营和设计上的多元化融合。其中，卡尔斯草莓农场是多元化的典型，“好产品+强终端+经济链+展示窗+名品牌”是它的发展模式。卡尔斯草莓农场是德国版的“田园综合体”，是德国休闲农业的鼻祖。

卡尔斯草莓农场经过两次改革后，专注于草莓供应，并将草莓 IP（intellectual property，知识产权）化，依托草莓农场的名气打造更丰富的旅游项目，以多元化产业为依托，将主要收益从亲子项目转向草莓商品的销售，合理地运用了 IP，大大地延伸了产业链。

三、西班牙——人性化代表

西班牙乡村旅游的人性化在于，它十分注重主客交流和生活方式的体验：在农舍内，游客可与农场主人共同生活，参与体验性较强；经营形式灵活多样，游客可以把整个农场租下，远离农场主人，自行料理生活上的事务，也可以在农场内搭建帐篷露营或者利用旅行车旅行；重视文化的复兴和传统习俗的渗透，保持了乡村旅游的独特魅力。在西班牙，休闲农场具有观光、休闲、度假、劳作体验、教育、环保、文化体验等多种功能，85%的乡村旅游者周末驾车前往 150 千米范围内的农场休闲度假[2]。

四、日本——跨界融合代表

在日本，乡村旅游跨界融合是产业发展的核心，如将农业生产、农产品消费和休闲旅游融合为一体，并依据自然条件和农产品的类型进行开发、经营，形成了其独特的风格；将休闲农业与养老产业进行融合，为适应老年人的旅游需求，为其提供疗养、休闲、保健服务的旅游度假村[3]。

第二节 我国乡村旅游的发展历程与近况

一、我国乡村旅游的发展历程

有学者认为，国外乡村旅游发展大体经历了起步、发展和成熟三个阶段，我国的乡村旅游自 20 世纪 80 年代中后期起步以来，因农村发展实际与政策方面的差异，大致经历了起步、全面发展、纵深发展、转型与可持续发展四个阶段。

1. 起步阶段

20 世纪 80 年代中后期到 20 世纪 90 年代中期为我国乡村旅游发展的起步阶段。以成都“徐家大院”诞生为标志，乡村旅游的主要发展形式为农家乐，主要特征是以农户为单位，以传统农业为依托，以“看乡村景、干农家活、吃农家饭、享农家乐”为主要旅游内容，农家乐是乡村旅游发展的初级形态。

2. 全面发展阶段

20 世纪 90 年代中期至 21 世纪初为我国乡村旅游的全面发展阶段。1995 年，我国实行双休日；1999 年，我国将春节、五一、国庆节法定假日增至 3 天，通过双休日调休后可形成 7 天的小长假；2000 年，国务院 46 号文件明确了“黄金周”的概念。法定节假日的调整及一些乡村旅游利好政策的出台，助推了乡村旅游的快速发展。

3. 纵深发展阶段

21 世纪初到 2010 年为乡村旅游的纵深发展阶段。2002 年，我国颁布了《全国农业旅游示范点、工业旅游示范点检查标准（试行）》，使乡村旅游发展逐步走向规范化。2007—2010 年的中央一号文件也体现了对乡村旅游发展的重视。因此，全国的乡村旅游和休闲农业得到加速发展，这促进了农民的就业，提高了农民的非农收入。

4. 转型与可持续发展阶段

2011 年至今为乡村旅游的转型和可持续发展阶段。这一阶段，乡村旅游作为破解"三农"问题的重要途径，频繁出现在中央一号文件等我国政府的重要政策文件中，强调了转型和可持续发展。2014 年的中央一号文件提出乡村发展要注意保护传统村落和民居；2015 年的中央一号文件提出利用文化资源发展乡村旅游；2017 年的中央一号文件提出利用"旅游+"拓展乡村旅游功能；2018 年的中央一号文件提出要构建农村一二三产业融合发展体系，让农民合理分享全产业链增值收益。

二、我国乡村旅游的近况

近些年来，我国乡村旅游人数不断增加，乡村成为人们休闲度假的好去处。根据农业农村部乡村产业发展司数据，2019 年，我国乡村休闲旅游业接待游客 33 亿人次，营业收入超过 8500 亿元[①]。

2012—2019 年，中国乡村旅游接待人次递增趋势如图 1-1 所示，乡村旅游总收入增长趋势如图 1-2 所示。

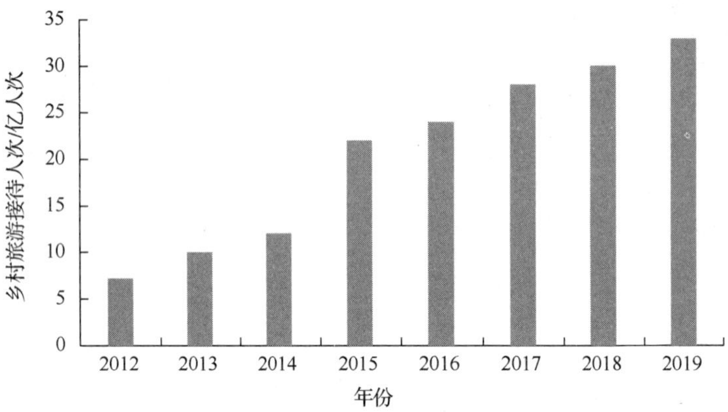

图 1-1 2012—2019 年中国乡村旅游接待人次统计[②]

乡村旅游发展为农村和农民带来了发展机遇，启动和活跃了农村消费市场，带动了大量的经营主体，激发了农民的内生动力，促进了乡村振兴。

① 新华社. 2019 年我国乡村休闲旅游业营业收入超 8500 亿元[EB/OL].（2020-12-05）[2022-04-06]. http://www.gov.cn/shuju/2020-12/05/content_5567227.htm.

② 2012—2018 年数据来自《2019 年中国乡村旅游行业市场现状及发展趋势分析——将向多样化、体验化及融合化发展》；2019 年数据来自脚注①。

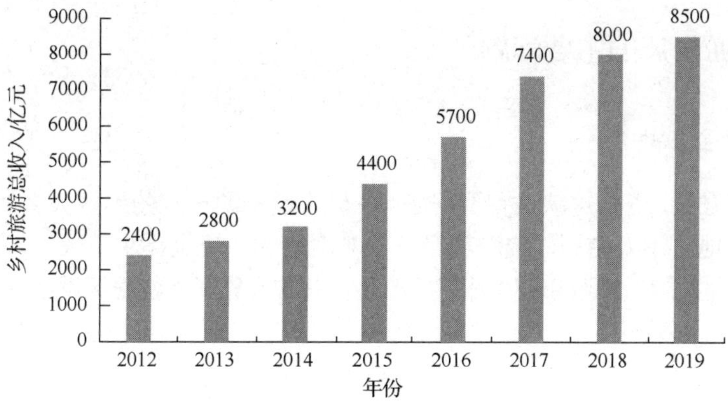

图 1-2 2012—2019 年中国乡村旅游总收入统计①

乡村旅游消费市场活跃。近些年来，乡村旅游产品广受欢迎，乡村旅游业的发展带动了农村经济的多元化发展。旺盛的乡村旅游需求带动了当地农副产品、特色农业（果业）、农村电商业、农村物流业等全面发展，以乡村旅游为核心的农村经济产业链系统化发展起来。乡村旅游业成为我国旅游业新的主要力量，旅游消费启动了乡村消费市场，推动了乡村旅游消费市场向消费大众化、产品特色化、服务规范化、效益多元化方向发展。

乡村旅游经营主体多样。多元化的乡村旅游经营主体打造出完整的乡村旅游产业形态，农家乐、家庭农场、综合性的休闲农业园区等乡村旅游经营主体百花齐放。新兴乡村旅游经营主体成为农村创业的风口，乡村民宿方兴未艾；以特色产业为主题的家庭农场促进了当地农副产品的产业化发展，如草莓、杨梅等；综合性的休闲农业园区满足了城乡游客的多样化消费需求，中国美丽休闲乡村数量日益增多。

第三节 乡村旅游发展的主要问题与应对策略

乡村旅游是一种新兴的旅游形式，既带动了农村经济的发展，又缓解了城市居民的工作和生活压力，帮助他们回归自然、体验田园风光。乡村旅游缩短了城市与农村的距离，促进了城乡文化的交融，但是，乡村旅游发展过程中也面临着一些亟待解决的问题。

① 2012—2018 年数据来自《2019 年中国乡村旅游行业市场现状及发展趋势分析——将向多样化、体验化及融合化发展》；2019 年数据来自上页脚注①。

一、乡村旅游发展的主要问题

1. 发展资金短缺

乡村旅游发展，资金短缺是首要问题。乡村旅游资源丰富的地区大多属于偏僻山区，交通相比其他地区不太便利，旅游项目开发难度较大，资金需求量较大。同时，乡村旅游发展需要当地品牌的打造和整体环境的改善，基础设施和旅游服务设施投入需求较大。

2. 动态管理缺乏

发展乡村旅游没有统一不变的方法和途径，在产品开发和当地农民参与过程中，往往会出现一些临时性问题和矛盾，原本的村民自治组织在处理乡村旅游相关事务时又显得缺乏经验和能力不足，使得因动态管理缺乏而造成的问题得不到及时处理。

3. 公共参与不足

乡村旅游的发展虽然促进了当地农民的就业，使其收入大幅度提升，但是由于思想观念跟不上现代社会的发展，存在一些搭便车的想法和行为。当地村民对公共项目和产品的参与积极性不高，造成公共旅游产品维护困难，乡村旅游整体产品品牌打造遇到瓶颈。

4. 创新意识不够

与城市相比，农村尤其是乡村旅游资源比较丰富的偏远地区对人才的吸引力不大，人才缺乏在某种程度上造成的乡村旅游产品的无序复制、缺乏特色、发展模式单一，容易让游客产生疲劳和厌倦的心理，乡村旅游项目设计缺乏创新意识，产品无法形成核心竞争力。

二、乡村旅游发展的主要策略

1. 延伸产业链，增强内生发展能力

应以乡村旅游为核心，延长产业链，使一二三产业融合发展。优化农村产业结构，在发展观光采摘农业、大棚生态餐厅、农家乐、农家大院、民俗村、垂钓鲜食等产品的同时，带动观赏经济作物种植、蔬菜瓜果消费、家禽家畜消费、餐饮住宿消费、民俗文化消费的全面发展，把第三产业引入农村。农民可以多种形式就业，可以旅游为主业、种植为副业，也可以产业化种植为主业，其身份可以从务农转变成农商并举，既可以独立经营，也可以形成私营企业。总之，须通过产业链的延伸，增强农民和农村的内生发展能力。

2. 成立专门组织，加强动态管理

针对乡村旅游业和融合交叉产业的发展，须成立村两委（村党支部委员会、村民委员会）以外的专门组织加强动态管理。针对无序性，专门聘请专家团队做好规划，引导当地产业的有序竞争与发展；针对产业发展过程中出现的各种矛盾和纠纷，及时进行化解和处理，并对产业行业发展实施有效监督，维护市场秩序，保护旅游消费者的各项权益等。

3. 组建非营利团体，实现充分自治

建立行业协会，鼓励经营实体和经营业主以会员身份积极参与；成立合作社，帮助农户销售农副产品、旅游商品和当地特产等；成立各类志愿者组织，帮助农民保护当地的生态环境，及时化解纠纷，开展紧急救援，维护旅游高峰期的交通秩序等。组建多种类型的非营利组织和团体，充分发挥当地农民和各类经营实体的主人翁精神，帮助其实现充分自治。

4. 发掘和引入人才，打造创意旅游

农村地区乡村旅游的蓬勃发展离不开人才的创新和付出，因此，发掘和引入人才对乡村旅游的发展至关重要[4]。制定人才引进政策，吸引大学生等高端人才回流农村；加大培训力度，挖掘和提升当地的人才，增强当地劳动力的可持续发展能力。鼓励人才开发创意旅游项目和产品，融入当地的特色文化和民风习俗，充分发挥当地的资源优势，打造个性化创意旅游产品。

本章启示

一、理论知识链接

乡村旅游是由乡村地区居民积极参与并提供的以乡村生态、农事劳动、乡村风土民俗及乡村人文建筑等为景观，满足游客求知、求新、休闲和度假需求的旅游活动。乡村旅游强调当地村民的积极参与并从中受益，强调乡村资源的乡村性，强调不同于城市的农村地区的独特性，强调市场性，乡村旅游产品还须迎合市场的需求。

按照乡村旅游经营实体性质和规模的不同，乡村旅游分为家庭型乡村旅游、企业型乡村旅游和村集体型乡村旅游。家庭型乡村旅游是指农户以家庭为单位，利用自家院落、田地及所依托的乡村生态，为游客提供餐饮、住宿、采摘和农事体验等服务，让游客充分体会乡村风光和农家生活等内容的旅游经营活动；企业型乡村旅游主要是指采取私人

独资或者公司制的经营管理方式，利用农业自然环境、农业生产过程、农业生产设施、农田原地景观、农耕历史文化和农家生活面貌等乡村资源，为旅游者提供观光、休闲、体验和度假等多项服务内容的乡村旅游类型，多以休闲农园或乡村农庄的形式存在；村集体型乡村旅游主要是指村里成立相应的经营管理组织，实行统一营销、品牌打造，家庭经营户接受“统一营销、统一管理、统一培训、统一监督”的模式，各乡村旅游实体（家庭型乡村旅游实体和企业型乡村旅游实体）积极参与其中，遵守村里的规章制度，享受其中的权益[5]。

二、水口乡经验与启示

水口乡的乡村旅游虽然已经形成产业集群，众多的经营户和经营企业加入其中，但其乡村旅游本质上属于村集体型乡村旅游。水口乡的乡村旅游从起步发展至今，水口乡顾渚村村委会、水口茶文化旅游景区综合管理办公室（简称景区综合管理办公室）等都发挥了积极的作用，它们引入企业资本、带领个体经营户走出了一条水口乡的特色乡村旅游道路。

第二章　水口乡旅游促进共同富裕现状[①]

顾渚村位于浙江省湖州市长兴县北部，距离杭州城区120多千米，距离上海城区160多千米。村外是山清水秀的自然美景，村里则有整洁雅致的乡村环境（图2-1），每年村里都会吸引大批游客前来休闲度假。长兴县水口乡以顾渚村为基点，向全乡辐射乡村民宿经济，是一个以乡村旅游发展为核心来推动乡村振兴、实现共同富裕目标的全域旅游乡镇。水口乡自2003年确定“生态立乡、旅游兴乡”发展战略后，一直坚持走保护与发展并重的生态文明建设之路，坚持山、水、林、田、湖、草活化的绿色可持续发展理念，坚持农、文、旅、工、商、学、养等产业深度融合发展方式，坚持“乡村民宿经济+新经济”这一发展路径，不断践行“绿水青山就是金山银山”的理念，探索以乡村旅游推动乡村振兴、实现共同富裕的水口乡发展模式。

图2-1　顾渚村全景图

① 本章所有数据均由水口乡人民政府提供。

第一节　区位条件与发展基础

一、区位条件

水口乡位于长兴县西北部，地处苏浙皖交界地带，北与苏南接壤，东南与上海浦东临近，位于长江三角洲经济前沿圈，与上海、杭州、南京、苏州、无锡、常州、芜湖等大中城市相距均在 200 千米之内，可在 2 小时内到达。水口乡距长兴县城 13 千米，距 104 国道 7 千米，与 318 国道、杭宁高速公路、申苏浙皖高速公路、杭长高速公路、长湖申航线、宣杭铁路相距均在 10 千米左右。乡内长水、水丁、水夹公路纵横贯穿，交通便利，区位优势明显。

二、资源环境

水口乡地形以低山、丘陵为主，地势由西向东倾斜。顾渚山位于天目山余脉尾端，夹在南川山、尧市山之间，形成三条平行的山谷。唐代贡品金沙矿泉水潜藏于花岗岩内，含有锌、锰、锂、铁、氡等多种微量元素，被誉为含锶、偏硅酸重碳酸型饮用天然矿泉水。全乡拥有河流 26 条，总长 70.9 千米，水域面积 2.042 平方千米[①]。

水口乡三面环山，东临太湖，具有特有的太湖气候。境内山清水秀，气候温和，生态优良，植被茂密，森林覆盖率达 90%以上，空气负离子含量达 10 000 个/厘米^3，整个水口乡如同坐落在一个巨大的天然氧吧中。境内顾渚山有大唐贡茶院、唐宋摩崖石刻、寿圣寺等名胜古迹，囊括丰富的旅游资源，有霸王潭、明月峡、忘归亭、带缆石、古茶园、金沙泉、霸王湖等优美景点，构成了山环水绕的绝佳绿色生态之旅，具有很高的观赏游憩价值；有银杏、金钱松、野大豆等数量众多的野生物种，以及白鹭、穿山甲等 175 种野生动物，其中 16 种为国家一级、二级保护动物。

三、社会经济

水口乡域面积 80 平方千米，人口 1.9 万人，辖 1 个社区及水口、龙山、顾渚、徽州庄、金山、徐旺、江排、后坟 8 个行政村。2020 年全乡实现地区生产总值 12.86 亿元，同比增幅 2.75%，人均生产总值 64 891 元。第一产业增加值 1.18 亿元，同比增幅 3.2%；

① 本章所有数据均由水口乡人民政府提供。

工业增加值 5.21 亿元，同比增幅 1.6%，共有工业企业 73 家，其中规模企业 33 家，主导产业为新型耐火和新型纺织业；服务业增加值 6.47 亿元，同比增幅 3.6%。2020 年国民经济三大产业结构为 9.42∶41.61∶48.97。

水口乡具有悠久的历史文化，境内顾渚山因秀生茶，因茶扬名，如图 2-2 所示。茶圣陆羽曾在此“置茶园、著《茶经》”。顾渚山的紫笋茶香气馥郁，汤色清澈，茶味鲜醇且回味甘甜，在陆羽的推荐下成为唐代贡品，续贡 800 多年，并在顾渚山下建成中国历史上第一座官办茶厂——皇家贡茶院。

图 2-2　顾渚山紫笋茶园

发展过程中，水口乡始终坚持“生态立乡、旅游兴乡”战略，以富民强乡为目标，以“建设大景区，优化大生态，促进大提升”为统揽，创新业态、提升品质、优化服务，将“绿水青山”的生态优势转化为发展乡村旅游的产业优势，逐步探索出一条从农家乐到乡村旅游再到乡村度假并向乡村生活转型的乡村旅游发展之路。2014 年，水口乡成功创建全乡域开放式国家 4A 级景区；2017 年，创建全国首个省级乡村旅游产业集聚区，行政村实现美丽乡村和 A 级景区村庄创建全覆盖，成功创建 3A 级景区村庄 3 个、A 级景区村庄 5 个；2020 年，接待游客超 400 万人次，实现旅游收入 11 亿元。

第二节　美丽经济与美丽村域

根据《中国统计年鉴-2020》①，2019年我国的人均国民总收入为70 891.8元，农村居民人均可支配收入为16 021元，浙江省农村居民人均可支配收入为29 875.8元。2020年长兴县水口乡顾渚村（乡村旅游核心区域）全体农民人均可支配收入为49 000元，在全国农村地区已处于较高水平。

水口乡的乡村旅游业已颇具规模，总量大且相对集聚，产业结构搭配比较合理，规模效应明显，图2-3为水口乡的一些特色项目。水口乡的乡村旅游特色品牌类有开元芳草地乡村酒店、花间堂·沂水禅茶文化主题酒店、景澜·富硒山居酒店、大唐贡茶璞仕酒店和霸王潭远方的家主题酒店共5家；乡村民宿和农家乐近600家，其中百翠山居、枕竹@顾渚、紫茗山庄、尧韵山庄、归心民宿、我行我宿等为特色民宿的代表，顾渚风情、小燕子、紫笋农庄、毛草屋、馨怡苑、湖滨等为精品（星级）农家乐的代表。从旅游业态来看，除了大唐贡茶院、寿圣寺、霸王潭等传统景区景点外，还有唐潮十二坊、四月天杜鹃花海、南山脚房车营地、画溪谷露营地、太湖之滨农耕文化园等新型休闲游乐类项目。2019年，水口乡共接待游客403万人次，实现旅游收入12亿元，50%以上乡村民宿的营业额超过100万元，户均营业额约为70万元，户均净收益为27万余元，其中顾渚村村级集体经济收入达到600余万元。

图2-3　水口乡的乡村旅游特色项目

① 国家统计局. 中国统计年鉴-2020.http://www.stats.gov.cn/tjsj/ndsj/2020/indexch.htm.

乡村旅游业的规模发展推动了普通老百姓的创业就业，较大幅度地提升了农民的收入，有利于实现农民生活富裕[6]。同时，乡村旅游业的发展也促使水口乡农业产业化、村域生态化等方面发生了本质的变化，因此，水口的乡村旅游经济被当地称为“美丽经济”。旅游促进水口乡共同富裕不仅是指收入的增加、物质的富足，同时也体现在精神的富裕上，如乡村文化日益丰富、乡风日益文明等。

一、旅游促进创业就业

在水口乡当一个“农民”是一件令人非常自豪的事情，对外地的劳动力而言，想要成为水口乡的农民是非常难的，因为留在水口乡当“农民”就意味着增产增收。

1. 农民就地非农转移就业

产业发展初期，农家乐创业经营的准入门槛相对较低，村民把自家住房简单改造后就开始接待游客了，当地农民普遍参与，受益面非常广。一些先营业的农户带动周边邻居和亲戚朋友一起创业经营，相互介绍客源，发展了当地富有特色的亲情旅游经济，并逐步形成一定的规模。当地村民亦农非农，充分利用家庭闲置资源和自身的剩余劳动时间，在一定程度上实现了就地充分就业，务农和旅游经营不仅两不相误，而且带动了产业之间的互补和相互促进，自家种养殖的各类农副产品被端上了餐桌，有的甚至升格为绿色土特产品或旅游商品被游客带回家或寄给亲戚朋友。在亲情旅游经济带动下，专业化的农副产品市场逐步形成，各农家乐经营户兼职农副产品的终端销售商，形成了庞大的销售网络体系。以核心区顾渚村为例，全村包括山地面积 18.52 平方千米，共有 938 户 2902 名村民，目前该村共发展各类农家乐（乡村民宿）486 家，全村 80%以上的村民创业或就业于乡村旅游相关产业。

2. 外出务工劳动力返乡创业

乡村旅游发展之前和发展初期，水口乡因工业体系相对薄弱，一直以来都是浙江省的一个贫困乡镇。2003 年，全乡年人均收入只有 3888 元，主要收入来源是山上的毛竹和茶叶，当时整个乡有不少年轻劳动力外出务工，村里留下来的多数是年老体弱的村民和孩子。但自从乡村旅游发展起来后，不少外出务工的村民发现自己在城市里辛辛苦苦、省吃俭用带回家的务工收入并没有比留在村里的农家乐经营者赚得多，相反，在外务工还要忍受与家人分离的痛苦，尤其是无法照顾家里的小孩和老人。于是，那些外出务工的劳动力陆陆续续带着先进的理念、资金、人脉等资源回到村里创业于乡村旅游业，其中不乏工厂厂长、企业高管等人才。据初步统计，全乡近 600 家农家乐（乡村民宿）的经营业主，返乡创业的占比为 12%左右。特别值得注意的是，大学生等具有较高学历的青年一代逐步接手上一辈的经营业务，水口乡的农家乐（乡村民宿）主人正在从第一代开创者向第二代经营者转变。

3. 吸纳外来劳动力从业

水口乡旅游及相关产业的大力发展，不仅促进了当地村民的充分就业，还吸引了不少外来劳动力创业就业。外来劳动力从业主要分为两种情况：一是附近乡镇村民在民宿经营户中暂时性务工，承担乡村民宿的烹饪、洗涤、整理客房等服务工作，大大减轻了民宿经营者在旅游旺季时的用工短缺压力；二是举家搬迁至水口乡旅游核心区顾渚村从事商品买卖活动。顾渚村现有顾渚农贸市场、顾渚小商品市场、唐潮十二坊旅游综合体三大市场，核心道路 1.5 千米区域，分布着大大小小各类商铺近 700 间，相关商贸活动直接从业人员超过 2000 人，其中 60%以上是来自水口乡外的劳动力。例如，市场内的高师傅炒货店专门售卖各类干果，因其手工炒制的干果质量过硬和服务周到而广受好评，其业主老高从租赁一间小铺面开始，发展到在农贸市场、旅游商品市场等地拥有多间商铺的连锁经营，形成了独特的“高师傅”品牌，高氏全家十几口人也全部搬迁至水口乡顾渚村，在这里安安心心地当起了水口乡村民，经营着农副产品买卖。同时，老高还带动了老家一批亲戚在长兴县城开设多家炒货商铺，“高师傅”炒货成为很多游客到水口乡的必购旅游商品和长兴县本地居民节假日的常备小吃。

二、旅游助推设施完善

在乡村旅游发展过程中，水口乡逐步实现了一体化供水、污水纳管、水系治理、天然气管道铺设等，基础设施不断得到完善。除此以外，乡村旅游的发展还促进了景区内外交通设施的改善与提升、景区集散中心的建设与完善，提升了停车场的建设与管理水平，提高了景区配套设施的完善与营运水平等。

1. 景区内外交通设施的改善与提升

水口乡乡村旅游起步后得到快速发展，游客量年增长率超过 15%，客源结构及出行方式也不断多样化。旅游高峰期单日仅进出水口乡的旅游大巴就接近 300 辆，总车流量超 3 万辆次，而水口乡的主要公路仅有一条长达线可达县城、318 国道及高速路口，核心景区内仅有一条水顾公路（县道）进出，当时景区内又缺乏大型停车场、游客中心、购物中心等公共配套设施，车辆乱停现象严重，道路拥堵不堪，严重影响了景区的形象。

基于严重的交通问题，水口乡政府邀请了专业设计单位对水口乡旅游进行总体规划和设计，按照一次规划、分步实施的原则推进水口乡的基础设施建设。2009—2010 年，完成了核心区水顾公路从 7.5 米到 10.5 米的拓宽工程并开展了沿线景观林改造（图 2-4），不仅大大缓解了核心区的主要道路交通压力，而且美化了景区沿线的风景，提升了景区的形象。2014—2016 年，完成了宽 10.5 米的夹水公路建设，打通了水口乡至高速公路的第二条通道，缓解了长达公路的交通压力，同时通过公路建设把核心景区和非旅游产业村庄进行串联，有效推进了农旅的进一步融合。2016 年，完成了顾渚村悬臼齐沿线

3.5 千米和叙坞岕、罗家自然村道路的改扩建工程。2020 年，完成了景区环北线顾渚村至金山村段的道路建设，有效推进了两个旅游村庄的产业互补和承接；完成了顾渚村核心段龙头沿线的改造提升；结合唐潮十二坊项目完成整体大唐不夜街建设，并被浙江省评定为省级夜经济坐标点。2021 年，结合共同富裕示范带项目建设推进了环北线至徽州庄村段道路建设，以交通设施的改善来带动产业串点成线、串珠成链。水口乡政府还结合交通道路建设，积极争取项目资金，同步在道路沿线设置了多座驿站和旅游厕所，为游客提供休息、问询、救助、投诉受理等服务。

图 2-4　改造后的水顾公路

2. 景区集散中心的建设与完善

水口乡一直致力于把旅游发展核心区域建设成全域开放式景区。但是发展初期，区域内旅游基础配套设施并不完善，景区游客服务中心与村委会合署办公，办公地点借用了老旅游商品市场的房屋，与景区形象及游客需求严重脱节；景区内其他配套设施也严重滞后，全景区缺乏专门的游客中心，没有标准化旅游厕所、标准化停车场。2014 年，水口乡政府借引进太湖之滨农耕文化园项目契机，结合项目建设需要，新规划建设用地 25.5 亩，由项目方投资 1200 万元开展游客服务中心建设。游客服务中心（图 2-5）按照 A 级景区要求配置了 750 平方米的游客接待中心、110 平方米的 3A 级旅游厕所，设置了可容纳 300 余辆车辆停放的标准化大型停车场，并于 2015 年 8 月完成建设后正式投入使用。

图 2-5　景区游客服务中心

游客服务中心作为水口乡景区配套设施，与停车场及综合办公场所一起，为景区日常秩序管理、游客咨询服务、应急救援、停车等做出了重大贡献。目前，根据全域旅游发展需要，结合顾渚画溪谷发展定位，在景区入口新规划的占地约 70 亩的旅游集散中心，已经完成规划方案设计。

3. 停车场的建设与管理

游客服务中心建成以前，水口乡景区只有与老旅游商品市场配套的简陋停车场、大唐贡茶院门口停车场和原陆羽山庄空地停车场，停车位非常有限，而当时水口乡的年游客量已经近 280 万人次，路边随意停车现象普遍，日常交通时常拥堵，事故频发，严重影响了景区的形象。随着游客服务中心的建成，结合旅游项目建设和景区改造提升工程，水口乡从三方面着手解决停车难问题：一是依托旅游项目工程配套开展标准化停车场建设，如游客服务中心停车场（图 2-6）、旅游商品市场地下停车场、唐潮十二坊停车场、大唐贡茶院停车场、寿圣寺停车场等，停车场日常管理和经营由项目方负责；二是充分利用沿线闲置空地和空间开展停车场建设，如村委会停车场、霸王湖停车场、大茶壶停车场以及道路沿线的分散式停车场等，相关停车场日常管理由村委会负责；三是结合景区改造提升推进无围墙建设和美丽庭院改造提升，拆除道路沿线农户的围墙，打开空间和视野，同时根据每家每户特点，在围墙拆除后靠公路沿线设置相应的停车位，由农户自行管理。同时，水口乡还结合低碳环保建设，在推进道路、停车场、慢行系统等设施建设的同时，引入了共享电动车系统，并结合相关停车场、停车位启用和分流车辆，使不同区域和点位的停车位实现有效互补，使原本严重的乱停车问题得到了有效解决，平时自驾车游客基本上能够结合目的地找到相应的停车位。

图 2 6　游客服务中心停车场

4. 景区配套设施的完善和运营

随着水口乡旅游知名度的日益提升，新的乡村民宿如雨后春笋般不断冒出，游客数量快速增加，游客逗留时间延长、客源结构转变，这些都对水口乡旅游的接待能力提出了前所未有的挑战，对景区建设、业态多元性、游乐项目、文化体验、旅游厕所、休憩场所、服务设施等提出了新的要求。这些年来，水口乡结合村庄景区化建设和整治提升工程，充分挖掘水口乡文化底蕴并将其植入相关配套设施和景观节点建设中，在乡村旅游的不同发展阶段结合游客的不同需求开展了相关配套设施的完善和提升：在完善交通设施的过程中设置了多处公交驿站；结合党建、文化、旅游需要充分利用闲置房屋设置多处服务驿站（现统称为文旅驿站）；结合旅游项目建设科学合理地设置了 20 余处免费开放的旅游厕所；挖掘水口乡深厚的禅茶文化底蕴组建“水口十品”，建设了茶经雕塑、陆羽雕塑、贡茶制作流程等系列铜雕以及标志性大茶壶等打卡点，根据《茶经》记载恢复修缮了金沙泉、玉窦泉等景点；结合国家级重点文物保护专项补助资金修复了霸王潭、老鸦坞、最高堂三处留有袁高、斐汶、杜牧等唐宋文人墨客诗文笔迹的九方摩崖石刻；结合景区改造提升设置了“云龙驭潮”“飞阁沧浪”“屏山问月”“月牙花溪”等一系列互动情境；完善了“贡茶”“飞云”“慈云”“九龙”等古道，建设了贯穿核心景区的旅游绿道；根据市场需要，逐步建设了农贸市场、旅游商品市场、大唐不夜街沿线商铺、唐潮十二坊特色步行街区等商业配套。图 2-7 即为公交驿站和古道。

图 2-7　公交驿站和古道

三、旅游推动村域生态化

水口乡三面环山，其间山峦起伏、涧溪交错、茶园连绵、修竹成片，环境幽雅秀丽，空气清新宜人，森林覆盖率和空气负离子含量很高。乡村旅游发展以来，水口乡通过人居环境改善、美丽庭院建设和村域景区化打造等措施，推动了村域生态化。

1. 人居环境改善

水口乡以旅游为基点打造山清水秀的田园风光，建设生态宜居宜游的人居环境，以“水、电、路、人、车、厕、景观、绿化、亮化”提升为切入点，全面开展“治水、治堵、治房、治厕、治脏、治乱、治差、治围墙”等行动，加强农村生态建设和环境综合治理，完成农村生活污水纳管和自来水入户全覆盖等，通过 “污水革命”“厕所革命”“围墙革命”“厨房革命”等一系列举措进一步完善农村生产生活设施，着力打造宜居宜游宜业的美丽家园，让良好生态成为乡村振兴的支撑点。

旅游发展初期，水口乡接待的基本是包吃包住的团队游客，接待价格是固定的。为了获取更大的利润空间，经营业主便一味地扩大接待量。他们把主房全部改造成客房，而与农家乐相关的必备功能间，如厨房、餐厅、棋牌室、歌厅、布草间、消毒间等则通过偷偷摸摸搭建违章建筑设置，彩钢棚、彩条布、移动式帐篷、简易房等比比皆是。同时，又因大量外来人口涌入，农户们从自我保护角度出发，都建起了五花八门、形态各异的围墙，围墙内部虽然比较整洁干净，围墙外却很杂乱，到处都是垃圾。

水口乡人居环境整治提升是一个艰巨的任务，推进过程主要分为拆、改、建、长效管理四个阶段，因其触及农户的实际利益，当时受到了较多的反对。对此，水口乡党委政府在推进相关整治过程中进行了充分的调研、谋划和论证。以顾渚村悬臼岕整治提升为例，先按照《水口乡农民建房管理办法》确定应拆的范围是一户多宅、少批多建的建筑，以及各类棚披、围墙及所有有碍观瞻的设施等，具体拆迁对象为悬臼岕沿线 101 户农户。然后，政府组建专项攻坚领导组，分 8 个工作组入户走访调研并汇总梳理调研结果——发现农户对于整治提升工作并不是不支持、不配合，而是担心拆除工作的不公平、改造提升结果的不可预测、大量资金投入后的回报率等。据此，水口乡多举措开展推进整治工作：首先，查找 101 户农户原始建房档案，同时邀请第三方测量单位对每家每户的建筑及围墙进行测量，比对后得出各家应拆的面积并进行张榜公示，接受群众的监督，确保公开、公平、公正；其次，制定违章建筑拆除和改造提升的激励举措，对违建设施、围墙等设置自拆、助拆、强拆三个类别并据此设置不同的垃圾清理费用补助标准等；再次，同步邀请专业设计单位进驻景区，会同工作组挨家挨户走访调研、征求规划设计意见，出具农户满意的改造提升效果方案；最后，通过召开户主大会、入户走访谈心、带领户主外出赴青田、杭州、德清、安吉等地考察学习等，进一步触动农户的思想，直至他们支持此次整治工作。

在违章建筑的拆除过程中，水口乡积累了一些非常宝贵的经验，如充分发挥党员的先锋模范作用，做到足够的公开公正等。即明确村干部、党员、协会理事、村民代表等带头先拆，做好示范表率；同时建立“联片包户”机制，村干部、党员等不但带头先拆，还要积极发动周边邻居、亲戚等同步推进；落实公开措施，让农户意识到政府确确实实在为农户办实事谋福利，真正从思想、意识、行动上支持基层政府的工作。

2. 美丽庭院建设

美丽乡村在乡域范围内涵盖了民宿经营户、旅游项目、景区等全部内容，而乡村民宿作为乡村旅游的核心落脚点，其户内环境的打造尤为重要，不仅影响甚至决定该户的经营状况，而且直接影响到整个开放式景区的形象。

在历年推进整治提升和长效管理的过程中，如何发动群众积极主动地参与其中一直是水口乡政府旨在破解的主要难题。从全域环境美化提升角度考虑，“拆”不是目的，仅是推进工作的前期举措，全域美化的核心内容在于如何改建和提升：政府在乡村民宿中实施规范提升工程和特色精品工程，示范引导、以点带面；开展“优美民宿”“优美庭院”创建评比活动，在每年召开的“全域旅游发展大会”上宣布获奖名单，给予获奖者隆重的表彰；鼓励乡村民宿进行差异化的市场定位，并依据市场定位实施庭院的改建和提升；鼓励不从事乡村民宿经营活动的农户也参与到家园美化活动中来，从而促使整体环境的有效提升。

美丽庭院建设推进过程中碰到的具体难题主要有以下几点。

首先，农户担心把原有围墙拆除后个体与个体之间、个体与集体的界限会分不清，担心后期会因地界问题产生邻里纠纷。

其次，经营户担心停车位的减少会影响旅游收入。以前的庭院被称为“稻场”，最初是为了晒稻谷而实施的水泥硬化，旅游经营者为了接待更多的自驾游客，将“稻场”进一步硬化，而美丽庭院的定位是为游客提供户外休闲游憩的场所，改造的目的是减少硬化、增加软化，停车位自然也会相应减少，如图 2-8 所示。

图 2-8　美丽庭院建设前后对比图

最后，资金投入大，结果又具有不确定性。庭院的立面及内部设施的改造提升需要投入大量的资金，几十万元甚至几百万元的投入不在少数，如此大的投入到底会带来多大的利润？经营户们心里没底。

破解美丽庭院建设推进过程中遇到的难题，水口乡的主要做法有：结合公共配套设施建设工程推进，针对连片集中区域缺乏特色和文化内涵的农家乐和农户，由政府邀请第三方按照各户建筑、位置、周边环境等情况以"一户一策"方式免费设计改造提升方案，提供相应的设计图纸和施工图纸，并说服经营业主和农户自己出资出力按照政府提供的设计方案进行改造和提升；组建改造提升验收组，出台奖励政策，对于按照时序进度和设计图纸规范施工并通过改造验收的，给予其纳入奖励范围内工程的实际投入10%的奖励，进一步提高农户参与的积极性和主动性；针对有些业主存在改造资金筹备困难的情况，政府协调多家银行，出台支持政策，对确实因改造提升需要资金支持的给予最大额度贷款和快速放款；摸排出一批相对年轻，有理念、有思路、有一定资金实力并迫切需要改造提升的农户，从方案设计、资金支持、项目建设等方面给予全方位支持，打造出样板以带动观望中的经营户和农户积极实施庭院改造和提升工程。

3. 村域景区化打造

乡村旅游发展大大加速了村域景区化建设，水口乡按照浙江省A级景区村庄创建标准，从内涵提升要求的"十个头"——村头、桥头、门头、田头、说头、玩头、灶头、床头、带头、回头着手（图 2-9），坚持不砍一棵古树、不拆一座古桥、不填一口水塘、不毁一处古迹的改造原则，在保护与发展中寻找平衡点和经济增长点，实现全乡 A 级景区村庄全覆盖，农家民宿实行立面和庭院的改造提升；一大批景观节点（图 2-10）和打卡点完成建设，核心区休闲绿道完成建设和贯通多条古道景观得到恢复；高标准旅游厕所、生态停车场、公共休憩驿站建成，规范化的标识系统建设完成等，充分实现了移步换景、处处是景、景村合一的景区效果，游客的满意度和美誉度大大提升。

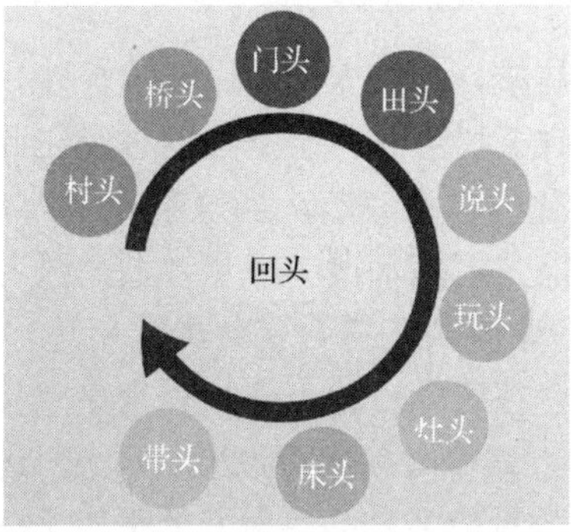

图 2-9　村域景区化内涵提升要求示意图

图 2-10　景观节点改造前后对比图

近些年来，水口乡在村域景区化过程中取得了不菲的成绩：2014 年，成功创建了全乡域开放式国家 4A 级景区；2017 年被评为浙江省首个省级乡村旅游产业集聚区；2019 年成功创建浙江省旅游风情小镇，纳入浙江省特色小镇创建名单，并被文化和旅游部确立为文旅改革调研点，核心区顾渚村以全省第一名的成绩入选全国乡村旅游重点村；2020 年入选浙江省夜经济坐标点；2021 年成功创建浙江省美丽城镇示范乡镇，入选浙江省 24 家低（零）碳乡镇试点创建名单等。

四、旅游联动农业产业化

水口乡农产品丰富，主要有杨梅、茶叶、苗木、毛竹、芦笋、百合、特种水产等。

目前，全乡有杨梅 6035 亩，茶叶 12 500 亩，苗木 9150 亩，毛竹林基地 33 148 亩，芦笋 285 亩，葡萄 1520 亩，猕猴桃 820 亩，特种水产养殖 1100 亩，另外还有青梅、水蜜桃、樱桃等名优农产品 1000 余亩。在发展乡村旅游的基础上，水口全力打造“春茶、夏梅、秋桃、冬笋”四大农事旅游节庆活动，2020 年全乡实现农业产值 2.2 亿元，农民年人均收入达到 3.8 万元。

1. 茶产业

水口乡地处天目山余脉尾端，东临太湖，属低山丘陵，坡度平缓，植被丰富，土层较厚，有机物质含量高，适宜茶树生长。茶圣陆羽曾经在此“置茶园，著《茶经》”，故水口乡有着自唐以来禅茶文化的丰厚底蕴。当地茶叶名为紫笋茶，“紫笋”之名源自陆羽《茶经》所记载“茶者，南方之嘉木也……紫者上，绿者次；笋者上，芽者次；叶卷上，叶舒次”，而顾渚山所产紫笋茶正符合《茶经》所述“上品”之标准，因而得名。顾渚紫笋茶由茶圣陆羽推荐，在唐朝广德年间被列为皇室贡品。紫笋茶自唐经过宋、元至明末，连续进贡 800 多年，巅峰时期岁贡 9200 千克。紫笋茶作为贡茶，可谓是进贡历史最久、制作规模最大、数量最多、品质最好的贡茶之一。

顾渚山因处于良好的小气候条件而孕育出流芳千年的紫笋茶。紫笋茶有着优异的品质：茶芽独具特色，芽叶细嫩、芽色带紫、芽形如笋，如图 2-11 所示；茶叶舒展后白毫显露，叶子完整，外形细嫩紧结，呈兰花状，叶底肥壮成朵；沸水冲泡后芳香扑鼻，茶汁碧绿如茵、汤色清朗，甘味生津；茶性温和，提神醒脑，有抗氧化、抗菌抑菌、降低血脂、抑制动脉硬化等功效。

图 2-11　顾渚山紫笋茶

紫笋茶于 1979 年开始恢复制作，1982 年首次参加国家商业部主办的名茶评比，得到专家名师的一致赞誉，被评为“全国名茶”。1985 年，被农牧渔业部评为“全国名茶”；1989 年，被农业部授予“全国名茶”荣誉称号；2007 年，获中国国际茶业博览会金奖；2011 年，紫笋茶的制作技艺被列入第三批国家级非物质文化遗产名录。水口乡重视保护紫笋茶古法手工炒制技艺并加以传承，同时也大力推广机械化制茶以促进产业化发展，以大唐贡茶有限公司和瑞专茶厂两条名茶加工生产线为示范点，以制作名茶优茶为方向，实现茶叶加工全程连续化、自动化。

水口乡将茶文化不断植入乡村旅游，定期举办“世界禅茶大会”“茶文化交流会”“清明祭茶大典”“千年贡茶坐高铁重走长安路”等活动，复活了水口乡紫笋茶产业，打响了紫笋茶品牌，提升了紫笋茶价值，延长了茶产业链，同时也丰富了景区旅游活动，促使旅游业态更加多元化。“住民宿、品紫笋，返程时带上几罐紫笋茶或自享或赠友”已然成为来到水口乡游客的标配。

2. 农产品加工业

乡村旅游的繁荣带动了相关农业产业发展，客源市场及客源结构的转变更是催生了传统农业的转型，水口乡农业从初级农产品生产转向农副产品的深加工。紫笋茶、杨梅、蓝莓、百合、笋干等产品，通过 IP 打造，开发出具有自主知识产权和鲜明地方特色的时尚性、实用性、便携性的旅游商品，农产品及其产业价值大幅度提升。例如，紫笋茶饼（图 2-12）以紫笋茶为基础原料，萃取紫笋茶精华融入粗粮中，百层（一般酥类饼干只能做到 50 层内，紫笋茶饼经过独创的生产工艺做到了 108 层）工艺，酥松无比，荣获“2014 长三角休闲农业与乡村旅游博览会推荐产品”“2015 年浙江农业博览会优质产品金奖”“第九届中国义乌国际森林产品博览会优质奖”。

图 2-12　紫笋茶饼

又如蓝莓系列产品（图 2-13）。水口乡不仅有大型的蓝莓采摘基地，还运用现代化科技开发了蓝莓酒、蓝莓干、蓝莓汁、蓝莓酱等系列产品，深受广大游客的喜爱。

图 2-13　蓝莓系列产品

3. 民宿业及"民宿+"产业

水口乡一直坚持发展以乡村民宿为核心的乡村旅游，以乡村旅游来带动农业产业链的均衡性发展。在水口乡旅游核心区范围内，已有各类乡村民宿（农家乐）585 家，床位 20 000 余张，餐位 22 000 余个，直接从业人员 2800 多人。2020 年，水口乡共接待游客超过 400 万人次，实现旅游收入超 11 亿元。近年来随着景区知名度、美誉度的进一步提升，一些知名品牌项目相继入驻，"民宿+"业态越来越丰富，包括"民宿+度假酒店""民宿+文创""民宿+农业观光""民宿+生态园艺""民宿+四季采摘"等。例如，杭州开元集团投资的开元芳草地乡村酒店，杭州新天地集团和长兴文化旅游发展集团共同投资 13.3 亿元的文旅综合体项目唐潮十二坊，景澜集团负责经营的农旅融合项目富硒山居，华住集团投资 3.5 亿元的花间堂·沂水禅茶文化主题酒店，以及南山脚生态农庄、四月天杜鹃花海、太湖之滨农耕文化园、世界古典车模收藏馆等，相关项目总投资超 30 亿元。

五、旅游带动产业系统化

除农业外，乡村旅游业还联动其他产业实现一体化发展，形成多种"旅游+"产业体系（图 2-14），在大力发展旅游观光农业、农事采摘体验活动的同时，融合加工制造业、商贸服务业、文化、体育、健康等产业协同发展，延长旅游的产业链，实现"旅游+"产业体系和旅游供应链体系的逐步完善。

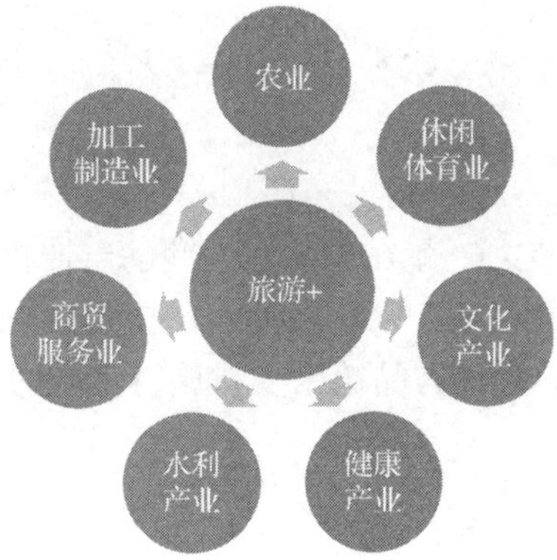

图 2-14 水口乡“旅游+”产业体系

六、旅游催生电商业发展

水口乡积极关注乡村旅游消费市场的变化，在旅游发展的不同阶段，面对市场需求升级，出台了各类支持政策，全方位鼓励乡村民宿业主创新求变，保持旺盛的生命力和持续的增长率。大数据时代，鼓励旅游从业人员“触网”电子商务，并以此为契机打造农产品电商产业园，充分挖掘和利用业主自身的朋友圈资源，努力将水口乡打造成为民宿和电商双轮驱动的新兴产业乡镇。目前，水口乡通过系列培训和引导，已经有近 400 家乡村民宿开展网上销售，通过平台搭建、整合相关资源，将乡村民宿、农户农产品、游客进行有机串联，开展线上交易，单日线上销售额最高的业主可达 15 万元；农产品电商产业园入驻电商经营主体 175 家，平均月线上交易额达 260 万元。

第三节 美丽民风与美丽意识

2020 年 1 月 25 日中午，上海、江苏、安徽等地到水口乡准备过年的游客已有 2 万多人，而且还有很多客人即将到达，但那时全国的新型冠状病毒肺炎（简称新冠肺炎）疫情日益严重，为防患于未然，管理部门决定发布通知，不仅要求各经营户立即联系将要来水口乡的客人不要来，还要劝已经到来的众多游客尽快离开。各经营户虽然觉得非常可惜，但都积极响应号召。到了 1 月 26 日上午，全乡近 600 家农家乐（乡村民宿）已经按照规定全部将游客劝退劝返。经营户们不仅积极响应管理部门的号召，快速高效地在一天之内劝返了所有游客，还把本来为游客准备的菜品物资都捐给了当时的居家隔离人员、困难家庭及滞留在水口乡的外地务工人员。水口乡的农民素质相当高，这点是当地管理部门一直深信不疑并感到非常自豪的。

一、美丽民风

水口乡旅游业的主要特点之一就在于主客之间的亲情化互动和交流，当地村民的素质和涵养关系到产业的可持续发展。水口乡的农民自古以来就有非常淳朴的民风，其诚信、乐于助人、具有大局意识等优秀品德为乡村旅游市场的发展和规模化奠定了坚实的基础。

1. 淳朴古老之民风

据原农家乐行业协会副会长周佰民回忆，小时候非常深的记忆就是每年夏天祖母总是烧好水，用顾渚上好的茶叶泡好大缸茶，在路口摆一个摊，为来往的过路人免费提供茶水。祖母在世时，每年都坚持这样做。这只是水口乡淳朴民风的微微一角，在水口乡，村民热情好客、注重礼仪、互帮互助，遇到陌生人问路会主动为其带路引路。例如，有些中老年游客出门不带手机，也不带民宿名片，当地乡村民宿数量多且外观又有些相似，他们外出游玩或采购后经常出现迷路的情况——找不到所住的民宿了，这时候村民们都会热情帮助，详细了解游客情况后，或清楚告知详细的返回路线，或亲自送游客回民宿，或帮助联系相应的民宿主人来接迷路的客人。总之，游客在水口乡就如同处在一个充满亲情的大家庭中，大家互帮互助、友爱和谐。

尤其值得一提的是，水口乡的农民自古就具有诚信意识，所以在旅游市场形成和发展的过程中未出现过欺客行为。起初，上海的老年游客去农贸市场时经常会带一个弹簧秤自己再称称重量，但是久而久之他们发现，这里的农贸市场从来不会出现缺斤短两、以次充好的情况。农贸市场、旅游商品市场改造前，因设施不完善，相关商铺、摊位并无门锁，当时的摊主在收摊时并不会把售卖的商品带回家，而是仅仅通过油布等对商品进行覆盖，为防止风吹动就再压上板凳或砖块而已，淳朴的民风可见一斑。对于游客落在家里的物品，如相机、手表、现金或其他物品，无论贵重与否，业主们都会先悉心收好，再联系客人通过合适的方式归还，因此水口乡很多民宿的接待大厅或餐厅墙上都挂满了各类感谢的锦旗。2020 年后疫情期间，为致敬和感谢坚守防疫一线的医护工作人员，在政府和协会的号召下，水口乡的民宿业主共同推出了免费提供 30 000 间民宿给白衣天使的活动，受到了各方的好评。

在水口乡，游客和经营业主已经不仅仅是简单的商品买卖、接待与被接待的关系，他们之间建立起了非常深厚的情谊，真正实现了主客互动和共享。当游客再一次入住水口乡民宿时，业主们就会亲切地问候"回来啦……"，自然而又温暖，所以大家都称水口乡的旅游经济是"亲情经济"。

2. 城乡融合之文明

水口乡的游客 60%以上来自上海，还有一部分来自苏南的南京、无锡、苏州、常州、南通等城市，也有一部分来自杭州、宁波、温州、宣城、芜湖等城市，大中城市游客的到来，为水口乡带来了现代化的城市文明。淳朴的乡村民风与大都市的现代文明在这里发生了碰撞、交会，并逐步融合。水口乡的农民之所以能够“走在前”，就是因为这里的城乡融合文明保留了都市和农村各自的优点。

（1）文明习惯

水口乡是全国文明乡和全国卫生乡，村民有较好的文明习惯：公共场所讲卫生、不乱扔垃圾；每家每户认真做好标准化的垃圾分类；热情好客，迎客送客礼貌有加、讲究礼节；邻里之间友好互助，经常相互介绍客源，相互借调菜品物资等。

（2）庭院文化

起初开展美丽庭院建设时，因为需要的投入较大，经营户们抵触情绪明显，尽管管理部门免费设计，并送去了图纸和方案，工作推进仍然缓慢。但随着管理部门的不断努力，再加上游客的影响和帮助，如游客会把自己的消费需求和消费理念传递给自己经常居住的民宿业主，甚至还会无偿借款给民宿业主，经营户们逐步转变观念，不仅积极按照设计方案对自己的庭院进行改造升级，还赋予庭院独特的文化韵味——书香味、茶香味、稻香味、竹篱美等，各具特色。

二、美丽意识

水口乡的村民们积极参与乡村旅游发展，他们从传统的农民转型到旅游经营者或者旅游业相关的从业人员，亲情化的接待模式及城乡文明的融合增强了其各方面的意识，推进了社会的和谐。

1. 生态意识

过去，受产业限制和“靠山吃山”思维影响，村民挖笋、砍毛竹、毁林种茶等现象屡禁不止；现在，村民逐步摒弃“向山向水要资源”的行为方式，他们主动“爱山护水保环境”。过去，村民乱丢垃圾、随意倾倒垃圾的现象普遍；现在，村民逐步意识到只有保护好绿水青山才是乡村旅游可持续发展的根本，全域景区观念深入每位村民的内心。在旅游发展过程中，村民的生态意识逐步增强，不仅包干自家门前屋后的区域，清理垃圾、绿化美化，打造全域旅游生态和环境，而且积极参与村里的生态建设工程和项目，为水口乡实现全域旅游贡献自己的力量。

2. 审美意识

经过多年的引导和规范化管理，“处处是景、人人是景”的理念深入人心，村民不再只是以经济作物种植和经济家禽养殖为主而不顾家里和庭院的美化，门前杂乱无章的菜地变成了规则有序的菜园子、塑形花坛子，各种花卉、绿植、景观小品、园林艺术、文化创意作品、书画作品出现在农民庭院里、家中及游客住宿的客房中，村民的审美意识和审美需求不断提升，就连柴火堆也成了一道道亮丽的风景。管理部门充分尊重村民柴火堆放的实际需求，结合每家每户房前屋后的实际地形，设计了专门的柴火放置棚，统一规格、统一样式，同时规定农户采购的柴火必须在三天内完成标准化锯断并整齐堆放在柴火棚中，这一举措不仅解决了乱堆放的问题，还让柴火棚变成了村里的小景点，吸引了众多游客在柴火棚前玩自拍、玩抖音。

3. 市场意识

乡村旅游发展起来后，村民的市场意识逐步提高，家里的空房变成了客房，以前吃不完就浪费的农产品成了供不应求的抢手特产，村民充分利用“亲情经济”，在微信朋友圈、抖音等发布产品信息，原来农村里闲置的物品成了商品经济的一部分。村民们开始对自己的农舍根据游客的消费需求进行改造提升，有了投资观念，也明白了投入是为了更好的产出，逐步加强了产品品质观念。疫情影响下，住宿游客量下降较大，村民们为了进一步吸引中老年游客，为他们提供更好的设施和服务，开始在乡村民宿内安装观光电梯，目前观光电梯已经逐步成为乡村民宿的标配了。

4. 纳税意识

农家乐萌芽初期，经营户依托自然资源逐渐富了自己的“口袋”，但乡村旅游作为富民经济的主导产业，税收贡献却并不明显，“民富村穷”现象非常突出。通过对农家乐行业的规范管理和有力引导，税收情况逐渐改善。2015 年，水口乡成为浙江省第一个开展乡村民宿行业税收征管的地区。当时因住宿管理尚不规范，采取以乡村民宿床位数量为单位进行阶梯式固定税率模式征收，每年的税收收入有 200 多万元反哺水口乡，用于设施完善、生态保护等方面。2018 年，我国的税收征管制度进行了改革，原来阶梯式固定税率（按照个体经营户月度经营额 3 万元以内免征）标准既不符合发展要求，也不公平，因为床位数量多并不能够证明该户经营状况更好，再者当时的乡村民宿业主除了需要上缴税款外，还需要缴纳协会会费、垃圾清运费、污水处理费等，多头交费导致他们意见较大，因此，经过系统测算和乡村民宿代表大会讨论，政府决定废除最初的固定税收模式，同时由于当时各户住宿登记系统的普及，将相关费用进行合并，以登记系统实际登记人数为准收取 5 元/人，费用收取主体为农家乐（民宿）行业协会，收取的费用专款专用，主要用于污水运维、日常保洁、垃圾清运、业主培训、考察等，每年费用支出予以公示。2019 年，水口乡民宿行业共收取费用 600 多万元，全部用于行业内相关支出，广大业主对此表示支持，并积极配合。

5. 法律意识

乡村旅游发展初期，团队游客到农家住宿，都只是手工登记团队领队的个人信息，业主对整体游客信息掌握不全，出现了一系列的问题，如在房间分配过程中因信息不对称导致单个房间重复分房而出现吵架甚至打架等现象。现如今，每家民宿都安装了住宿登记系统，尽管客人信息一旦进入系统，就得按人次缴纳管理费，但是业主们都非常自觉地进行“一客一登记”。水口乡通过住宿登记系统大数据比对，曾经成功抓获了违法犯罪分子，村民们深受震动，更加增强了住宿登记意识。有时遇到年老的游客迷路只需要报上名字即可通过住宿登记系统快速找到其所住的乡村民宿。村民们认为“保护他人也是保护自己”，整体法律意识日益增强。

6. 健康意识

受游客影响，水口乡村民的健康意识也日益增强：以前生了病能熬就熬，现今村民每年定期自发组织去湖州市中心医院进行体检；每家每户都配备了急救医疗箱，常备一些应急药品和物资；对住在自家的客人，尤其是老年人，时刻关注他们的健康状况，出现状况会立即送老人就医，并主动为老人垫付医药费，及时联系其家人。近年来，在政府的主导下，水口乡每年都会组织多次应急救护演练，在传播健康理念的基础上增强从业人员的应急救护能力。

7. 保险意识

因水口乡为全开放式旅游景区，又地处半山区，民宿业主针对游客可能出现的意外情况必须加强保障工作，这既是保障游客生命财产安全，也是保护民宿业主的自身利益。最初，乡村民宿都是自发进行多头参保，买了财产险，还需买车辆险、游客意外险、食品安全险等，涉及多家保险公司且保费不一，同时又因游客一般逗留时间为两三天，流动速度很快，而按照保险要求需要提供被保险人相关证明，还需要送具公司审批，基本上等相关保险合同审批下来时游客早已经离开水口乡。管理部门协调各保险公司，结合水口乡游客的实际情况量身定制了组合保险，作为保险对象主体的经营户，只需要购买一份组合险即囊括了游客从旅游大巴到乡村民宿和旅游景点的相关保险内容，既省事省钱，又做到了安心保障。如今村里人的保险意识都非常强，所有经营户都会购买组合保险。

8. 教育意识

乡村旅游快速发展的初期，村民迅速转变了角色，从普通农民转型为经营业主、服务人员等，在财富的诱惑下，多数人忙碌于旅游接待而忽视了教育工作，水口乡教育事业在全县排名落后，曾经出现连续几年都没有孩子考入县重点中学的情况。水口乡政府发现这一问题后，高度重视教育工作，发动乡贤专门成立了“茶韵”教育基金，该基金的500余万元资金全部用于教育事业发展——除了用于改善中小学、幼儿园设施外，每年召开教育表彰大会，对考上重点中学及各大高校的学子，乡、村两级分别予以表彰和重奖。同时，来水口乡度假住宿的游客不少是机关事业单位退休的老干部和老教师等，他们的言谈举止、人生观、世界观等对当地的村民产生了深刻的影响。这些年来，村民日益重视孩子的教育，家里再忙再累也不挤占孩子的学习时间，同时也进一步加大了孩子的教育投入，教育意识大大增强。

本章启示

一、理论知识链接

共同富裕是社会主义的本质要求和奋斗目标，是中国式现代化的重要特征。共同富裕是在社会主义生产力和生产关系高度发展的基础上实现物质文明、精神文明和人的全面发展的高度统一。从内涵而言，共同富裕具有非同步性、非同等性、非剥夺性和非享受性等特征。共同富裕的非同步性主要是指允许一部分人先富起来，先富带动后富，最终实现共同富裕；共同富裕的非同等性主要是指并非完全同等程度的富裕，承认较小的、合理的差距；共同富裕的非剥夺性主要是通过完善分配制度，强调初次分配、再分配和三次分配的作用来完成的，绝不是搞“杀富济贫”“劫富济贫”；共同富裕的非享受性主要是指依靠全体人民的共同奋斗和努力来实现，而不是享受性质的[7]。

共同富裕成为国家现阶段的发展战略，意味着我国区域经济政策目标已从追求效率转向注重公平。共同富裕关注两大问题：一是效率，二是公平。效率优先意味着首先是经济要发展到一定的程度，公平则是目标，意味着最终要能够达到共同富裕。我国地域广大，各地的共同富裕应根据区域经济发展程度具有一定的层次性，即共同富裕的步伐可根据当地发展情况适当存在快慢差异。

二、水口乡经验与启示

水口乡本地的资源与长三角周边地区相比并不出众，但它抓住了以原住民深度参与为原则、以乡村民宿为核心的乡村旅游这个突破口，并以此为契机，充分发挥乡村旅游的联动作用，有效地完善了农村的基础配套设施建设，在带动产业发展过程中实现了农民就业和产业增收，不仅富了群众的“口袋”，最为可贵的是还富了群众的“脑袋”，取得了物质文明和精神文明的双丰收。特别是在旅游推动村域生态化过程中，无论是人居环境改善、美丽庭院建设还是村域景区化打造，在工作推进过程中所碰到的问题都是各地产业发展、转型过程中面对的共性问题，而水口乡通过深入调查研究、结合群众生产生活实际需要设计改造提升方案、开展群众心理学分析、出台支持鼓励政策、协调银行解决资金问题、“打造样板、以点带面”、联片包户循序推进、领导干部带头深入群众等一系列举措，把“要我干”转变为“我要干”，从思想上和行动上取得群众理解、支持和配合，其工作落地推进举措极具借鉴意义。

经过 20 多年的发展，水口乡旅游经济的产业、规模、效益稳定并取得了非常明显的成效，已具备一定的共同富裕基础，而且水口乡以旅游为核心的多产业发展、以当地农户为核心、以引进项目为补充，充分尊重当地乡民核心利益的做法，在共同富裕进程中走在了较前列。水口乡的发展路径证明了发展乡村旅游可以改变和重塑乡村，是促进地区社会经济稳定、可持续发展的有效途径，是推进“三农”问题解决的有效举措。

水口乡接下来的发展将继续践行共同富裕目标，让更多的村民受益于“旅游+”经济，参与到产业发展的浪潮中，帮助暂时无业的农村富余劳动力提升技能，找到就业岗位，帮助低端的农家乐实现产品转型，引进高层次人才带动经济的整体效能。只有村民“参与发展、受益于发展”，才能“认同此发展”，并竭尽全力“帮助其发展”。

第三章　水口乡旅游的发展历程

水口乡的乡村旅游起步于2000年的顾渚村，至今已有20余年的时间。虽然现在水口乡的游客来自全国各地，不只是来自上海的了，但大家都亲切地称水口乡旅游发展地区为“上海村”。“上海村”是个美丽的别称，水口乡的村民都喜欢这个名字，他们讲着“上海村”的故事，办着“上海村”的各项活动，共享着“上海村”的乡村生活。

第一节　上海村的出现与蝶变

最初的“上海村”指的是水口乡顾渚村。2017年开始，在长兴县文化和广电旅游体育局（简称长兴县文旅局）的大力推动下，“上海村过大年活动”拓展至长兴县水口乡甚至全县范围，故现在的“上海村”是一个品牌，代表的是整个水口乡的乡村旅游。

一、一个上海医生的故事

1993年的一天，水口乡顾渚村来了一位75岁高龄的上海老人，老人一到顾渚山的山脚就被这里的生态迷上了，青山绿水、凉风习习……这位老人就是现在“申兴居家院”业主吴军的父亲吴瑞安。吴瑞安老先生当时在上海是比较有名的老中医，作为一名医生和老年人，他对病人、老人有着特别的情感，退休后一直梦想着要找到一处山水环境极佳之地，为低收入老年人创办一个集康复、疗养和旅游于一体的机构。辗转多处，来到顾渚村的那一天，老先生悬在心里的那块石头终于落了地，一种“原来就是你”的感觉油然而生。就这样，他对这个山脚一见钟情，决定在这里落脚。

吴瑞安老先生下定决心在顾渚村建一个面向中老年群体的康复疗养中心，于是他找了人一起投资。当时他集资了30余万元，在顾渚山脚下的7亩土地上，陆续开始建造两层楼房、小卖部、门诊室和药房等。历时两年左右，至1995年，工程竣工，初具规模的申兴康复疗养中心正式成立并对外营业。图 3-1 即为吴瑞安老先生和他的申兴康复疗养中心。

图 3-1　吴瑞安老先生和他的申兴康复疗养中心

原先找吴老先生诊疗的病人和吴老先生的同事最先光临了他的康复疗养中心。后经《光明日报》等媒体的宣传以及接待客人的口碑相传，疗养中心有了一定的知名度，不少老年人顺着口碑慕名而来，并成了这里的老顾客，其中还包括一位上海市的前市长。很快，这所疗养中心接收的中老年客人越来越多，而疗养院仅配有 30 个床位，床位渐渐紧张、供不应求，后来再也无法安排更多想到这里疗养旅游的中老年人了。于是，吴瑞安老先生跟疗养中心门口的两家农户邻居商量，让他们在家里添置几张床，帮忙接待老人，管住不管吃。于是，疗养院所在的王塔自然村诞生了第一家“王塔庄”农家乐、第二家“好兴旺”农家乐。

那时候在家庭个体经济发展热潮的推动下，水口乡为了承接隔壁夹浦镇纺织产业（彼时长兴县主导产业之一是轻纺业），大力发动村民利用闲置房屋从事第一代木质织布机——碰碰机的织布生产。那个时代的水口乡热闹非凡，满耳都是织布机“咔嚓咔嚓”的声音；当时家庭式的织布产业采取来料代加工模式，机器需要 24 小时加工生产，但只能赚取非常低的加工费，相关原材料和订单全部取决于委托方，农户没有自主权却非常辛苦；同时，轻纺业行情起起落落，往往出现一年忙到头却连加工费都拿不到的情况。疗养院的出现及“王塔庄”“好兴旺”的成功给村民们树立了转型的样板和标杆，通过观察，村民们发现当时农家乐的准入门槛并不高，只是简单将房间进行刷白美化，购置一些单人床，建设一个公共卫生间，再置买一些餐具即可，总投入与购买织布机差不多，但是不需要 24 小时围着织布机转，而且接待游客收的是现金。就这样，村民们找到了一条相对轻松但又赚钱的门路。

于是，顾渚村的农家乐又诞生了第三家、第四家……村里开农家乐的农户慢慢多了起来：2005 年，已有 34 家农户接待外地游客；2009 年，农家乐的数量已经超过 150 家；

2012年，农家乐已达325家。现如今，仅顾渚村里就有486家乡村民宿，村里平均每5个人就经营着一家乡村民宿①。火热的乡村民宿经济带动了村里的大发展。毫无疑问，吴瑞安老先生是顾渚村和水口乡旅游产业的开路人、引路人，也是水口乡旅游经济快速发展的见证者。

在吴瑞安老先生经营申兴康复疗养中心15年后，2010年其儿子吴军接手继续经营，中间经历过新址搬迁等。根据发展的需要，申兴康复疗养中心逐渐转型为集住宿、餐饮、会议、旅游、娱乐等多种服务于一体的乡村民宿“申兴居家院”，意为出门在外如同在家一样温馨和温情，不再是以前单纯的康复疗养中心了。随着申兴居家院的壮大和水口乡产业的集聚化、品牌化，在美国、澳大利亚、日本等国外的网络上都能搜索到申兴、顾渚，水口乡的乡村民宿产业已辐射到世界范围，水口乡逐渐成为公认的乡村民宿集中区。2017年，水口乡被认定为浙江省省级乡村旅游产业集聚区，浙江省乡村旅游产业集聚区的评定标准也是以水口乡作为核心参照样本完成的。

为感谢和缅怀吴瑞安老先生对水口乡旅游事业做出的贡献，2019年召开的全域旅游大会特别设立了一个奖项——突出贡献奖。该奖项是对吴瑞安老先生为水口乡旅游做出贡献进行的充分肯定和隆重表彰，由老先生的儿子吴军代领。

二、“上海村”的出现

顾渚村是一个小山村，吴瑞安老先生首次到来的时候，这里各方面都比较落后，基础设施不完善，交通通达性很差，每家农户一年的务农收入不到1万元。但是随后的时间里，政府非常重视，也相当支持乡村旅游产业的发展，投入了大量的人力和物力来改善各项设施和服务，同时又注重保护这里的乡土风情、乡村风味、自然生态和建筑风格。受“申兴”初衷的影响，现如今，来顾渚和水口乡其他村庄的游客还是以中老年人为主，老年人占到七成以上，不少已达70岁以上的高龄。

水口乡的客人以回头客居多，而且大部分是往来水口乡十几年的老客人，他们每年都要来这里住上好几次，“住到水口”已是一种情结。很多中老年客人只要几个月没到水口乡心里就会惦记，惦记自己的住家主人，惦记一起居住的客人，惦记这里的山山水水。在水口乡，主人和客人一起吃饭、一起聊家常、一起散步，所以大家都称水口乡的旅游是“亲情经济”。游客在水口乡偶遇许久不见的老同学、老战友的事也时有发生。水口乡的旅游业真正发挥了民宿经济的特点——“感情第一、盈利第二”，主客之间的真挚情感是非常宝贵的财富。他们之间相互信任，珍视彼此之间的情感，主人尽全力为客人提供暂住水口乡期间的优质生活和服务，为客人搜寻最好的农副产品，客人为主人提供无息资金帮助其改造提升等，这些都无法用金钱来衡量。

早些年，水口乡的客源基本上来自上海，为了更好地吸引上海客人，水口乡提出“要

① 相关数据由水口乡人民政府提供。

做好上海后花园”的口号，并且鼓励村民学习上海话方便与游客沟通交流。经过多年的渲染融合，当地农民几乎都会说一口流利、地道的上海话。在乡村民宿，无论是主客交流还是电话接单，都用上海话，有时候走在水口乡的乡间小道上，都能听到上海口音，外地人初见此场景分不清谁是村民谁是游客。人们亲切地称呼水口乡的旅游发展地区为“上海村”。

现如今，每年来水口乡的游客已经超过400万人次，客源地也已经从上海延伸到了整个长三角地区，包括安徽省的芜湖、马鞍山、宣城等地区，江苏省的南京、无锡、苏州、镇江、常州等地区，浙江本地的杭州、宁波、绍兴、温州等地区，甚至较远地区的北京、湖南长沙和江苏徐州也时不时有客人到来，这些地方的车程都已在6个小时以上了，可见水口乡的知名度越来越高了，客人都慕名而来，辐射半径越来越大。但上海客人的比例仍占65%以上，“上海村”的别名也为大家所沿用。

“上海村”三个字具有饮水思源、不忘初心的用意，感谢上海人吴瑞安老先生以顾渚山脚为基点为水口乡旅游所做出的巨大贡献；同时，水口乡最初的客源群体都来自上海，上海游客在最初推进水口乡旅游发展过程中起到了莫大的作用；再者，上海与长兴具有一衣带水的历史渊源，通过乡村旅游这个途径，进一步加速推动了两个地区政治、文化、经济等方面的互动交融。因为“感恩”，因为“初心”，因为“情结”，所以“上海村”之名为大家所喜爱。

三、“上海村”过大年活动

“上海村”俨然成为水口乡旅游的品牌之一了，每年的春节，水口乡都吸引了上海等地的大量游客来此过年，春节期间全景区2万多张床位基本上在上一年的9月份就会被预订一空。当地政府非常重视“上海村”这个品牌，为了进一步打响品牌、丰富游客的体验活动，这里每年都会通过举办“上海村”过大年系列活动营造“上海村”的节庆氛围。自2007年至今，水口乡几乎每年都组织乡村民宿业主赴上海、苏南等长三角地区城市开展水口乡村旅游推介展示活动，以吸引众多游客到水口乡的民宿过年。同时，水口乡由政府牵头举办系列活动，将本地的特色文化、风土人情、农副产品、文创商品、特色活动等融入其中，以丰富“上海村”的内涵。活动分为线上线下两种类型。

1. 线上活动

通过微信、微博、短视频、贴吧等立体化多维度的线上传播活动，传播水口乡的品牌和形象，提高粉丝和客户的黏性，从而达到组建社群的目的。

（1）过年归途

通过“秀回家”活动记录参与者春节的归途。发动村民和游客参与春节归途话题活动，秀秀自己的春节回家路，也秀秀到水口乡过大年之路。2019年的过年归途视频播放量达到五十多亿次。“秀回家”记录了游客的归程点滴，也表达了其对家的情感和态度，带着浓浓的乡愁，很容易引起共鸣。

（2）大型年夜饭

村民和游客合力打造一桌“天南地北年夜饭”（图 3-2），引导游客晒出自己的年夜饭，秀出家乡的味道。团年鱼、太平燕、福羹……年夜饭有声有色更有真情，记录年夜饭也成了“上海村”过大年的必备活动。

图 3-2 “上海村”过大年“大型年夜饭”线上系列活动

（3）年俗新玩法

拜年是我国的传统习俗，“上海村”过大年的花式拜年吸引了大量的用户参与。游客和村民把个人创意融入新年祝福，制作成短视频参与“上海村”的线上拜年活动。

（4）红包纳福

如今，春节抢红包已经成为新年俗，它增加了节日氛围，让年味更加浓郁。水口乡的红包福利内容为当地的特色民宿产品、土特产品，这些特殊的红包受到了游客的极大喜爱，大大增强了线上用户的参与度。

2. 线下活动

（1）年货集市

“上海村”过大年的线下活动更是丰富多彩。平常的小商品市场过年期间摇身一变成了喜庆的年货集市（图 3-3），大红的灯笼、喜庆的春联、新鲜的蔬菜水果等各类年货礼品，琳琅满目、一应俱全，游客和村民赶来置办年货，让人感受到浓浓的年味儿……

图 3-3　春节期间的水口乡年货集市

（2）庙会美食节

在水口乡的庙会美食节上，舞龙、民俗演艺、篝火晚会等体验活动应有尽有，同时提供各类美食供游客品尝购买，如图 3-4 所示。

图 3-4　春节期间的水口乡庙会美食节

（3）年画大赛

年画是中国民间艺术之一，为了增加年味和节日气氛，“上海村”过大年活动每年举办亲子年画大赛，让参与活动的游客和村民感受中国传统的民俗文化。

（4）戏曲演艺节目

举办“百戏连连看”系列节目，邀请各地剧团、戏曲爱好者参与演出活动，既有传统的舞龙舞狮表演，也有京剧、越剧、黄梅戏、婺剧等演出，还有杂技表演等，大大丰富了在水口乡过年游客的娱乐生活，如图 3-5 所示。

图 3-5　春节期间的水口乡“百戏连连看”系列节目

四、节庆文化活动

1. 民俗文化活动

根据当地文化基底，水口乡会不定期举办多类民俗文化活动，有以盛世大唐为主题的（图 3-6），有以茶事体验为主要内容的，也有以佛禅活动为线索的。下面以“大唐不夜街 盛世国潮夜”主题为例介绍民俗文化活动的主要内容、活动形式、空间安排等。

图 3-6　唐朝华服秀

主要内容包括传统民俗非遗传承、传统与国潮大融合、打卡时下热门国潮风和大唐国风与美食味蕾体验四大板块。

活动形式有非遗讲堂、水口故事会、大型国风秀、戏曲演艺舞台、文创互动空间、茶宴酒宴、百叶龙和舞狮巡游等，动静结合、体验感强。

空间安排总体呈现游线型，方便参与者游览打卡，其中设有广场舞舞台、商业街区、景区和酒店等，不同的空间安排增添了活动的多样性、丰富性。

2. 农事节庆活动

水口旅游发展带动了农业的产业化，杨梅节、采茶节等应运而生。这里以杨梅节为例介绍农事节庆活动的内容：以杨梅为主题，设计各类旅游商品，如纸扇（图 3-7）、拎袋等日用商品，杨梅酒、杨梅饼等旅游美食商品；组织现场采摘并购买等农事体验活动；直播带货，即主持人进入杨梅园直播，体会杨梅采摘的多样乐趣，吸引网友一键下单；亲子画杨梅，即备长卷画纸，以“水口杨梅”为主题进行绘画创作，邀请亲子家庭一起参与，并进行合影留念等；开展其他各类串点小游戏，奖品是新鲜的杨梅。

图 3-7　杨梅节主题扇

第二节　乡村旅游的转型与升级

在吴瑞安老先生创办的疗养中心的带动下，本地农户经营的农家乐在 2000 年开始起步，2009—2012 年进入快速发展期，2012 年已达 325 家，2013 年发展为 384 家。但是随着农家乐数量的急剧增加，一系列的问题也产生了，如产品的质量和经营服务水平跟不上、同质化现象严重、公共配套服务缺乏、卫生环境需要整治等。

一、农家乐的整治与提升

为进一步加强水口乡农家乐的规范管理，提升农家乐的经营服务水平，促进农家乐良性发展，2012 年，长兴县人民政府成立以分管县领导为组长，以县文旅局为牵头部门，相关公安、消防、市场、环保、卫计、税务、国土、城管等部门为成员的联合整治领导小组，开展水口乡农家乐行业调查研究，并印发了《水口乡农家乐整治提升方案》，以促进农家乐行业管理长效机制的建立。对水口乡辖区内农家乐以规范办证为突破口，从硬件设施配置、软性要求和管理机制等方面开展突破和试点，采取“关闭一批、整治一批、提升一批”和“达标一户开放一户”的方式推进整治提升工作，对达不到整治要求的坚决予以关停。主要内容如下。

1. 强化对农家乐食品安全隐患的整治

针对农家乐存在的厨房设置不规范、食品加工操作不规范、食品卫生条件差而导致的食品安全隐患，相关职能部门按照《长兴县农家乐整治规范要求》，从厨房的设计和布局、厨房的设备、食品来源的索证管理、物品的摆放、食品卫生管理等方面进行整治和规范，消除食品安全隐患：建立食品安全台账制度和农家乐餐饮服务规范，对所有食品采购索证索票，明晰食品来源并建立管理台账；对于开展对外餐饮服务的农家乐，要求设立单独的配菜间和冷菜间，通过验收后方可营业；对于只接待团队餐而不接待餐饮散客的普通农家乐，要求餐饮服务中一律不得使用生菜、冷菜、海鲜、裱花蛋糕等容易变质继而有可能引起食物中毒的菜品，所有菜品均需煮熟煮透方可上桌等。

2. 强化对农家乐消防安全隐患的整治

针对农家乐消防意识不强、消防硬件设施不足、消防技能不高而导致的火灾隐患，相关职能部门参照宾馆类管理标准，按照农家乐消防的有关要求，加强对农家乐消防安全隐患的整治。进一步排查火灾隐患，对所有线路要求套管，按规定配备相应数量的灭火器、灭火毯、烟感设施、逃生绳、防毒面具、手电筒、应急灯等应急设施设备，并强化对农家乐业主和从业人员的消防安全意识和消防技能培训。

3. 强化对农家乐治安安全隐患的整治

针对农家乐存在的游客住宿不登记、客人身份不清的现状，相关职能部门按照农家乐住宿登记管理的有关要求，督促农家乐业主建立住宿登记管理制度——在公安住宿登记系统未在农家乐行业普及的情况下，开发了手机端登记系统开展规范登记。为进一步保护农家乐的合法利益，提醒游客做好自我防范，要求所有公共区域监控系统全覆盖，并在易产生安全隐患处，如楼梯、卫生间、大厅、玻璃隔断等，设置明显的警示标志等。

4. 强化对农家乐环境卫生的整治

对房屋的合法性进行认定，对违规搭建的各类建筑、棚披及违法广告牌匾、乱贴乱画、乱堆放等进行拆除和清理；对核心区水顾线道路两侧可视范围内的各种垃圾进行清理；对各类有碍观瞻的设施如破损篱笆等进行拆除；对其他农家乐内部环境卫生、房前屋后及脏、乱、差等情况进行集中整治，进一步优化和美化农家乐发展环境。

5. 完善农家乐公共配套设施

根据水口乡农家乐发展的实际需要，投资3000余万元启动实施农家乐给排水工程。改变农家乐原有向山塘水涧取水的模式，实施区域集中供水，保证水量和水质，同步启动农家乐山泉水管取缔工作，全力推进生态环境保护工作。对农家乐生活污水进行纳管处理，提高农家乐生活污水处理的效果，同时加强集中供水和排污前的水质监测，定期取样、检验，建立应急处置机制。

6. 规范提升农家乐的服务水平

一是举办培训班，分期分批对农家乐业主进行服务理念、服务规范和安全意识教育与培训，倡导诚信、文明经营行为；二是组织农家乐业主代表赴杭州、德清、安吉等地区学习考察，开阔视野，增强危机意识，提升发展理念；三是典型示范，选择2或3家农家乐进行以茶文化为特色（茶乡居）的改造，示范引导农家乐提升发展。

7. 建立农家乐长效管理机制

成立水口乡旅游质监站，配备专门人员，加强农家乐服务质量监管，及时处理游客投诉，提高游客的满意度。充分发挥农家乐协会行业自律的作用，促进农家乐自我约束、相互监督、改进服务。农家乐行业主管部门出台新开办农家乐的标准和要求，严格把好新开办农家乐的准入关。

二、特色民宿的引进与培育

1. 特色民宿的引进

为了更好地引领乡村民宿的发展，促进旅游业的品质化和多元化，水口乡引入特色文化主题民宿。水口乡最早于 2009 年引入第一家特色民宿——百翠山居。该项目由 7 名中欧国际工商学院校友创立，总面积为2800亩，拥有主题客房15间，主要以休闲有机农业为载体，延伸产业链，产品包含旅游、度假、亲子游、会议、团建、婚礼、私宴，是首家会员制、提供管家式服务的特色民宿，致力于为客户提供一站式田园度假庄园式服务。

2. 特色民宿的培育

为提升乡村旅游管理和服务水平，为游客提供体验水口乡自然文化与生产生活方式的住宿设施，培育具有主题鲜明、特色明显、文化氛围浓厚、生态环保等特点的特色民宿，2015年长兴县人民政府出台了《长兴县特色民宿发展暂行办法》(以下简称《暂行办法》)。《暂行办法》规定了特色民宿的必备条件、申报程序、规范管理、扶持政策及法律责任等。

（1）必备条件

必备条件对特色民宿的主题定位、创建方案、规划要求、建筑风格、室外设计、房间数量、土地性质、安全防护、污染治理及邻里关系等作出了要求。

（2）申报程序

建立联合申报的服务工作机制，成立县特色民宿发展协调小组办公室，明确并固定专门工作人员代表部门开展相关工作。

（3）规范管理

县特色民宿发展协调小组办公室负责特色民宿发展重大事项的决策及有关政策协

商和处理；景区综合管理办公室负责牵头特色民宿的申报服务和指导督查；各成员单位按照各自职责，制定相关监督管理措施和服务政策，并强化日常监管；乡镇（街道、园区）负责本辖区内特色民宿的规划、指导、审核、培训、统计、安全及日常管理工作。

（4）扶持政策

《暂行办法》针对民宿实体、乡镇、品牌运营公司等制定了10万～100万元不等的各级奖励政策，鼓励星级特色民宿的创办和经营。

（5）法律责任

建立特色民宿违法经营查处联动机制，明示了特色民宿经营者的主要违法行为类型，乡镇（街道、园区）负责日常巡查监管，发现违法经营行为及时处置并报县特色民宿发展协调小组办公室，由该办公室督促相关部门依法查处。

三、开放式景区的建设和治理

1. 旅游景区建设

水口乡最初的乡村旅游形式是农家乐旅游，上海客人来到农户家里吃住几天后返城。但是游客除了在农户家里休闲娱乐外，不免走出农家，在村里到处走走逛逛，欣赏乡村风光。游客数量的增多和乡村旅游逐步规模化发展对水口乡的旅游服务设施和乡村公共环境都提出了较高的要求。为了满足乡村旅游的升级需求，当地政府高度重视全域旅游发展，深入推动旅游产品供给侧结构性改革，开展A级旅游景区建设，探索景区改革创新，促进品质提升，推进景区化可持续发展。

基于乡村旅游发展的实际情况，水口乡按照全域景区化的理念，以富民强乡为目标，以“建设大景区、优化大生态”为统揽，创新业态、提升品质、优化服务，将绿水青山的生态优势转化为发展乡村旅游的产业优势，逐步探索实践出一条从农家乐到“乡村旅游”再到“乡村度假”并向“乡村生活”转型的乡村旅游发展之路。通过争取项目、争创试点、优化营商环境等举措获得政策、资金和配套的相关支持，不断推进基础配套设施完善、旅游业态丰富、旅游内涵提升、旅游体验深化等。2014年，水口茶文化景区成功创建为浙江省首个全乡域开放式国家4A级景区。目前，水口茶文化景区已经成为长三角地区著名的乡村旅游度假目的地。

2. 旅游景区治理

通过景区化建设，水口乡旅游发展地区在基础配套设施、综合管理、乡村旅游产品提质等方面取得了较大成效，但仍存在不少制约旅游品质提升、影响游客体验感的问题。为解决部门多头管理、责权不清晰、管理低效率等水口景区管理存在的问题，当地政府积极改革创新，探索一体化、标准化、规范化、精细化治理模式，形成了一套切实可行的长效管理体系，实现了全面推进乡村振兴、产业提质增效、景区健康持续发展的目标。

（1）建立四级联动机制

立足开放式景区实际，厘清政府与景区、部门站所、村、协会、市场主体的职责关系，建立乡镇、部门站所、村委会、协会四级联动机制。优化完善由乡政府、派出所、交警中队、运管所、市场监督管理、综合执法大队、村委会、行业协会等单位组建成立的景区综合管理办公室职能，提高管理效能，开展景区规范化、标准化管理。在农文旅融合大背景下，作为景区属地乡镇的水口乡，打破乡级相关科室条线分割和设置，按照“能融则融、能融尽融”原则，将与景区运营管理相关的文化、旅游、农业、宣传等职能部门进行重组和合并，形成乡镇、景区一盘棋，共推水口景区高质量发展。

（2）建立共享共治管理模式

景区探索通过架构设置、职权划分、机制设立、制度设置等方式，充分发挥村民自治、行业自治和自律作用，提升自主组织和村民的荣誉感、获得感，让村委会、协会、村民、游客等社会力量参与到管理、服务中来。实施景区网格化管理，将景区划分为12个片区，采取部门成员、村委会成员、协会理事联片包户方式，及时掌握相关动态，化解矛盾；在农家乐行业协会的基础上组建农家乐调解委员会和民宿行业工会，会同旅游警察、旅游法庭、消费维权中心开展消费者权益保护活动，确保有人管事、能管好事。

（3）建立景区智慧化管理手段

景区在原有视频监控系统、车流量监测系统、人流量监测系统、无线 Wi-Fi、应急广播、旅游网站等智慧管理运营平台的基础上，开发水口乡村智慧管理服务平台（包括乡村治理和旅游管理服务两个模块），开展景区数字化管理和服务。乡村治理模块重点开发综合应急指挥系统、村民文明诚信体系、农家乐和游客积分制管理体系等内容；旅游管理服务模块重点开发景区公众号信息发布、乡村民宿线上预订、电子票务、农家乐供应链系统、景区公共服务导航系统、旅游商品销售系统、新零售系统、资产管理系统、乡村民宿阳光厨房系统、数据分析系统等内容，为乡村治理、行业管理、产业监测、市场营销、公共服务、资源配置等提供依据，并形成开放式景区规范管理、长效管理机制和标准化、可推广、可借鉴模式。

四、旅游项目的引进和开发

随着各地多样化乡村旅游模式的出现，传统农家乐在整体乡村旅游市场中逐渐处于劣势地位。当地农户因受资金和能力等方面的限制，无法将当地特色文化、特色体验等进行充分的融合和发挥。无论是旅游品牌的塑造、旅游业态的丰富、旅游产品的优化，还是文旅产业的深度融合、旅游产业链的完善等都需要国有资本和工商资本的进入，并进一步开发系列的大型项目，助推当地业态的多元化发展。

1. 旅游景区

对于传统旅游而言，旅游景区是旅游活动的核心环节，是旅游产业链中的中心环节，乡村旅游虽说以休闲娱乐活动为主，对旅游景区没有那么大的依赖性，但是旅游景区的建设能够促进乡村旅游活动的丰富化和多元化，延长游客在乡村的停留时间，从而拉长其产业链和消费链。2005年，长兴县依托水口乡禅茶文化底蕴，由长兴文化旅游发展集团投资，将中国历史上第一座官办皇家茶厂——大唐贡茶院恢复重建并对外开放。该项目的落成，标志着水口乡茶文化旅游景区的实至名归。整个贡茶院总占地面积10公顷（1公顷=10 000平方米），为木结构仿唐建筑，由陆羽阁、吉祥寺、东廊、西廊、御羁园、燕乐园、鸿渐楼、桑苎台8个部分组成，同时植入了水口乡千年贡茶——紫笋茶的传统工艺制作DIY场景，增加了大唐茶艺表演等节目。贡茶院顺山势而建，一进入景区，远眺是恢宏古朴，近瞧是一片古色古香，仿佛置身千年前的时光，一边感受茶文化的悠远静雅，一边享受“偷得浮生半日闲”的乐趣。

2. 特色品牌酒店

品牌酒店“以人为本”的服务理念及其标准化、个性化的服务技巧，都是当地民宿学习的榜样，一些高端品牌甚至可以成为当地的地标，为旅游目的地增添魅力。

（1）开元芳草地乡村酒店

水口乡引进的开元芳草地乡村酒店坐拥400亩天然林地，拥有大片茶园、竹林，园中溪流潺潺，是一片“距都市不远，离自然很近”的度假绿洲。该酒店乡村风情浓郁，尤以特色小木屋、帐篷、绿草如茵的芳草地为核心园景，为游客打造出了世外桃源般的趣味生活。

（2）远方的家特色酒店

远方的家特色酒店，其品牌“远方的家”由长兴文化旅游发展集团持有，坐落在顾渚村山脚下，沿着乡村公路一路向上，竹声滔滔、鸟鸣清脆。该酒店具备餐饮、住宿和会议功能，各功能建筑之间由景观连廊连接，围合后形成一个内向性庭院。

（3）花间堂·沂水禅茶文化主题酒店

花间堂品牌2009年诞生于丽江，目前隶属于华住集团，以独具特色的花间美学，将高端精品酒店的服务理念与地方民居、民俗等人文特色完美融合。水口乡花间堂·沂水项目是花间堂品牌旗下唯一采取地中海风格建筑设计埋念的酒店，店名“沂水”取自“沂水弦歌”，具有逍遥游乐之意[①]，总投资1.8亿元。该酒店总客房数108间，有10种房型，整体布局以小型院落的形态展现，并配套有景观餐厅、会议中心、星空影院、儿童乐园、水吧等文化休闲娱乐设施，同时其景观、装修、家具、餐饮、活动、服务等均秉承禅茶文化理念，致力于传递中国文化之美，传承并保护所在地的自然人文特色。目前，水口乡花间堂·沂水禅茶文化主题酒店已成为当地的网红酒店。

3. 农旅融合项目

乡村旅游的发展带动了农村一二三产业的联动发展，尤其促进了农业生产的规模化、产业化、品牌化发展。农旅融合项目充分尊重农业产业发展和农业产业功能，合理

---

① 源自《论语·先进》。

利用农业资源和土地资源，开发旅游休闲项目，建设农旅商业项目，形成一个集休闲、娱乐于一体的高品质农旅融合聚集区。坐落在顾渚村的富硒山居项目，充分结合了水口乡当地的“硒”资源，主打健康、农事体验品牌，总面积160余亩，由餐饮会议接待区（境会楼）、住宿区（幽篁居、潇湘居）、品茶区（茶香阁）、富硒农场和儿童乐园五大部分组成，是一家集田园自然学校、农事采摘、儿童娱乐、健康养生、旅游观光、休闲度假及会议服务于一体的农旅融合项目。坐落在金山村的四月天杜鹃花海项目，总投资1.8亿元，规划用地330亩，项目建设内容为古桩杜鹃主题花园、四季花卉、园林盆景等业态，打造出一个集花卉观赏、灯光演出、生态园艺、四季采摘为一体的农旅休闲项目。

4. 旅游综合体项目

旅游综合体的概念来源于城市综合体。综合体以建筑群为基础，集商务办公、酒店餐饮、商品零售、休闲娱乐于一体，功能齐全。旅游综合体更强调休闲娱乐度假的功能，具有如下特征：以一定的旅游资源为基础，以旅游休闲娱乐度假功能为主导，以休闲地产开发为手段，以高品质旅游服务为保障。水口乡在原来民宿产业的基础上开发和引进了唐潮十二坊项目、太湖之滨农耕文化园等项目。唐潮十二坊项目总投资13.3亿元，由杭州新天地集团和长兴文化旅游发展集团有限公司合资开发建设，将被打造成以“城市中央活力区、养生度假区、城市文化名片”三大主力产品为引擎驱动的文、商、旅三位一体的综合区；太湖之滨农耕文化园项目总投资2.2亿元，主要包括生态停车场、农贸市场和农耕文化展览展示区，其中农耕文化展览展示区又分为农事体验区、农耕文化展示区、风情街区三个板块。

本章启示

一、理论知识链接

乡村旅游在快速发展的过程中呈现出多种发展形式，如农家乐、乡村民宿、乡村酒店、休闲农园、乡村景区等。

1. 农家乐

农家乐又称家庭型乡村旅游，一般以农户家庭为经营单位，是一种以家庭闲置资源为基础，吸引游客“吃农家饭、赏农家景、住农家房、购农家物”的乡村旅游发展形式。农家乐最初的出现是自发的。一些游客到乡村风景较美但又没有得到完全开发和较好管理的地区（景点）游玩，玩累后产生了餐饮方面的消费需要。最初的农家乐是当地农户应游客需求提供一些自家的餐食，后面慢慢形成乡村住宿和餐饮的市场。因此，农家乐一般由当地农户经营，以家庭自有闲置资源为主，生产成本比较低，产品档次也比较低。

2. 乡村民宿

乡村民宿是规模介于农家乐和乡村酒店之间的一种乡村旅游发展形式，一般拥有15间左右的客房。民宿业主有当地的乡贤、返乡务工人员或者返乡大学生等。他们具有相对较高的文化程度、较广的知识面，熟悉城市居民的消费水平和消费习惯，注重在经营过程中融合当地文化，注重发展特色，能够提供满足游客消费需求的产品和服务。乡村民宿产品档次较高而且富有特色，服务充满亲情化色彩，因而广受欢迎。

3. 乡村酒店

乡村酒店一般是当地政府引进的外来项目，规模较大，具有上百间乃至几百间的客房，有工商资本特性，大多采用品牌经营模式。乡村酒店能将当地的农业农村景观、乡村生态与酒店标准化、高服务水准的住宿和餐饮产品进行恰到好处的结合，为游客提供乡村休闲体验产品，让游客既能体验乡村优美的生态环境、畅享田园风光，又能享受高标准的酒店服务。乡村酒店为农家乐、乡村民宿的发展起到了示范和引领作用。

4. 休闲农园

休闲农园是一个较新的概念，学界和实践领域还没有一个完全一致的定义。作者认为，休闲农园是一种集农业和休闲旅游于一体的新型农业旅游综合园区。园区内以农业为基础，以体验农村农业生活和活动为目的，为游客提供农村风光欣赏、农业农事体验、农家生活体验、民俗风情体验等各种活动。休闲农园是集教育、科普、观光、休闲、娱乐、度假等功能于一体的园区。休闲农园以农业生态保护为前提，适度开发农业资源，坚持可持续发展，结合当地的基础设施建设发展乡村体验旅游。

5. 乡村景区

根据《旅游区（点）质量等级的划分与评定》（GB/T 17775—2003），旅游景区是以旅游及其相关活动为主要功能或主要功能之一的空间或地域，是指具有参观游览、休闲度假、康乐健身等功能，具备相应旅游服务设施并提供相应旅游服务的独立管理区，应有统一的经营管理机构和明确的地域范围。乡村景区是位于农村地区的旅游景区，大量游客的到来对其他形式的乡村旅游发展具有带动作用。

二、水口乡经验与启示

吴瑞安老先生来到水口乡或许是一种偶然，他选择水口乡或许是机缘巧合。除了水口乡的生态环境恰好符合吴老先生建立疗养中心的要求外，长兴县作为上海的“后花园”，其打造模式也是吸引吴老先生来到并留在水口乡的原因。但是把这种偶然和巧合催生的点状经济变成乡村旅游产业的蓬勃发展，就不仅仅是“巧合”和“自我发展”能够实现的。

放眼全国，无论是吴老先生这样的个体还是其他企业主体回归农村、回归农业产业的案例比比皆是，但个体的星星之火能够实现燎原之势而且长期可持续发展的并不多。从水口乡“上海村”发展的案例来看，一是需要当地基层政府有较强的、敏锐的洞察力，能够及时掌握和研判产业发展过程中的新动态、新业态等信息，同时加强市场调研和前景预测；二是基层政府在确定符合当地实际的产业发展方向后，需要加强引导、引领和鼎力支持，“上海村”品牌不是一两户农家乐能打造出来的，完整的产业链也不是一朝一夕能够建立起来的，需要政府发挥“四两拨千斤”的作用，采取符合当地实情的有效措施开展扩面工作；三是要树立未雨绸缪的产业危机意识，特别是当下在乡村振兴的大背景下，乡村旅游产业遍地开花，而随着社会经济飞速发展，游客对乡村旅游深度体验的要求日新月异，粗放型、同质化类型的产业终将被市场淘汰。水口乡不断求新、求变，通过促进农家乐转型提升、引育特色等级民宿、打造开放式景区、引进有潜力的大型项目、培育新业态、推动规模化集群化发展等“多驾马车”齐驱，创新谋变，防止进入产业发展陷阱。因此，在全国不少地区乡村旅游渐渐“褪色”的时候，水口乡旅游的知名度反而越来越高，保持了旺盛的生命力。

第四章 水口乡“生态立乡、旅游兴乡”的发展战略

水口乡旅游的萌芽源于吴瑞安老先生看中了顾渚山脚的生态环境，优美的生态是水口乡发展乡村旅游的基础和前提。“生态立乡、旅游兴乡”的发展战略确立后，水口乡历届领导班子都高度重视并持续践行，在发展战略的指导下，水口乡老百姓的生态意识也日益增强。

第一节 “生态立乡、旅游兴乡”发展战略的缘起

一、旅游发展战略确立前的产业发展情况

2003 年前的水口乡，发展定位为“生态立乡、工业兴乡”，第一产业除粮食生产外，主要以茶产业和毛竹产业为主；第二产业——工业的基础更为薄弱，全乡仅有 2 家矿泉水生产企业、1 家黄酒生产企业、3 家砖瓦厂、1 家耐火材料生产企业和 1 家琉璃瓦生产企业，不仅企业数量少、规模小，而且基本上是资源消耗型的高能耗、高污染企业[①]。那时候，因地理环境和配套设施的限制，水口乡工业企业招商引资并没有找到突破口，经济比较困难。2002 年水口全乡国税、地税总额仅 52 万元，全乡年人均收入仅 3000 余元，属于省内的贫困乡镇，政府工作人员的工资基本上要靠借才能够准时发放，村民除了不得不留在本地“靠山吃山”的，其余都外出务工了。

水口乡的乡村旅游雏形为农家乐，起步于 2000 年。在之后的两年里，以申兴康复疗养中心为核心点，新的农家乐不断出现，2003 年时已经达到 20 余家。虽然当时基础条件、设施设备等都比较差，但每家每户的游客量并不少，生意比较红火，农家乐发展总体呈现欣欣向荣的势头。

① 本章所有数据均由水口乡人民政府提供。

二、“生态立乡、旅游兴乡”发展战略的确立

2003年7月，时任浙江省委书记习近平同志在浙江省委第十一届四次全体（扩大）会议上作出了面向未来发展的“发挥八个方面的优势”“推进八个方面的举措”决策部署，即“八八战略”。“八八战略”指出，要进一步发挥浙江的体制机制优势、区位优势、特色产业优势、城乡协调发展优势、生态优势、山海资源优势、环境优势和人文优势，从实际出发，按照科学发展观的要求，全面推动社会经济高质量发展。当时的水口乡党委政府深入学习了“八八战略”，并加以贯彻。

水口乡政府对全乡相关产业开展了深入调研，认真分析了一二三产业的发展现状和困境，系统地梳理了各产业的发展优势和潜力，致力于研究水口乡产业和经济的发展定位：水口乡地处长三角核心，属天目山余脉尾端的半山区丘陵地貌，森林植被丰富多样，自然生态环境较好，禅茶文化历史悠久、底蕴丰厚，乡政府认为发展乡村旅游业符合当地的资源特色，能够充分发挥生态优势，又契合“八八战略”的发展要求，可作为下一步定位发展的主要方向。

2003年10月，水口乡党委政府正式确立了“生态立乡、旅游兴乡”的绿色发展战略，明确了今后的发展方向是“举生态旗、走生态路、干生态活、吃生态饭”，把发展旅游业确立为水口乡的主导产业，将全乡的工作重心转移到依托良好的自然生态环境资源来大力发展旅游业的道路上，由此正式拉开了水口乡旅游大发展的序幕。

第二节　“生态立乡、旅游兴乡”发展战略的践行

一、发展战略的历年践行

自2003年水口乡正式确立“生态立乡、旅游兴乡”的绿色发展战略以来，历届党委政府坚持贯彻此发展战略，持续践行：“绿水青山就是金山银山”的理念，积极探索“全域共享、全域共建”的可持续发展模式，赋予乡村旅游产业新内涵。

2003年，水口乡确立“生态立乡、旅游兴乡”的发展战略并委托北京大学环境学院新编了《顾渚山风景区总体规划》《水口乡生态环境规划》。

2004年，长兴县对水口乡工业规模经济、工业性投入与项目推进、城镇工业区建设等内容取消考核，环保生态首次成为考核的第一要素，占政绩考核总分的六分之一。水口乡获得了市级生态乡称号，通过省级卫生乡考核验收。

2005年，水口乡将“顾渚山自然保护区”更名为“顾渚山自然和旅游资源保护区”。

2006 年，水口乡获得“全国环境优美乡”称号。

2007 年，水口乡先后获得“市级卫生乡”、“市级生态乡”、“市级文明乡”和“省级卫生乡”荣誉。

2008 年，水口乡委托中建国际对全乡生态环境保护和生态经济发展编制规划。

2010 年，水口乡荣获“中华宝钢环境奖城镇类优秀奖”。

2012 年，水口乡明确了“建设大景区、优化大生态、促进大提升”的发展思路，并获浙江省“我心目中最美生态乡镇”称号。

2013 年，水口乡荣获“国家森林城市”称号。

2014 年，水口乡明确“全域景区化”定位，成功创建全乡域国家 4A 级景区。

2015 年，水口乡全面启动悬臼岕景区环境整治工程。

2017 年，水口乡提出努力打造、践行“两山”理念样板地模范生目标。

2018 年，水口乡进一步提出大力实施乡村振兴战略，全面推进全域旅游发展，更高水平、更高质量践行“两山”理念，争当乡村振兴样板地模范生目标。

2019 年，水口乡顾渚村以全省第一名的成绩入选全国乡村旅游重点村。

2020 年，水口乡全面启动人居环境整治提升工程。

2021 年，水口乡获得“浙江省乡村旅游重点镇”“浙江省美丽城镇省级样板”等荣誉。

二、发展战略践行的具体途径

水口乡持续践行“生态立乡、旅游兴乡”的绿色发展战略，统筹推进生态修复、设施提升和文化传承三大方面，各项整治工作以建设“五个更美”（山水要比建筑更美、鲜花要比绿叶更美、黑夜要比白天更美、院内要比墙外更美、文化要比坏境更美）为目标，始终将 “四生”（生产、生态、生活、生命）理念贯穿其中，通过共建共治方式加以实现，进一步凸显了生态底色、地域特色和文化特色，具体途径如下。

1.“拆改”结合提升景区形象

通过“拆改”让出公共空间。在发展旅游之前，水口乡的村庄既有原生态的山村资源，又存在棚披乱搭、杂物乱堆、管线乱串等现象，水口乡针对这些情况大力开展“围墙革命”“棚披革命”等“拆改”提升工程。一方面，拆除违章建筑与设施腾出公共空间，例如，顾渚村的悬臼岕片区整治提升工程，共拆除少批多建和各类棚披等 11 765.3 平方米，拆除侵占溪涧的构筑物 750 平方米，拆除私自搭建的违章桥梁 7 座，拆除围墙 52 户 1162 米，释放庭院空间 19 200 平方米；另一方面，通过以“拆”促“改”并加以绿化美化提升景观品质，同时为游客和当地村民提供充足的游憩空间。对拆除围墙和违章建筑的农房、乡村民宿，政府免费以“一户一策”的定制化方式提供改造提升方案，发动农户开展建筑立面和庭院美化、亮化改造提升，切实提升景区沿线的建筑美感。按照"花小钱办大事"的原则，出台支持政策，对按照设计方案进行改造提升的农户给予实际投入资金10%的补助，以400余万元奖补资金撬动了农户5000余万元的改造投入。同时，悬臼岕整治工程统筹推进了交通、水电、通信等公共配套设施，共新建道路3.4千米、人行道5.5千米，下埋管线12 000米，新建观景平台2200平方米。

2. 生态修复优化景区环境

通过"活水""植绿"等工程实现生态修复。"活水"工程通过两方面加以实现：一方面全面加速开展"一体化供水"工程建设，加速推进自来水入户工程，结合环境整治，坚决禁止农户私自取用山泉水、打井等行为，对原来农户设置的取水水塔、水管进行取缔，让涧滩、河道等重新还原了溪水潺潺的生态景象；另一方面深入推进农村生活污水治理工程，累计投入资金1.5亿元，实现了乡村民宿生活污水全部统一纳管、集中处理，有力保障了水环境质量的持续改善。"植绿"工程主要是指通过植树节、美丽庭院建设和公共设施建设等因地制宜开展植树造绿活动，同时大力宣传、推进绿色农产品的种植和销售，降低农药化肥等使用量，倡导健康生活、低碳生活，依托行业标准和村规民约，制止农户在山塘水涧内洗涤菜品和床上用品等。

3. 文旅融合创建景区特色

通过开展文化基因解码工程促进旅游发展，做好禅茶文化、民俗文化、传统文化等的挖掘、传承工作，推进文旅深度融合：霸王潭景区因西楚霸王项羽曾在此饮水沐浴而得名，但因早期为私人开发，文化底蕴没有被充分挖掘，游客体验感极差。现国有资本介入，由长兴文化旅游发展集团对其进行收购，在深挖文化内涵的基础上重新进行了规划设计和开发，免费开放后收获了良好的口碑；顾渚水库景区，在对其周边地质灾害点进行修复的基础上，新建了摩崖石刻文化背景墙，让分散在顾渚山的唐宋名人石刻集中呈现，成为景区的又一"点睛之笔"；玉窦泉，历史上曾与金沙泉齐名，有"左金沙右玉窦"的美称，但一度废弃、年久失修，以致无人问津，文化基因解码工程不仅对其进行了修复，还将传说中茶圣陆羽与女诗人李季兰的爱情文化进行了有机植入，新建了茶工坊、明月亭等设施，使"玉窦泉中水、明月峡中茶"的情景得以重现。

同时，依托大唐贡茶院、唐潮十二坊等项目营运打造水口景区茶文化IP，以茶及茶文化为载体创立茶文化主题的乡歌乡舞，通过建筑、景观、演艺、非遗展览等形式全方位展示水口乡的文化底蕴；在水口乡中小学开设茶文化教学课程，依托成人学校和各村文化大礼堂举办茶文化讲座、培训班、体验活动等培养茶文化技能人才队伍，推动长兴茶文化和紫笋茶产业发展。

4. 多元发展促进产业升级

（1）多元化协同发展促进产业升级

针对农家乐无序经营、低端竞争及民富村弱等问题，水口乡以环境整治为契机，提升现有民宿，引育中高端民宿，大力推进产业升级，推动了乡村旅游的转型发展，有效促进了乡强、村壮、民富。

（2）变无序经营为有序管理

首先，狠抓整改规范。由县政府领导牵头，卫计、环保、公安、消防、旅委、市场监督等部门参与，驻点办公、下沉服务，对农家乐办证实行一对一指导、一站式受理、联合式验收。其次，注重行业自律。发挥农家乐行业协会作用，通过采取协会内部分片包干、划片包户、每月评比、设立红黑榜等方式，促进农家乐行业自我监督管理。最后，强化考核管理。实行《农家乐（乡村民宿）积分制考核办法》，通过季度普查、月度抽查和随机检查等方式对农家乐（乡村民宿）进行积分制考核，并将考核情况与银行贷款、星级评定等挂钩，进一步强化了农家乐的长效管理。

（3）变低端营业为品质发展

注重业态升级，在推动农家乐提升的同时，大力引育中高端民宿等新兴业态，以紫茗山庄、枕竹@顾渚、归心、竹溪源舍、尧韵山庄、我行我宿等为代表的特色民宿逐渐兴起。结合“民宿书房”等建设，推动乡村生活民宿向文旅融合型特色民宿转变，引领带动整个水口乡旅游转型升级。

（4）变村弱民富为村壮民富

在乡村旅游业发展路径上，鼓励和引导村集体经济通过投资实体、资产入股等形式经营美丽乡村、壮大村级财力。2020 年，在景区内通过各村联建形式新建部分商业用房，进一步提升村级“造血”能力。同时，县委县政府坚持“多予、少取、放活”原则，将税收县得部分全额返还水口乡，用于支持水口乡各村集体经济发展。

第三节 “生态立乡、旅游兴乡”战略下的低碳发展路径

水口乡有着良好的低碳发展基础。在旅游发展的过程中，水口乡十分注重绿色低碳，着力发展低碳交通；注重节约能源资源，深化乡村民宿长效管理，全面推行乡村民宿积分制管理、党员联户、志愿服务等制度，以大数据助推“智慧旅游”“水口云管家”平台全面投入运营并推广使用。

一、碳排放现状

2020 年水口乡二氧化碳排放量为 17.49 万吨，其中能源活动是水口乡二氧化碳排放的主要来源，排放量为 17.28 万吨，占二氧化碳总排放量的 98.80%；废弃物处理产生的二氧化碳排放量为 0.21 万吨，占二氧化碳总排放量的 1.20%。2020 年水口乡通过森林碳汇抵消的二氧化碳排放量为 2.42 万吨；二氧化碳净排放量约为 15.07 万吨，较 2019 年降低 6.89%。水口乡 2020 年二氧化碳排放和抵消情况见表 4-1。

表 4-1　水口乡 2020 年二氧化碳排放和抵消情况

类型		二氧化碳/万吨	碳排放构成/%
碳排放	能源活动	17.28	98.80
	工业生产	0	0
	废弃物处理	0.21	1.20
碳抵消	森林碳汇	2.42	
二氧化碳净排放量		15.07	

水口乡 2020 年人均二氧化碳排放量为 9.06 吨/人，比 2019 年（9.64 吨/人）降低了 6.08%。人均二氧化碳排放量下降的主要原因是常住人口基本稳定，能源消耗量降低，但与全国人均二氧化碳排放量 8.8 吨/人相比还有一定的差距。水口乡 2018—2020 年人均二氧化碳排放量详见表 4-2。

表 4-2　水口乡 2018—2020 年人均二氧化碳排放量

项目	年份		
	2018	2019	2020
二氧化碳排放量/吨	110 631.77	186 094.78	174 948.92
常住人口/人	19 293	19 299	19 318
人均排放量/（吨・人$^{-1}$）	5.73	9.64	9.06

二、低碳旅游发展基础

1. 生态环境基础

"溪边照影行，天在清溪底。天上有行云，人在行云里。"水口乡三面环山，东临太湖，竹林苍翠，气候温和，森林覆盖率高，空气负离子含量高，素有"天然氧吧"之称，固碳能力强、成本低、效果佳，成功创建省级森林城镇。农产品丰富，拥有银杏、金钱松、杨梅、茶叶、苗木、毛竹、芦笋、百合等特色作物，有助于实现低碳效益和经济效益"双效"跃升。

2. 旅游业发展基础

多年来，水口乡充分挖掘清丽山水资源优势，依托山地、湿地等生态旅游资源，积极培育健康养生、茶文化旅游等低碳产业，逐步探索出一条从农家乐到"乡村旅游"再到"乡村度假"并向"乡村生活"转型的乡村低碳旅游发展之路，成功创建开放式国家 4A 级景区，创建全国首个乡村旅游产业集聚区，行政村实现美丽乡村和 A 级景区村庄创建全覆盖，成功创建 3A 级景区村庄 3 个、A 级景区村庄 5 个。

3. 农业发展基础

发展规模农业，有效提升碳汇能力。发展现代农业，启动顾渚紫笋茶产业绿色发展先行示范区建设，完成紫笋绿茶自动化生产流水线 2 条。提高农产品品牌价值，全年打造“春茶、夏梅、秋桃、冬笋”四大农事节庆；新申报农业“品种培优、品质提升、品牌打造”，即“三品”产品 4 个、绿色产品 1 个，成功创建市级 3A 级生态休闲农场 1 个，2020 年全乡实现农业产值 2.2 亿元，农民年人均收入达到 3.8 万元。

4. 前期低碳生活的倡导基础

（1）倡导垃圾分类

结合景区 IP 建设，设计环保袋等产品，减少塑料制品的使用。实行乡村民宿“无桶化”管理，建设垃圾分类智慧平台，向乡村民宿发放有码垃圾袋，并通过称重、拍照、上传照片等在智慧化垃圾分类平台上对垃圾分类进行识别评分，实现每家每户的垃圾可溯源、可追踪。

（2）夯实低碳基础设施建设

推广低碳交通，开通电动微公交循环系统，设置共享电动车及电动车共享充电桩，推广团队式接待和拼车出行。推广使用清洁能源，鼓励庭院、路灯采取太阳能等新能源，鼓励乡村民宿使用空气源热泵等节能设备，实行阶梯式电费计价；不主动提供一次性餐具和洗漱用品，整合资源，推广相关用品、餐具统一洗涤配送制度。

（3）推进绿色生活新时尚

结合秸秆禁烧、烟花爆竹禁放、低碳文明祭扫等活动开展融合式宣传，鼓励当地居民、游客等积极践行绿色低碳生活。开展“世界地球日”“小手牵大手，共建文明新农村”等活动，推动绿色生活理念深入人心。

三、构建低碳发展路径

1. 做优水口乡旅游品质

持续深挖品牌内涵，做精做实乡村旅游，加快实现全域提质。以打造乡村旅游 3.0 版为目标，深入实施“生态立乡、旅游兴乡”战略，做大做强乡村旅游产业，加快推进乡村旅游转型升级；持续抓好民宿产业转型发展，全面推进民宿产业控量提质，实施民宿数量与床位数双控；鼓励农家乐转型升级，推动差异化、品牌化发展，着力民宿发展梯队培育工作。建成乡村民宿小镇，打造全国知名的乡村旅游产业集聚区、长三角乡村度假旅游目的地。

立足禅茶文化特色资源，加强历史文化内涵挖掘与利用，在原有顾渚山、大唐贡茶院、寿圣寺、摩崖石刻等景观景点的基础上，加快茶诗走廊打造，进一步丰富乡村旅游的文化内涵，做深文旅融合。扎实推进古道修复，完成九龙山、飞云、贡茶等古道修复。

加强历史遗迹的修复和保护，完成石码头、摩崖石刻等历史遗迹修复保护。继续挖掘、培育和壮大"紫笋茶手工技艺"等民俗文化，进一步提升文化软实力对经济发展的支撑作用。引导休闲农业特色化、精品化发展，推进农事体验、休闲采摘等基地建设。

围绕"做精禅茶文化、做优佛教文化、做强农耕文化"，深入挖掘文化资源，推进农文旅深度融合。深度挖掘禅茶底蕴、文化基因解码，全面提升茶产业，进一步打响"自在水口"品牌。实施品牌兴茶战略，大力提高"长兴紫笋茶"公用品牌知名度。依托顾渚画溪谷露营地建设项目，精心打造茶主题商业、文旅、康养等休闲体验新载体，加快实现一二三产业融合发展。

培育发展夜间经济。发展水口乡夜间文旅观光，加快推进唐潮十二坊项目建设，复原盛唐夜景，打造"大唐不夜街"。打响健康养生品牌，立足长三角地区核心市场，重点发展生态养生、健康养老等服务，丰富康体疗养产品体系。打响水口乡"上海村"品牌，依托山林天然优势，发展健康养生，打造慢生活康养基地。

2. 提升低碳建筑水平

严格执行《绿色建筑设计标准》《居住建筑节能和热环境标准》《绿色建筑评价标准》等相关设计标准，引导新建建筑和改扩建建筑按照绿色建筑标准进行规划、设计、建设和运营。推广建筑节能技术，落实有关低能耗建筑标准，针对乡村民宿推荐使用环保节能建筑材料并采取低碳设计，优化居住环境和配套设施，有效提高民宿的保温隔热和噪声隔绝等性能。

注重建造过程的低碳化，加快推行以机械化为基础、装配式建造和装修为主要形式、信息化和数字化手段为支撑的新型建筑方式，城镇新建建筑中的装配式建筑比例不断提高，绿色建材及绿色施工不断得到应用和推广。

进一步加大新建建筑的可再生能源应用力度，重点推进太阳能光伏发电、空气源热泵、太阳能光热等在新建建筑中的应用。推进既有公共建筑和居住建筑节能改造和清洁能源应用。

3. 打造低碳交通示范区

实施交通优化工程，完善旅游景区外部交通体系，推进主要景区旅游公交专线设置，着力解决景区通景公路"最后一公里"问题。鼓励推广使用新能源车辆，实施旅游服务用车 100%新能源化。新建、改建智慧化、立体式、地下式和生态式停车场，根据实时客流量智慧引导停车。配套建设新能源汽车充电站、充电桩等基础设施（充电设施停车位占总停车位比例的 10%以上），探索开展"光—储—充"一体化停车场示范。实施道路路灯、信号灯节能改造。路面采用具有可渗透功能的循环废弃材料来建设。

完善区域慢行绿道体系，新建游步道 5 千米，沿线新建驿站 7 座。做好游步道、骑行道、人行桥、山体步道等道路设施的建设，使人行、骑行、旅游景点间接驳与公共交通无缝对接。

4. 推行低碳生活方式

（1）营造绿色低碳生活新时尚

加强绿色低碳理念宣传，全面开展绿色家庭创建活动，引导家庭主动践行绿色生活方式，大力实施光盘行动，减少使用一次性塑料制品。城乡生活垃圾分类处理实现全覆盖，开展餐厨垃圾资源化利用实践。构建废旧物资循环利用体系，加强废纸、废塑料、废旧衣物等再生资源的回收利用。

强化酒店宾馆（民宿）的低碳化运行管理，限制一次性洗漱用品的使用。主要旅游场所不主动提供一次性筷子和“六小件”，逐步减少不可降解塑料制品的使用。鼓励游客自带洗漱用品、使用环保购物袋、选择公共交通。

（2）探索打造“全电绿色民宿”示范点

推动实施民宿和居民用能电气化，推动餐饮“瓶改电”，提升用能安全性及环保性。围绕民宿经济特点及相关需求，积极推动民宿厨房、客房、服务等方面的“用电改造”，全面推行烹饪、采暖、制冷、照明、清洁、交通等各方面的“电能替代”。以清洁、安全、便捷的智能化电器设备应用，提高现代民宿的品质，试点打造“全电绿色民宿”示范点。

（3）提供低碳化的旅游产品

推动旅游纪念品、伴手礼包装生态化、简约化。鼓励开展绿色民宿认证、绿色产品认证。推广绿色认证产品应用，政府优先采购节能产品、环境标志产品，引导居民优先购买绿色低碳产品。

5. 推动农业节能降碳

巩固水口乡省级农业绿色发展示范区建设成效，以点扩面，不断提升绿色发展指数水平。深化“肥药两制”改革[①]，向着更高形态的肥药“双实名、双定额”转变，提高农业生产效率和土壤固碳能力，增加绿色优质农产品和生态产品供给比例。大力发展滴灌、喷灌等节水灌溉技术，推广水肥一体化技术，提高水肥利用率。加强农田面源末端修复，持续推进农田氮磷生态拦截沟渠建设。加强农作物秸秆综合应用，持续推进农药废弃包装物和农膜回收处置工作。

开展高耗能农机淘汰，全面清退存量变型拖拉机，鼓励和引导耗能高、污染重、安全性能低的农机加快报废淘汰，推广节能环保农机装备应用，推进农机标准化、规模化作业，降低农机机械单位能耗，改善农机能源消费结构。

6. 巩固提升林业碳汇

采取封山育林、补植补造、低产低效林改造、森林抚育等措施，恢复和扩大森林植被，提高生态防护效益和林分质量。推进城镇乡村森林建设。以森林城镇、园林城镇建

① 浙江在全国首创“肥药两制”改革，即化肥农药实名制购买和定额制施用。

设为载体，扩大建成区核心片林规模，加宽河道、道路沿线绿化带，提高公园广场、生态停车场等公共设施绿地中乔木林的比重。持续推进“一村万树”行动和森林乡村建设，突出“身边增绿”，建设道路风景林、河道生态林、公园休闲林，不断提升农村人居环境。结合高标准农田建设、全域土地综合整治与生态修复工程建设，推进农田林带林网、片林建设，增加森林面积，实现绿化成林。

7. 提升数字智治水平

结合水口乡农家乐（乡村民宿）积分制管理制度，制定乡村民宿低碳标准，设置低碳相关考核评价机制和全产业链低碳评价机制、管理机制、激励机制，探索“碳积分”运行规则。将减少机动车出行、节水、节电、减塑、垃圾分类、垃圾减量等低碳行为纳入乡村民宿积分考核。

着力打造乡村民宿小镇“低碳智理”新模式。依托乡村民宿小镇智慧管理服务平台建设，充分利用智能化、科技化技术，开展低碳工作场景化建设和用水、用电等相关数据采集，开展民宿低碳指数评价，将乡村民宿日常生产、生活低碳行为形成碳积分，通过展示端进行晾晒，并与产业经营、评星评级、争优创先、产品销售、市场营销推广、银行贷款等挂钩，促进民宿从业人员绿色低碳生活习惯养成，助推乡村旅游产业链绿色健康可持续发展。民宿与景区合作，通过票价打折和发放优惠券等方式引导村民、游客开展低碳行为实践，鼓励游客通过乘坐低碳交通、购买电子门票等方式参观游览。

本章启示

一、理论知识链接

1. 旅游业是不是无烟产业

1989 年，在荷兰海牙举办的各国议会旅游大会上通过了《海牙旅游宣言》，“无烟工业”的概念即来源于此。旅游业的发展依赖自然和人文资源，无须建厂房和烟囱，不像工业那样直接产生“废气、废水、废渣”，污染环境，因此，旅游业被称为“无烟工业”。

实际上，旅游业并不是“无烟”的，只不过相对工业而言，废弃物排放相对较少，污染较少，而且游客对自然景观、人文遗址的消费并不会导致这些资源的明显损耗。同时，相对而言，旅游业也是一个投资少、利润大、收效快的产业，因此，“无烟”是相对的概念[8]。

2. 生态理念与“无烟工业”

盲目地相信“旅游业是无烟工业，不像其他产业那样对环境造成污染”的观点是不可取的，这种对旅游业发展盲目乐观的观点容易造成旅游资源的粗放性开发和旅游业的无序发展。旅游交通拥挤、景区人满为患、游客环保意识差等，都会破坏旅游资源、污染旅游地环境，还会引发生态灾难。

旅游业并不是绝对的“无烟工业”，作为一种产业，旅游业也生产并排放废弃物，也污染环境，甚至破坏资源和生态的平衡。因此，旅游业要实现可持续发展必须坚持生态理念，提高各利益相关方的环保意识，把产业发展对生态和环境的负面影响降至最低，最大限度地向“无烟”靠近。

二、水口乡经验与启示

在社会经济发展的不同阶段，因地区差异，产业发展呈现明显的时代特征和地域特征。2003 年前的水口乡尚属于贫困乡镇，其主导产业基本上是高能耗、高污染、低附加值、劳动密集型企业和传统农业，面临的也是不断向山水要资源导致生态环境破坏、劳动力流失、农产品滞销、村民收入低等发展共性难题，也因为经济发展在省内相对落后而迷茫过，但是水口乡根据浙江省发展战略和自己的资源特色做了及时的调整，适时抓住发展机遇，确立了“生态立乡、旅游兴乡”的发展战略。最为关键的是，水口乡历届领导班子都高度重视并持续践行此发展战略，没有一届班子因为要树立自己的政绩而另起炉灶。他们踏踏实实、勤勤恳恳地完善各项制度，坚定不移地沿着生态旅游的道路继续迈进，坚持低碳的发展路径。

水口乡旅游历经 20 余年的发展才取得今天的发展成就，证明了乡村旅游产业是符合水口乡社会经济发展实际需求的，同时，也说明了乡村旅游产业不同于网红经济，是不可能一蹴而就、一夜暴富的，通过发展乡村旅游来实现乡村振兴的过程相对较长，基层政府需要抛弃政绩观、面子观，切忌好高骛远、急功近利，要树立“久久为功”、“长期作战”和“咬定青山不放松”的为民工作思维。在水口乡多年的产业发展过程中，无论是景区改造提升、生态修复、文旅融合，还是工业企业腾退，都是在产业不同发展阶段提出的升级举措，是产业从原来的粗放型向特色化、精细化转变过程的需要。实质上很多地区在发展产业经济过程中采取的是“先发展、后治理”“先发展、再规范”路径，到今天回头去看，在没有科学的、系统的规划引领下去盲目地发展低效、粗放、污染等产业，后期所付出的生态修复成本实际上要远大于产业产生的效益，与“绿水青山就是金山银山”的绿色可持续发展理念严重背离。水口乡的乡村旅游发展因起步早，缺乏可借鉴的模式和经验，一直处于摸着石头过河，碰到问题解决问题的状态，也因此走了不少弯路。

所以，后发展地区的最大优势在于业态、模式、规则等方面有相应案例可以借鉴，能够避免走先发展地区曾经走过的弯路并有机会实现弯道超车。乡村旅游发展过程中需要先策划再规划，做好生态保护与产业发展的平衡，如前瞻性谋划交通体系、管理体系、服务体系等。“坚持不懈走正确的路”是水口乡人民政府这些年发展乡村旅游的经验总结。

第五章　乡村旅游之水口模式

从第一家农家乐出现到如今，水口乡的旅游业已经走过了 20 余个年头。从农家乐到乡村民宿再到乡村度假并向乡村生活转型，期间虽然出现过各种各样的问题和矛盾，但水口乡的村民在当地政府的鼓励、带动、帮助和监督管理下，理顺了各种关系，慢慢走出了一条发展乡村旅游、实现共同富裕的道路，带动了多项产业的融合发展，建成了宜居宜游的全域开放型大景区。

第一节　水口乡村旅游之发展模式

水口乡依托良好的自然生态资源和深厚的人文历史底蕴，以乡村振兴战略为指导方针，以乡村民宿为重要特色，以乡村旅游为主导产业，通过整合一二三产业的资源，把乡村旅游和美丽乡村建设与经营有机结合起来，推动了乡村旅游。水口乡不断加强与农业发展、新农村建设的互动融合，把乡村旅游资源转化为社会效益和经济效益，推动美丽乡村建设，进而以美丽乡村建设反哺乡村旅游发展，走出了一条现代化新农村建设与乡村旅游紧密结合的特色发展之路，实现了从“卖山林”到“卖风景”再到“卖生活”的转变和景美、民富、村壮、乡强的目标，生动践行了“绿水青山就是金山银山”的绿色理念。水口乡旅游坚持的是以禅茶文化为发展基底、以生态宜居为发展根本、以村民民宿为内生动力、以村民自治为发展特色、以项目引进为助推动力、以产业联动为持续动力、以全域开放景区为发展保障的绿色发展模式。

一、以禅茶文化为发展基底

陆羽因著有闻名世界的《茶经》而被誉为“茶圣”“茶仙”，他将紫笋茶与别的茶种做比较，说“紫者上，绿者次；笋者上，芽者次”，“紫笋”一名由此闻名。紫笋茶源于顾渚山，在唐大历五年（770 年）经陆羽推荐而成为贡茶，续贡时间长达 800 多年。顾渚山被认为是陆羽创作并完成《茶经》的地方，陆羽在此还著有《顾渚山记》，因此，这里也被大多数学者称为陆羽的第二故乡。

在顾渚山，陆羽有一位知己，是唐朝的一位高僧名叫皎然。正是在他的指引下，陆羽在此访得紫笋茶，并向朝廷推荐为贡茶。皎然大师与时任湖州刺史、大书法家颜真卿，以及陆羽经常在顾渚山下谈诗、品茗、参禅，开启了顾渚山禅茶文化的灿烂历史。

水口乡的旅游以茶文化为基底，通过复建大唐贡茶院、发扬禅茶文化、复兴茶业品牌、挖掘茶道历史、举办茶文化节、举行茶道高峰论坛等，丰富当地的文化内涵、大力发展茶产业。总之一句话，水口乡的旅游发展离不开一个“茶”字。

二、以生态宜居为发展根本

打造山清水秀的田园风光，建设生态宜居的人居环境。水口乡的旅游发展以人居环境提升为抓手，以“鲜花要比绿叶更美、山水要比环境更美、庭院要比墙外更美、黑夜要比白天更美、文化要比建筑更美”的“五美”为标准，以水、电、路、人、车、厕、景观、绿化、亮化提升为切入点，全面开展治水、治堵、治房、治厕、治脏、治乱、治差、治围墙等行动，加强农村生态建设和环境综合治理，完成农村生活污水纳管和自来水入户全覆盖、村庄道路黑化全覆盖、A 级景区村庄创建全覆盖等。水口乡通过农户立面庭院改造提升及“美丽庭院”“污水革命”“厕所革命”“围墙革命”等一系列举措进一步完善农村生产生活设施，着力打造宜居宜游宜业的美丽家园，让良好生态成为乡村旅游的支撑点，促进乡村振兴。

三、以村民民宿为内生动力

水口乡旅游发展“以人为本”“以民为中心”。虽然水口乡的民宿档次齐全，其中不乏外来民营资本运营的民宿，但是主要经营业主还是当地的村民。以顾渚村为例，80% 以上的村民从事乡村民宿接待。在水口乡旅游起步、发展、转型升级的过程中，当地村民的认知水平、经营理念等曾经确实是阻碍可持续发展的大问题，但是当地政府和相应管理部门坚持“以民为本”，通过挨家挨户走访、定期组织培训及外出参观学习等多种方式拓宽群众视野、转变群众观念，现在“水口的农民走在前”已被大家熟知和认可。

火热的乡村民宿经济，带动了村里的大发展，提升了村民的收入。2005 年，水口乡有 34 家农户接待外地游客；2009 年，当地的农家乐数量已经超过 150 家，2012 年已达 325 家；现如今，全乡已有 585 家乡村民宿。①

① 本节中所有数据均由水口乡人民政府提供。

四、以村民自治为发展特色

水口乡旅游发展地区村民高度自治，主要体现在如下几个方面：第一，农户负责门前屋后的生态环境，清洁卫生是最低要求，家家户户都按照绿化、美化、亮化要求建设，盆景、鲜花、竹林比比皆是；第二，乡村民宿自发组织并加入农家乐（乡村民宿）行业协会，协会是高度自治的组织，会长、副会长、各片区的片区长都由经营户选举产生和担任，并对所有经营户负有监管责任；第三，成立了各种新型志愿者组织，负责处理矛盾纠纷、实施紧急救援、答疑咨询解惑、监督环境保护等。

水口乡的村民参与乡村治理的积极性很高，主人翁意识强，具有大局意识。在水口乡，村民都知道，只有景区好，才能大家“好”，因此水口乡村民很少有“事不关己、高高挂起”的思想和态度。有人破坏环境，村民会纠正其错误；有人吵架，村民会主动去调解；有人问路，村民会亲自带路……

五、以项目引进为助推动力

水口乡坚持以村民为主体发展乡村旅游，让全体村民受益于旅游发展，但是受知识、文化水平及见识面等影响，村民早期创办的农家乐已难以满足乡村游客日益增长的消费升级需求。因此，水口乡果断地大力引进各类项目，在品牌建设、创意理念、产业融合、产品品质等方面为当地乡村旅游转型提质起到带头和引领作用，以项目作为旅游继续发展的助推动力。近年来，随着基础配套设施的不断完善、旅游品牌的不断提升、旅游市场的不断拓展、客源市场的日渐红火、营商环境的不断优化，开元芳草地乡村酒店、太湖之滨农耕文化园、唐潮十二坊、景澜·富硒山居酒店、花间堂·沂水酒店、四月天杜鹃花海、南山脚房车营地等一大批“旅游+”品牌项目相继落地水口乡。

1. 太湖之滨农耕文化园

太湖之滨农耕文化园项目位于乡村旅游发展核心区块，总投资 2.2 亿元。该项目是一个集农耕文化展示、体验、休闲、观光、购物于一体的综合性旅游项目，主要分为一期生态停车场（包括停车场、游客中心、星级厕所等）、二期农贸市场和三期农耕文化展览展示区三大部分。其中，二期农贸市场建有 150 个集中交易区摊位，主营传统农贸市场业态，另有 145 个商铺，主营农副产品和土特产，很好地满足了乡村旅游的基本要求。

2. 唐潮十二坊

唐潮十二坊项目由杭州新天地集团与长兴文化旅游发展集团有限公司共同投资建

设，总投资13.3亿元，项目占地约300亩，其中精品酒店面积为1.6万平方米，商业、文创、民宿组成的商业街区面积为6.3万平方米。项目定位茶文化主题特色乡村休闲旅游小镇，主要业态包括度假酒店、民宿、乡村文创、餐饮等。该项目对于丰富水口乡旅游产业集聚区旅游功能、提升旅游品位、凝聚商气人气、优化客源结构、加快全域旅游发展步伐起着推动作用。

3. 富硒山居

富硒山居项目总投资2.77亿元，规划用地160余亩，其中新增建设用地26亩，总建筑面积9589平方米，新建综合服务中心、生态民宿等主体内容，并配套水上拓展、四季果园、成长花林、农业湿地等休闲板块，打造农业观光和休闲体验相结合的农旅项目。同时，酒店与景澜集团合作，依托品牌效应，开展标准化管理和服务，借助精品酒店及品牌农产品销售，年接待游客50万人次，营业收入8000万元。

4. 四月天杜鹃花海

四月天杜鹃花海项目总投资1.8亿元，规划用地330亩。项目建设内容为古桩杜鹃主题花园、四季花卉、园林盆景等业态，打造出一个集花卉观赏、灯光演出、生态园艺、四季采摘为一体的农旅休闲项目。预计年接待游客80万人次，营业收入6000万元。

六、以产业联动为持续动力

水口乡的民宿业在起步发展中就与周边景区做到了很好的联动，结合本地旅游景点少而游客逗留时间较长的特点，与周边1.5小时车程内30余个景区景点开展合作，凡是水口乡的民宿住宿客人去周边合作景区游玩，门票价格比旅行社还低。起初，水口乡这边组团送客人去景区需在游客购票窗口排队购买低价票，现如今已实现智能App经纬度定位，游客只需要用手机扫一下乡村民宿家里的二维码，购票系统就会自动进行定位识别，只要是水口乡地区游客购票则为协议的低价，到达合作景区检票口只需要出示手机购票信息完成核销即可入园，非常便捷。

水口乡的民宿业大大地带动了相关农副产业的发展，全乡所有农副产品均不需要外销，不仅统一就地消化，而且供不应求，也带动了周边地区相关产业发展。水口乡的主要农副产品都成立了合作社，合作社指定相关农副产品负责人联络各民宿经营业主，充分发挥“亲情经济”的优势进行销售，鼓励游客吃住之后再把当地的农副产品带回去自用或者送亲戚朋友。水口乡的农副产品经常供不应求。

水口乡的民宿业带动了当地商贸业的发展。水口乡的农贸市场、小商品市场及唐潮十二坊市场都是主要面向民宿客人的，这些地方也是游客的必到之处；同时，村里还大力发展电商产业，线上线下同时销售各类产品。

七、以全域开放景区为发展保障

对于多数乡村旅游发展地区而言，村民创办乡村民宿由于资金、能力等方面的因素限制，一般规模较小，虽然民宿业主可以通过全家的努力尽力提升游客吃住等方面的品质，但却无法仅凭自己的力量改变村庄的整体生态环境，而乡村民宿赖以存在的生态大环境恰恰又是乡村旅游游客最为关注的方面之一。因此，水口乡以政府主推、村民共建为基础，着力打造全域开放景区，为乡村旅游发展、乡村民宿运营创造优美和谐的大环境。

水口乡积极争取各类荣誉品牌创建，将荣誉创建作为抓手和契机不断提升生态文明环境建设，获得“全国环境优美乡”“旅游强乡”“长三角乡村旅游目的地”“浙江省老年养生旅游示范基地”等一系列荣誉称号。水口乡旅游发展核心村庄顾渚村先后获得“全国乡村旅游重点村”、“中国美丽休闲乡村”、“浙江省最美乡村”、“省级旅游强村”、“浙江省农家乐特色示范村”、省级“3A 级景区村庄”、“浙江省绿化示范村”、省级“全面小康建设示范村”、“浙江省美丽宜居示范村”、“浙江省最美森林村庄”等荣誉称号。

2014 年，水口茶文化旅游景区成功创建为浙江省首个全乡域开放式国家 4A 级景区，域内所有的景点景观及旅游服务设施等均按照国家 4A 级标准进行建设和完善；2017 年被评为首个省级乡村旅游产业集聚区，初步实现乡村旅游的规模化和集聚化；2019 年，水口乡成功创建浙江省旅游风情小镇，成为全国文旅改革调研点。现如今，水口乡正在打造湖州市“五谷丰登”工程之一——“顾渚画溪谷”，为建设省级低碳试点乡镇而努力。

第二节　水口乡村旅游之商业模式

商业模式是一个企业或组织满足其消费者的运作系统，这个系统将其拥有的各种人力、财力、物力等资源作为投入，然后产出消费者所需的产品和服务进行销售并盈利。一般而言，一个企业或组织的商业模式具有独特性，自己能够完全复制自己，别人却只能尽可能地模仿，但无法复制。水口乡旅游自起步到成熟发展，形成了自己独特的商业模式，下面介绍其商业模式的产品与价值、客源市场、营销与销售、客户关系、价值配置、核心竞争力、收入与成本、相关价值链等内容。

一、产品与价值

水口乡旅游以优美的小山村生态为基础，以乡村民宿为核心，联动周边景区、其他产业等为游客提供吃、住、行、游、购、娱等各项产品和活动。水口乡民宿产品可分为不同的类型，除酒店外，还有特色星级民宿、精品农家乐（乡村民宿）和普通农家乐（乡村民宿）几种。

最为大众化的是由村民经营的包吃包住型普通乡村民宿。这类民宿产品客房数量相对较多，规模基本在20～25间，可同时容纳50名左右游客住宿，并采取“吃住”一价全包方式，一般不接待散客，只招待团队（游客8人以上成团），需采取提前预订模式。这种独特的团队模式是由游客自行组织成团后直接联系心仪的乡村民宿，中间没有旅行社等中介机构赚取差价。农家乐（民宿）行业协会规定了普通乡村民宿产品的基础接待标准为“客房设施达到快捷酒店标准，餐饮标准要求不少于十菜一汤并且荤素按比例搭配”。此类产品价格经济实惠，又能享受到家庭般的温情，性价比非常高。

二、客源市场

由于水口乡民宿起步的原因——来自上海的吴瑞安老先生开办申兴康复疗养中心，其最初的客源市场基本以上海为主。后虽历经多年发展，但按照客源地划分，水口乡旅游客源的主体仍旧是上海客人，占65%以上；按照年龄划分，水口乡游客70%以上是退休的中老年群体，老年人定期成群结队组团来水口乡住上一段时间已经成为常态。近几年，随着水口乡旅游业态的丰富和知名度的提升，客源地也逐步趋向多元化，江苏、安徽一些城市的客人多了起来，杭州、宁波、温州等浙江其他城市的客人也不少，还有少量的游客来自湖南等其他省份。同时，家庭自驾到水口乡旅游的客人也逐年增多，客源慢慢出现年轻化的态势，整体客源结构更趋于合理化。

三、营销与销售

水口乡结合旅游市场变化采取多元化营销方式，初期主要通过参与县级组织的旅游交易会、到目标客源城市的中心广场步行街开推介会等形式推广，其中最有特色的就是直接进小区开展宣传推介。最初的进小区方式是当地政府组织带领协会理事、民宿经营业主到主要客源城市小区发放宣传单，近些年模式有所改变——每年开展“水口农产品入社区活动”，通过和品牌物业公司合作，按照时令水果出产时间，以特色农产品为切入口，分批走进小区，通过设摊、活动等形式带动整个乡村旅游产品的销售和品牌推广。本地营销主要是结合基础设施完善，通过举办相关节庆活动、组织赛事、开展演艺活动等形式增加旅游内涵，打响乡村旅游品牌，增加体验度，吸引并留住游客；同时积极利用电视媒体、网络媒体、平面媒体及新媒体——抖音、微视频、公众号等进行宣传推广。除了上面的相关宣传举措外，还加强当地村民的认同理念，实行“口碑”营销，坚持“人人都是景区营销员、人人都是景区形象员”的理念，对乡村民宿从业人员每年举办餐饮服务、服务礼仪、客房整理、茶文化内涵、食品安全、应急救援、电商发展等系列培训，提升经营业主的各项技艺和服务水平，通过苦练内功，以游客的口碑营销方式开展乘数推广，在留住老顾客的同时带来源源不断的新顾客。

同时，水口乡通过市场化运营，设有5支专业化旅游车队，针对长三角地区的大中型城市，尤其是上海、南京、无锡、南通、镇江等，开通旅游大巴直通车，实现了小区到民宿的专车上门接送服务，游客自行组织团队后，直接联系民宿经营业主，告知接送信息，民宿业主把交通需求信息报给旅游车队，车队经过与团队负责人对接后开展车辆调度，实现点对点接送服务，极大地方便了游客的出行，解决了困扰中老年群体的出行难问题。

四、客户关系

“亲情化”服务模式是水口乡旅游保持旺盛发展势头的根源。在多年的乡村旅游发展和游客多年多次的往返过程中，水口乡的游客与民宿主人已经不是普通的买家与卖家、接待与被接待的关系，主客之间逐步建立起一种“亲情”，很多游客把常住的民宿当作自己的第二个家，空闲时想到的就是要来水口乡，经常要“回家”看看，每隔两三个月就要到水口乡住上一段时间。在水口乡，每天上午游客到达期间，最常听到的主客之间打招呼的方式是热情洋溢的“回来啦”；在水口乡，村民地道的“上海话”不仅使得主客之间沟通无障碍，还进一步拉近了“亲情”关系；在水口乡，游客会把自己的储蓄无息借给民宿业主，帮助他们进行改造提升或者投资村里的潜力项目。据不完全统计，整个水口乡民宿行业中有超过60%的经营户的部分改造提升资金来自游客，金额从20万元到80万元不等[①]；在水口乡，当游客有需求或者困难时，民宿业主总是会千方百计地为其解决，彼此相互信任，同样，如果当地村民需要到上海等大城市医院就医，只需要和游客联系，游客“亲人”就会帮助村民联系好医院并安排好住宿、餐饮等事宜。

五、价值配置

水口乡的旅游产品主要包含两部分——乡村农家提供的个体民宿产品及乡域范围提供的公共旅游产品。个体民宿产品方面主要包括游客的吃住及亲情化的服务等；公共旅游产品方面，经过各方的努力，水口茶文化景区于2014年成功创建乡域范围的国家4A级旅游景区，成为全乡域开放式乡村旅游集聚景区。同时，当地政府也在公共产品丰富和完善方面做了大量的工作，使得水口乡的生态日益优美、管理机制和服务体系等方面日益完善。

① 相关数据由水口乡人民政府提供。

六、核心竞争力

近些年，不少地区的农家乐不再兴旺，很多已经逐渐从市场中消失了，但是水口乡的农家乐却成功转型为乡村民宿，客源市场不断扩大，其核心竞争力在哪里呢？答案是水口乡旅游产品立足于乡村民宿产业的不断升级，基于本地发展和市场需求，构建了有效的管理机制、完善的服务保障体系、完整的供应链体系、多样化的旅游体验业态等。同时，水口乡始终坚持原生动力，努力提升村民的整体素质，锚定主要客源群体，不断深化“亲情化”服务模式。这些都使得水口乡的乡村旅游产品成为其目标群体心目中不可替代的产品。

七、收入与成本

水口乡旅游价格体系由行业协会制定，其“八统一”标准中的第一个统一就是“价格标准统一”。随着民宿内涵的不断提升，乡村民宿行业差异化发展虽然明显，但除了品牌酒店外，其他类型乡村民宿还是采取“包吃住”的模式。“价格标准统一”并不是指所有的乡村民宿都是一个定价，而是在统一价格计算模式上设置了最低限价和最高限价，结合不同类型乡村民宿将价格分为几个层次，吃住一夜两天含三正一早的指导价为每人每天 160~400 元，时间较长的费用以此类推。乡村民宿经营充分利用了农户家里的闲置资源，住的是自家的房子，装修及家具等配套为一次性投入（一般四年内不需要大的改动），不少菜品、农副产品来自自家的农田和山地。就会计成本而言，乡村民宿经营者的主要支出由如下部分组成：一是旺季时家庭人手不够，需要雇佣劳动力帮忙（水口乡旅游的发展也推动了当地劳动力价格的上涨，2018 年的临时雇工价格最低为 170 元/天）；二是购买部分菜品、水电煤气、住宿用品等物资的直接支出成本；三是缴纳游客每人次 5 元的管理服务费和购买综合保险费等。

根据统计，水口乡民宿平均年营业额在 70 万元左右，其中半数以上年营业额超 100 万元，平均年纯收入在 27 万元左右。客源较少的经营户有低于 20 万元的，经营较好、生意兴隆的经营户年收入则超过 100 万元[①]。

八、相关价值链

水口乡旅游业在充分利用“亲情经济”的基础上推动了产业链与供应链体系的完善。水口乡旅游产业集聚核心区包括顾渚村、金山村、水口村三个行政村，村民主要从事乡

① 相关数据由水口乡人民政府提供。

村民宿经营及民宿产业配套经济。乡村民宿的经营除了把经营户自家的农产品如茶叶、竹笋、猕猴桃、百合等直接转变为旅游商品外，还直接带动了全乡其他以农业为主导的村庄的产业发展，如徐旺、后坟两个村的葡萄产业和水产养殖业，江排村的茶产业和毛竹产业，徽州庄村的苗木产业等。因水口乡庞大的客源市场，本县、本乡相关产业产品特别是农副产品远远不能够满足游客需求，随着旅游供应链体系的延伸，其他商业经济、交通运输业、建筑业、金融保险业、洗涤行业、家具行业、电子行业、物流行业等关联产业也快速发展起来，转移和解决了大量的农村劳动力。无论是农副产品的产、供、销还是其配套产业链，乡村民宿经济带动的都不仅仅是水口乡范围内或长兴县内的产业，甚至带动了县外周边地区的关联产业发展，其他地区也充分享受到了水口乡旅游经济带来的红利。

本章启示

一、理论知识链接

1. 地区旅游产业发展模式

地区旅游产业发展模式是指一个地区在某一特定时期内旅游产业发展的总体方式，是对旅游产业发展过程、发展方式、发展特征的高度抽象和概括。一个地区旅游产业发展模式总是在一定的资源、市场、区位、国家法律政策，以及地区民族文化背景下逐渐形成的。适宜的发展模式会促进地区旅游业的快速发展，不适宜的发展模式则会阻碍地区旅游业的发展。同一种旅游产业发展模式，在不同的地区，由于社会、政治、经济等因素的影响，其具体的表现形式也是存在差异的。因此，在借鉴其他地区的旅游产业发展模式时，需要因地制宜。

2. 商业模式

商业模式是指一个企业与其他企业之间、企业内部的各部门之间、企业与其顾客之间、企业与各种渠道之间存在的各种各样的交易关系和联结方式。商业模式是一个企业满足消费者需求的系统，这个系统组织管理着企业的各种资源（又称输入变量，包括资金、原材料、人力、作业方式、销售方式、信息、品牌和知识产权、企业所处的环境、创新力），能够形成并提供消费者无法自力更生而必须购买的产品和服务（输出变量），因而具有自己能复制、别人不能复制，或者自己在复制中占据市场优势地位的特性。

二、水口乡经验与启示

与各地知名景区相比，就景观资源而言，水口景区是比较普通的，但是水口乡紧抓生态环境优美和茶文化底蕴深厚两大特点，合理处理好保护与发展两大主题，通过文化基因深度解码、建立景区大 IP、充分挖掘旅游资源、开发系列旅游产品、建设旅游景区，走出了自己的发展道路。水口乡以全域旅游的概念为统领，坚持绿色发展模式，其核心在于资源挖掘和与产业融合的深度。文化是旅游的核心和灵魂，但纯文化属于专业研究类别，把文化转化为旅游资源需要有相应的载体来呈现，这样才能够实现文化的活化利用，也更能够体现文化的传承。

水口乡独特的商业模式在于针对客户群体的精准性定位和精细化服务：首先，锚定了主要客源群体为长三角地区大中型城市的中老年群体，并确定主要客源城市为上海和江苏的苏南地区；其次，针对这个特殊群体，紧紧抓住了当今中老年群体最缺乏的是亲情和关爱的“牛鼻子”，以“缺啥补啥”的方式开展“亲情化”服务模式，同时结合客源群体需求，率先采取了“包吃住”的团队接待模式，并结合客源群体出行难的实际需求，通过市场化方式组建旅游车队完成了“包接送”交通服务体系；最后，又因游客逗留时间较长，出于业态丰富需要整合周边景区进行联动，形成了“包玩”的旅游体验服务体系，最终形成了完整的“包吃、包住、包接、包送、包玩”的“五包”商业服务体系。纵观各地乡村旅游，除了超大型旅游综合体外，单个乡镇、景区村庄、景区景点、产业园区或产业集聚区，受旅游资源丰度、旅游业态配套、土地因素、建设成本、管理成本、经营成本等因素制约，均不可能做到“麻雀虽小五脏俱全”，也不可能做到全面满足游客在本地长时间逗留过程中对于旅游多元化体验的需求。

水口乡虽然发展了这么多年，也做到了一定的规模，但同样不能够满足游客的多元化需求。在破解这些难题的过程中，水口乡全面、深刻地意识到全域旅游的本质和内涵就是旅游资源配置的优化，并通过扬长避短、借势借力和资源整合，以游客需求为核心，以乡村民宿为载体，串珠成链地形成了完整的供应链体系。这种多点资源整合模式对于各地乡村旅游发展过程中，无论是本地区特质的挖掘、差异化发展、客源相互导流还是旅游资源利用最大化，都具有借鉴意义。

第六章　水口乡村旅游发展之管理体系

第一节　导 向 机 制

水口乡民宿在实现规范化管理的过程中，通过科学规划引导合理布局、提前介入指导发展、促进标准化经营、建设诚信体系等来形成导向机制。

一、科学规划，引导乡村民宿合理布局

按照“因地制宜、突出特色、合理布局、和谐发展”的原则，早在 2006 年，水口乡所在的长兴县就完成了《长兴“新乡村游”（农家乐）发展战略总体规划》，确定了水口茶文化乡村游富有特色的乡村民宿发展重点区域、次重点区域、一般区域及限制区域等，引导乡村民宿的区域化发展。

二、提前介入，指导乡村民宿规范发展

根据《关于促进农家乐发展的若干意见》，水口乡对于需申报享受乡村民宿优惠政策的业主，按照申报条件和程序提前介入并给予初步指导：首先，把好乡村民宿用地、建设合法关；其次，由环保、卫生、市场监督管理、公安（消防）等部门实行上门指导，确保乡村民宿环境保护和安全工作措施到位；最后，由乡村民宿发展综合协调小组办公室予以认定是否可行。

三、逐步完善，促进乡村民宿标准化经营

2006 年，县级层面制定并出台了相应文件以促进乡村民宿标准化经营，如《长兴县农家乐管理暂行办法》《长兴县农家乐星级评定标准》等；2007 年，在乡村民宿精品改造取得成效的基础上，又制定出台了《长兴县特色精品农家乐规范标准（试行）》，进一步促进了乡村民宿服务规范的提升。2017 年修订的《长兴县农家乐管理暂行办法》和《长兴县农家乐（特色民宿）治安消防管理暂行规定》，突破了乡村民宿特种行业许可办理的瓶颈，促进了水口乡民宿旅游业的健康发展。

四、动态管理，建设乡村民宿诚信体系

水口乡定期开展民宿年审复核和整治活动，实施动态化管理。在规范办证的基础上修改出台《水口乡农家乐（乡村民宿）积分制管理办法》，对乡村民宿实行档案制管理，并对乡村民宿积分情况进行公示，结合全县诚信“红黑榜”发布制度，开展乡村民宿诚信体系建设，实现游客对乡村民宿经营者的有效监督。

第二节　管理组织建设

随着乡村旅游的发展，以及乡村民宿数量和规模的逐步扩大，相应的事务处理也变得繁多而复杂，水口乡的旅游管理组织建设与发展也经历了一个从村委会监管到成立景区管理委员会，再到景区综合管理办公室的逐步完善过程。

一、景区综合管理办公室的建立

2013 年，经长兴县委同意，水口乡政府在原来景区管委会的基础上成立了景区综合管理办公室。景区综合管理办公室由水口乡政府、顾渚村两委、农家乐行业协会、派出所、城管、交警、运管、旅游、市场监督管理等多个部门组成，采取联合式办公、综合式管理。

二、景区综合管理办公室的组织结构

水口乡人民政府生态旅游办公室（简称水口乡生态旅游办公室）是景区综合管理办

公室的上级组织，其主要功能如下：统筹研究和组织实施水口乡全域旅游发展战略、规划和政策；负责旅游业改革创新，农文旅融合和旅游业态培育；开展景区旅游活动策划、组织和宣传推介，推进智慧旅游景区建设；负责旅游品牌创建及景区建设、管理和运营工作；推动民宿产业发展、农家乐规范办证和长效管理等。

景区综合管理办公室为水口乡生态旅游办公室下一级单位，主要负责水口乡核心景区的日常事务管理。景区综合管理办公室采取“一办多职”的工作模式，抽调乡、村、农家乐（民宿）行业协会、派出所、交警中队、综合执法中队、运管所、市场监督管理所等 8 个部门的干部和工作人员组建，形成了景区警队、景区交警队、景区执法队、景区运管执勤队、景区旅游质监站等，各部门采取联合式办公，对景区的日常管理、秩序维护以及乡村民宿的运营等实施综合式长效管理。

景区综合管理办公室设主任 1 名，由乡政府选拔派遣；副主任 2 名，由顾渚村委会选拔人员担任；工作人员由多部门抽调组成，各职能部门派驻景区的工作人员一般不少于 6 人。总体而言，组织结构相对比较复杂。但是，不同于一般的临时性组织，景区综合管理办公室是一个相对稳定的机构，是政府部门之一，其组织结构如图 6-1 所示。

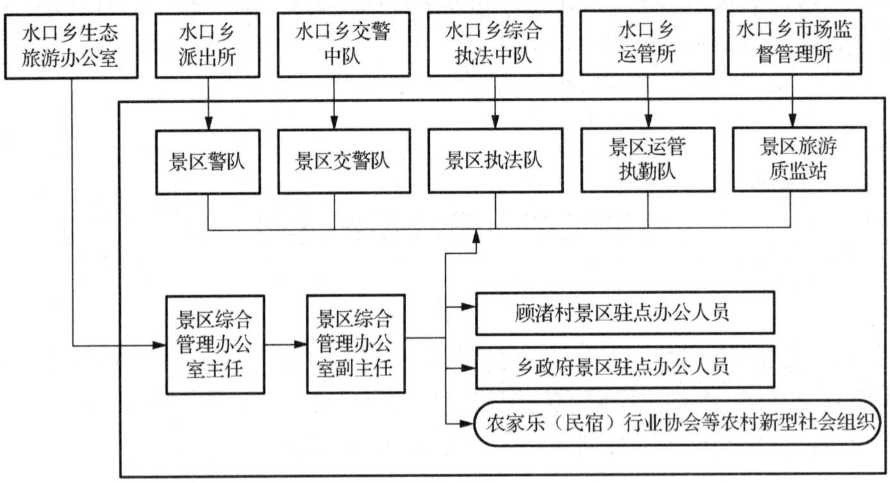

图 6-1 景区综合管理办公室组织结构

三、景区综合管理办公室的指挥链体系

在水口乡生态旅游办公室的领导下，景区综合管理办公室负责水口景区旅游相关事务，尤其是乡村民宿的管理，其内部职权结构主要分为三大类。

1. 乡、村联合的职权架构

景区综合管理办公室主任由乡政府选拔派遣，副主任由顾渚村委会选拔人员担任，对乡、村两级工作人员拥有直线指挥权，如图 6-2 所示。

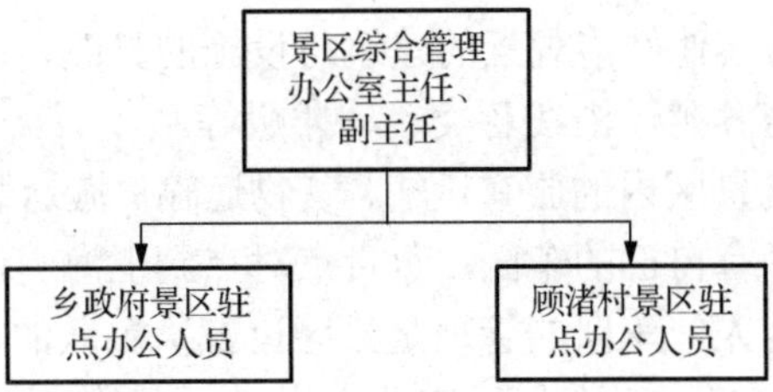

图 6-2　乡、村联合的职权架构

乡、村两级工作人员主要负责景区旅游活动策划、组织和宣传推介，景区旅游品牌创建及景区建设、管理和运营，推进景区的智慧化建设，推动乡村民宿产业的发展、农家乐规范办证和长效管理等工作。

2. 处于双重指挥链下的职能部门与功能

景区警队、景区交警队、景区执法队、景区运管执勤队和景区旅游质监站等服从上级职能部门和景区综合管理办公室的双重指挥，组成图 6-3 的矩阵结构。由图 6-3 可知，该矩阵型组织结构有效结合了职能专业化和景区管理责任化的优点，职能专业化方面听从上级职能部门的有效指挥和管理，过程管理和执行结果在核心景区实现，年底考核由景区综合管理办公室负责。

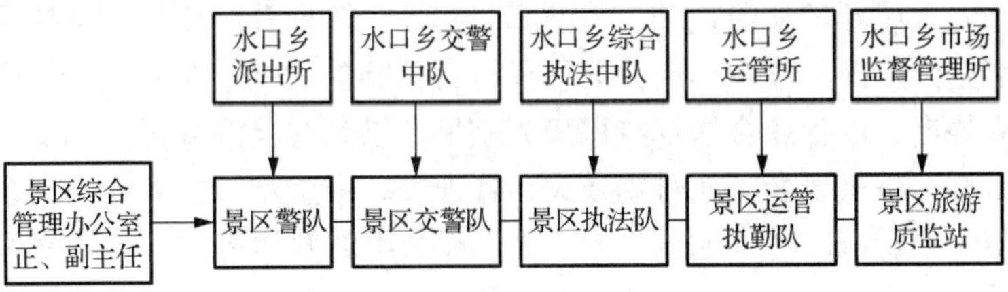

图 6-3　处于双重指挥链下的部门

景区警队主要负责景区内各项治安的管理，维护景区稳定：第一，落实景区安全防范工作，开展安全防范宣传、应急救护等；第二，开展治安巡逻和守卡等，做好轻微违法犯罪人员的帮教转化工作，并及时处理各类治安纠纷；第三，从日常治安管理和防范控制中发现线索，抓获违法犯罪嫌疑人员，为刑侦部门提供破案线索；第四，及时受理人民群众的求助救急，帮助群众排忧解难等。

景区交警队主要负责景区内的交通秩序维护。景区道路经过这些年的扩建和维护，可进入性比较好。但是一到旺季，核心景区单日游客数量可达到四五万人次，其中有不少是自驾前来的，景区交通面临非常大的压力。景区交警队由于人员数量所限，一般在节假日期间会调动各类志愿者组织和交通队工作人员一起维护交通秩序。

景区执法队主要监督各乡村民宿违章建筑设施的整改和乡容乡貌的整治。为了能够容纳更多的床铺、接待更多的客人，乡村民宿违章建筑及附属设施的搭建比较普遍，有的甚至占用村里的公共空间，影响景区生态。景区执法队既要负责巡查各区块的违章建筑及附属设施，并通过批评教育等方式督促违章乡村民宿业主及时认识到错误并加以整改，又要负责督查景区内其他妨碍观景的建筑与设施的整改，还要负责管控当地油烟排放、垃圾分类、家禽家畜养殖、沿线各类流动摊贩等。

景区运管执勤队负责景区内的旅客运输、货物运输、搬运装卸等运输服务的管理和监督检查工作。水口景区有自己的车队，负责点对点到上海、南京、无锡、苏州、常州等城市社区或小区接送客人，车队的管理是景区运管执勤队的重要内容之一。

景区旅游质监站主要负责对乡村民宿业主提供的餐饮食品及农副产品进行安全管理和监督等。质监站工作人员定期到乡村民宿、农贸市场、旅游商品市场中进行巡查，检查食品是否过期、储藏是否符合要求等。

3. 农家乐（民宿）行业协会

水口乡农家乐（民宿）行业协会（前身为农家乐行业协会）成立于 2005 年，现有协会理事 13 人，管理协会会员单位近 600 家。协会的建立及其正常运营，为农家乐行业提供了制度化的建设服务引导，它通过开展行业接待模式、接待价格、餐饮标准、车费价格、景区价格等各项标准的协商制定，提高了农家乐行业的标准化、规范化程度。协会立足实际，因地制宜，不断创新，先后组建了"老娘舅"调解服务队、"半边天"服务队、"指南针"服务队、应急救援服务队、农家乐调解委员会等组织，为解决行业实际问题、提升社会治理水平、改善行业口碑等做出了巨大贡献。行业协会无论是在农家乐规范办证、人居环境整治提升、美丽庭院建设、转型升级还是帮贫扶困、抗灾防疫等过程中，都充分发挥了领军作用并取得了有目共睹的成绩。在发展过程中，行业协会坚持以市场为导向、以行业合法权益保障为宗旨、以游客满意度提升为抓手、以行业可持续发展为目标，积极谋变，面对规模大、管理难、资金难、服务难等一系列问题和新冠肺炎疫情带来的影响，对外通过"走出去"和利用新媒体等方式大力开展宣传推介和市场营销活动，进一步扩大水口乡的知名度和影响力，对内大力发动业主广泛参与环境整治提升、转型升级、内涵素养提升、服务提档等，做到内外双修，带领行业迅速摆脱新冠肺炎疫情影响，并为产业深度融合和共同富裕探索出一条新路子。

本章启示

一、理论知识链接

1. 组织结构类型

（1）机械式组织

机械式组织是指设有明确的等级层次，决策程序化、权力集中化及操作标准化的组织，包括职能型结构、分部型结构等。

1）职能型结构：按照履行的职能来组合工作活动并进行部门分工，如某制造业组织通过设置工程、会计、制造、人事、采购等部门来建立组织结构。图 6-4 即为某制造业组织的职能型结构。

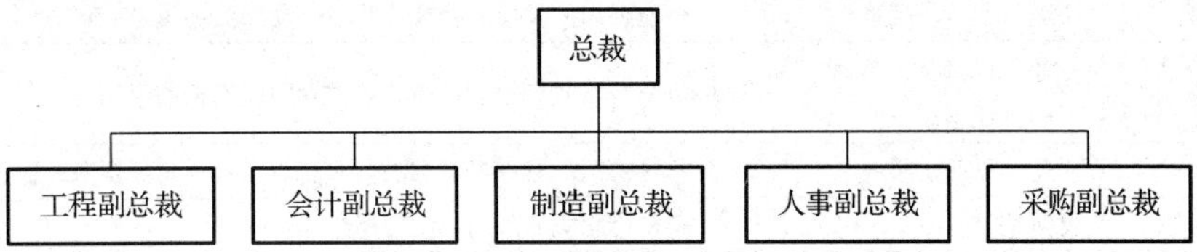

图 6-4　某制造业组织的职能型结构

2）分部型结构：对内部具有独立产品和市场、独立责任和利益的部门实行分权管理的一种组织结构，如某食品组织设置华东区域、华中区域、华南区域、冷冻食品、干果制品、糖果制品等事业部来建立组织结构。图 6-5 即为某食品组织的分部型结构。

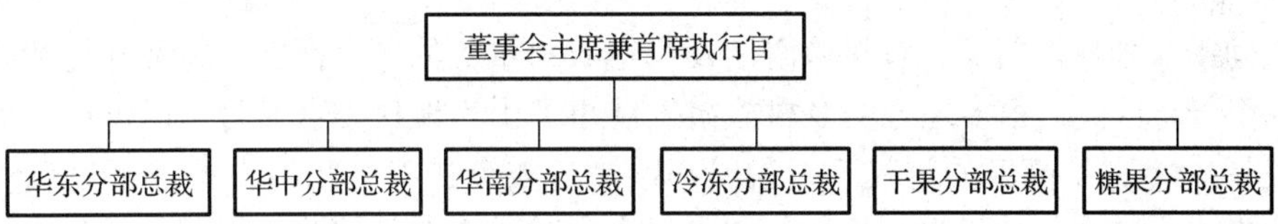

图 6-5　某食品组织的分部型结构

（2）有机式组织

有机式组织是指相对分散的、分权化的、具有灵活性和适应性的组织，包括简单结构、矩阵结构、网络结构和有机的附加结构等。

1）简单结构：一种表现出几乎没有什么结构组织的结构，通常具有如下特征：第一，低复杂性、低正规性，职权集中在一个人的手中；第二，是一种“扁平”组织，通常只有两三个纵向层级，有一支松散的员工队伍。

2）矩阵结构：将产品部门化与职能专业化的优势结合起来的一种组织结构。

3）网络结构：一种很小的中心组织，依靠其他组织以合同等方式开展制造、分销、营销或其他关键业务的结构。

4）有机的附加结构：主要包括委员会和任务小组。委员会把不同背景的一群人跨越职能界限组织在一起，各个委员的权力是平等的，依据少数服从多数的原则处理问题。临时委员会的功能相当于任务小组，永久性委员会则更具有稳定性。任务小组是一种临时性结构，其设计常常用来达成某种特定的、明确规定的复杂任务，其成员一直服务到目标达成为止。

2. 组织结构适用条件

各种组织结构的优点及适用条件如表 6-1 所示。

表 6-1　组织结构的优点及适用条件

组织结构类型	优点	使用的时间和地点
职能型	专业化的经济性	单一产品或服务的组织
分部型	对结果的高度责任感	大型组织；多种产品或多个市场的组织
简单型	快速、灵活、经济	小型组织；发展的初期；简单、动态的环境
矩阵型	专业化的经济性与对产品结果的责任感	多个产品或者规划，需要依靠有职能专长的组织
网络型	快速、灵活、经济	发展初期；有许多可靠的供应商；工业企业需要海外低廉的劳动力
委员会	灵活性	需要跨职能界限的专门技能组织
任务小组	灵活性	组织中有些重要任务具有特定的期限和工作绩效标准；或者任务是独特、不常见的，需要跨职能界限的专门技能

二、水口乡经验与启示

不同于其他旅游类型，乡村旅游涉及当地农村事务的方方面面，离不开村两委和村干部的引导，因此，很多地方的乡村旅游发展事务由当地村委会兼管。但水口乡旅游一开始发展就得到了高度的重视——意识到顾渚村委会在能力和精力上都不足以支撑起全国领先水平的乡村旅游后，长兴县和水口乡及时成立专门的管理组织，从各个部门抽调人员进行管理与监督，使得很多困难被及时发现和成功处理，有效促进了水口乡旅游的进一步发展。此外，在管理组织的有效带动下，水口乡完善了当地民宿和村民的自治体系，为旅游转型提升清除了障碍。

2017 年，浙江省提出万村景区化建设目标，景区化村庄打造成为新时代农业农村发展的新要求，而景区化村庄的建设与美丽乡村、乡村旅游、乡村振兴内涵要求紧密相连。从旅游发展变化来看，传统资源型、封闭型、门票型景区观光旅游正逐步向开放式、深度体验型乡村游转变，景区化村庄建设在推进农文旅融合、环境标识景区化、配套设施配套服务景区化等基础上，其深层次的内涵要求是在保留原汁原味的农村产业、自然环境、传统习俗等前提下建设开放、包容、美丽、休闲、快乐的乡村旅游体验地。但无论是旅游项目、村庄还是度假区，全开放式景区在发展到一定的阶段，有了一定的知名度、吸引力，产业、产品、游客达到一定规模后，就会面临一系列具有共性的管理和规范问题：治安安全、交通安全、食品安全、消防安全、占道经营、无证经营、生态保护、违章搭建、矛盾纠纷处理、应急救援、设施养护等大问题，咨询服务、卫生保洁、乱堆放乱晾晒处理、主客矛盾处理、经营户与村民关系处理等小问题。所有问题都与乡村旅游满意度、美誉度有深度关联，特别是在开展规模化、集群化发展的地区，这些问题尤其普遍，而相关问题仅凭项目主体或村级单位是没有能力完全解决的。水口乡在产业发展过程中也同样面临和经历了相关问题，所以在不同的发展阶段采取了不同的管理模式和管理体制机制，并结合实际需要不断完善。2012 年前，水口乡设立了农家乐管理办公室，科室成员 2～3 名，主要负责农家乐（乡村民宿）发展工作；2013 年，农家乐管理办公室更名为水口乡人民政府生态旅游办公室，同时抽调相关职能部门成员下设景区综合管理办公室开展综合管理工作，并结合景村合一的实际，将核心区村委会、行业协会纳入综合管理办，厘清成员单位工作职责，开展联合办公，成员规模达到40余人；2019年，水口乡结合农文旅深度融合发展需要再次进行改革，进一步壮大生态旅游办公室管理队伍，建立生态旅游办公室牵头机制，将生态旅游办公室、农业农村办公室、文化线、宣传线、建设线等部门职能进行整合，赋予生态旅游办公室更大、更多的综合牵头协调职能，协同推进全域旅游发展深化工作。

水口乡联合式立体化综合管理体系类似但又不等同于景区管委会，这种模式相对比较灵活且契合实际，既实现了日常景区全方位标准化管理，为景区营造了“安全、祥和、畅通、有序、干净、整洁”的氛围，又加深了管理人员对产业的深入了解，为党委政府开展产业化发展等决策提供真实、详尽的基础资料。这种管理模式对于开放式旅游景区和景区化村庄的标准化、规范化管理具有较强的借鉴意义。

第七章　水口乡村旅游发展之服务体系

水口乡旅游从起步发展至今，中间经历过不少困难和曲折，经过 20 多年的摸索实践，现已构建起一整套比较完善的游客服务体系和民宿服务体系，其游客服务体系包括游客的接待、咨询、投诉、交通、医疗、急救、保险等方面，民宿服务体系包括集中洗涤、垃圾处理和污水纳管等方面。

第一节　游客服务体系

水口乡旅游具有比较完善的游客服务体系，其中最具特色的是当地村民的服务意识。水口乡的村民，尤其是民宿业主，热情好客、服务主动性强，遇到问题反应迅速及时。

一、接待咨询

旅游集散中心内设有游客服务中心，同时充分整合利用相关资源，在交通驿站、红色驿站、服务点等均设置游客咨询服务窗口，并且结合乡村民宿呈带状分布的情况，在主要道路沿线、集聚区等选择多家乡村民宿设置游客咨询服务点，能够及时解决考察团队和暂时没有落实住宿客人的接待咨询问题；定点民宿住宿的客人由旅游大巴直接送到或自驾到定点民宿附近，由民宿主人张罗接待；旅游旺季时，水口景区会定点安排各类志愿者，解答游客咨询的问题，帮助游客解决困难；民宿业主及普通村民热情好客，随时乐意为游客答疑或提供帮助。

二、投诉处理

水口乡旅游的投诉处理机制是非常有特色且有效的，是村民和游客自治的典范。由于城乡文化差异及各类其他原因，乡村民宿刚发展起来的时候，投诉事件数量居高不下，一年下来大大小小的投诉事件有一两百起，也有个别事件乡里处理不好上升到县级层面的，给当地乡村旅游造成了较大的负面影响。但是，近几年，不仅投诉的事件非常少了，即使有投诉也能够得到及时有效的处理，投诉纠纷的化解率基本上达到 100%。究其原因，主要是水口乡对投诉调解机制进行了标准化建设：一方面农家乐（民宿）行业协会号召乡贤和游客成立各类志愿者服务团队，如“老娘舅”调解服务队、“半边天”调解服务队等，根据投诉方的事件缘由、性格特征等，及时派遣相应的纠纷调解人；另一方面，若是自治组织纠纷调解人现场处理不了问题，则要求调解人员控制现场、防止事态恶化，并及时上报景区综合管理办公室，再由景区综合管理办公室按照事由安排相关部门工作人员赴现场调解处理。这种网格化、标准化处置流程，一是为部门介入处理赢得了时间，防止事态扩大化；二是因日常很多投诉纠纷均是由小问题或小口角引发，调解员的及时介入能够让问题迎刃而解；三是各类自治组织通过对矛盾纠纷调解过程的介入，在提高行业自治水平的同时，进一步提升了行业地位。

三、旅游交通

1. 道路交通

开通水顾线、夹水线、环北线等对外旅游交通道路，建设、提升村庄间的道路，修建、拓宽景区内部道路，建设各类停车场，增加景区的可进入性，实现自驾游客畅通进入水口景区。每条农村道路均设置“路长制”管理牌，加强水口乡农村公路的日常管理。建设水口乡农村交通养护站，配备相关的设施设备、专职人员和养护专车，每天对全乡 90 多千米农村道路进行巡查管理，发现问题及时处理。开通景区内村庄间的公交循环线路，合理配置公交站台，并定期进行维护提升和改造，进一步完善水口景区的公共交通。建设贯通核心景区、串联主要景点的旅游绿道，并设置新能源低碳交通代步工具，实现主要道路车辆分流。

2. 旅游车队

吴瑞安老先生的申兴疗养中心成立后，最初的客源基本上是吴老先生原先所诊疗的中老年病友。而当时的基础配套和交通设施尚不发达，从上海到长兴要么选择绿皮火车，要么选择长途汽车。游客到达长兴汽车站或火车站后再想到疗养中心是没有直达班车的，只能选择三轮车或者小面包车这些接驳方式，既不方便，又存在非常大的安全隐患。因此，疗养中心专门购置了一辆面包车用于上海客人从车站到疗养中心的接送服务。同时，针对小团队的上海游客，也提供到上海的接送服务。

随着周边农家乐的兴起，游客量大增，周边农户模仿疗养中心的经营运作模式，也购置了车辆接送客人，后来这些车辆逐步自发整编成旅游车队并开展上海至水口乡的接送服务。2005 年，农家乐行业协会成立，开始对车队价格和服务体系进行规范，同时逐步形成了标准化的游客接单程序及接送服务体系。目前，水口乡景区已有 5 支旅游车队，自备各类旅游大巴近 40 辆，高峰期可以调度长三角地区各旅游公司车辆，最高峰时单日进出水口乡的旅游大巴达 300 余辆次，可以实现上海、南京、无锡、苏州、常州等大中型城市游客的"点对点"接送。同时，上述城市的游客同一社区（小区）如果组团达 10 人以上可以实现小区门口接送服务，10 人以下可以在城市的多个候车点就近候车。旅游车队的接送模式如图 7-1 所示，首先是游客自行组团并选出团队领队，其次由领队对接熟悉的乡村民宿确定接送时间、地点和人数等信息，再次由乡村民宿业主把接单信息报送给旅游车队，最后由车队负责人与游客团队负责人对接落实各项具体的接送事宜。

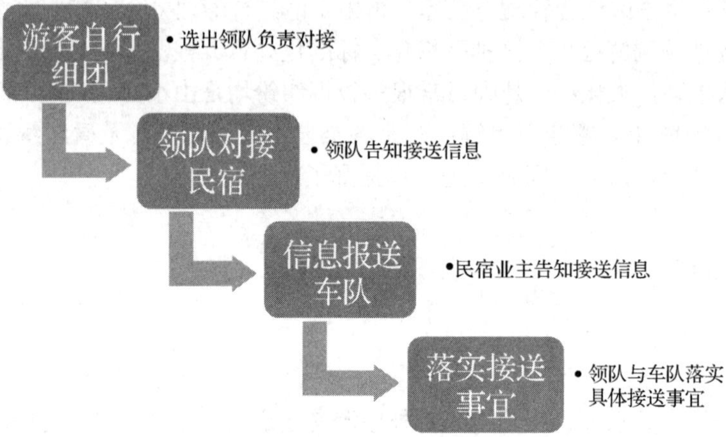

图 7-1　旅游车队的接送模式

5 个旅游车队之间是"竞争+合作"关系。竞争方面，主要是指各个车队都要争取到尽量多的客源。为避免恶性竞争和保护游客利益，农家乐（民宿）行业协会制定了统一的价格服务体系，5 个车队相同目的地的车费价格统一，不允许自己调价，如需调价则必须经行业协会及民宿业主代表表决一致才行。由此，各车队只能够靠不断优化和提升服务来争夺客源市场。合作方面，一是指各车队业务经营范围不一致、规模大小不一致导致不同城市之间的不同线路上，车队承接的游客数量不一致；二是指淡旺季不同线路游客人数不一致，同一线路当天游客报单数量不平均等，因此，5 个车队形成一个统一调度排班方式，以降低成本。比如，A 车队当天浦东线路只有 20 位游客，如果单独派 54 座大巴接送就会导致亏损，故 A 车队会与其他车队进行合作拼车来降低成本。

水口乡独有的"点对点""家门口"接送服务模式，贴心地解决了困扰着中老年游客群体的出行难问题，解决了乡村旅游最后一公里的痛点难题。因此，水口乡的客流量庞大，车队车辆往返空置率较低，价格也极其实惠。以上海为例，不管游客住在上海哪个区，车队服务价格统一为来回接送 100 元/人，单趟价格仅为 50 元。相比而言，高铁方式既贵又不方便，游客乘坐高铁到水口乡，不仅需要带着行李坐公交挤地铁，还需要在杭州转车，到达长兴高铁站还需要打车去民宿或者由民宿业主安排车辆接送，而且上海到长兴的高铁价格单趟就为 170 余元。另外，对于大部分普通中老年游客而言，他们对高大上的其他旅游商品并没有太大兴趣，但对当地的初级农副产品却可以用“狂热”两字来形容，在返程前均会采购大量农副产品，旅游大巴的接送服务成功地解决了游客携带行李和旅游商品不方便的问题。因此，从自家小区上车，在入住民宿门口下车，拎着大包小包在水口乡商品市场门口上车，到自家小区与等候的家人一起带回农副产品成了大多数中老年游客到水口乡旅游的方式，这既大大方便了来水口乡暂住的游客，也提高了他们的满意度。

四、健康医疗

1. 急救知识与急救意识

景区综合管理办公室和农家乐（民宿）行业协会每年都会组织所有民宿业主进行急救方面的系统培训，要求民宿内相关设备、安全防护、警示标识等按照要求配备到位。同时，由于入住水口乡民宿的游客以中老年群体为主（景区内有不少游客为 70 岁以上的高龄老人），因此掌握常规的急救方法对于民宿业主来说非常重要。民宿业主应时刻关注入住游客的身体状态，一旦有游客出现身体不适或严重生病情况，要及时根据轻重缓急按照预案处理。水口乡的民宿业主也已经形成惯例，把游客当成自己的亲人，遇到紧急情况会尽一切努力送医并支付医药费，在处理妥当的同时联系告知其家人。

2. 医疗设施和医疗机制

针对水口乡游客以中老年群体为主的情况，管理部门加强了卫生院等硬件医疗设施的建设，同时和省级大医院进行共建，实现资源共享，进一步完善了医疗保障机制等。具体措施如下。

1）2014 年，水口乡投资近 4000 万元新建水口乡卫生院，使其成为长兴县乡镇级医疗条件最好的卫生院。同时，卫生院在各村配备医疗站，向游客和村民提供相应的医疗设施和服务。

2）水口乡卫生院是长兴县人民医院的医共体集团成员单位，长兴县人民医院与浙江大学医学院附属第二医院（简称浙医二院）是共建单位，所以，水口乡卫生院也能共享到浙医二院的医疗指导和相关医疗资源。

3）水口乡卫生院设立了 120 急救点，配备急救车和专业医护人员，并通过创建“做健康绿色旅游守护神”服务品牌，提升服务水平。

4）紧抓长三角一体化战略推进的机会，实现医疗信息和保障在长三角地区的互通，医疗保障卡在长三角地区实现通用。

5）结合数字化改革和未来乡村试点建设，探索开发云药房、云问诊系统，通过线上联通和线下无人售药设备建设，一方面让村民和游客足不出户开展医疗问诊，另一方面解决夜间出现普通症状时购买药品不方便的难题。

五、应急救援

水口乡地处三省交界处，属于半山区丘陵地带，水口乡景区是一个乡村开放型景区，地域面积较广。景区内游客以中老年为主，他们在民宿居住期间喜欢到处走走逛逛，还有不少游客喜欢徒步爬山，因此日常突发性、应急性事件较多，景区内出现过不少游玩受伤事件和爬山失联事件。针对应急救护知识普及和应急救援技能提升尤为迫切的情况，水口乡逐步完善了应急救援机制，如成立红十字会基层组织、组建紧急救援队等。

1. 红十字会基层组织

自 2019 年 10 月开始，景区内每个村都成立了红十字会基层组织或设有红十字基层服务站，共有会员 330 余人。近年来，水口乡红十字会以"关爱生命"为宗旨，全力推动应急救护知识培训进农村、进学校、进企业、进机关、进游客聚集地及公共场所，开展应急救护知识普及培训累计 5000 人次，科学普及急救理念，提升群众的应急救护能力，构建"红十字就在身边"的保障服务体系，形成"人人学急救、急救为人人"的良好氛围。通过培训，水口乡取得红十字救护员证的有 185 人，无偿献血志愿者有 500 余人，登记在册的造血干细胞捐献志愿者有 22 人，遗体组织捐献志愿者有 16 人，遗体捐献志愿者有 1 人。①

2. 应急救援队

水口乡依托农家乐（民宿）行业协会成立的山狼救援队，目前已发展红十字会会员 117 名进入救援队，同时拥有 40 余名专业救援队员，其他志愿者 150 余人。水口乡红十字会、应急救援队经常组织会员、民宿业主开展应急救护知识培训、户外搜救、下水演练等活动。水口乡山狼救援队自成立以来，会同长兴县红十字民安救援队、派出所等，一起承担起当地的搜救和应急救援任务，2021 年，成功搜寻走失游客 8 名，下水为游客打捞贵重物品 2 次，收到感谢锦旗 12 面，受到游客的一致好评，有效提升了水口乡旅游的知名度和美誉度。

六、全员保险

1. 游客保险

针对水口乡保险需求的实际情况，经过多年的摸索和实践，保险公司为水口乡的游客专门设计了一款非常实用的组合险种，价格根据民宿的接待规模而定，保障的范围非常广泛，包含了在水口乡期间住宿游玩的食品安全、人身意外、财物安全、交通安全等

---

① 相关数据由水口乡人民政府提供。

众多内容。保险购买费用由民宿业主承担，民宿业主们具有非常高的保险意识，“保障游客也是保护自己”的观念深入人心。

2. 民宿保险

政府出资在全乡范围内推广食品安全险和人身意外险，为在水口乡范围内的民宿业主及乡民增加相应的保障。疫情下，政府又出资为所有乡村民宿购买了新冠险（300 元/份），一旦本地出现因疫情影响行业经营的情况，投保民宿将获得保险公司的相应赔偿，减少损失。

第二节　民宿服务体系

一、统一营销

水口乡的旅游营销，从点的角度来讲虽是个体们的独立经营，但从面的角度来讲是一个整体的旅游营销。为了更好地打造水口乡旅游品牌，县、乡两级政府每年都会组织系列营销活动，通过广播、电视、报刊、网络、官方微信公众号、抖音等媒介及大型推介活动等载体大范围、全方位、多形式地对乡村旅游进行宣传；定期举办各类节庆活动，在传统的四大固定节庆活动（春茶、夏梅、秋桃、冬笋四大农业节庆活动）基础上，还结合当地民俗文化、产业特色等举办音乐灯光节、葡萄节、农民丰收节、民宿文化节、禅茶文化大会、美食节等，提升当地乡村旅游的知名度并促进农产品的销售；组织举办各类赛事，扩大水口乡影响力，如“山野浪行归”系列古道越野赛、自行车山地赛、中日围棋赛等；组织经营者赴周边大中城市社区内开展现场推介活动等。图 7-2 展示了某活动统一营销宣传页。

图 7-2　统一营销宣传页

二、统一洗涤

为了提高乡村民宿的标准化服务水平，鼓励其餐具、床上用品等实行统一洗涤，水口乡要求洗涤中心的价格进行公开明示，对各乡村民宿和经营性酒店实行统一价格。从2016年起，行业协会等组织对县域范围内从事洗涤和餐具配送的企业进行考察，择优选取一批企业推荐给经营户，各乡村民宿和酒店经营实体与洗涤中心、餐具配送企业签订服务合同，约定了洗涤物、餐具收送和交接的时间、地点和流程等，对具体要求和标准进行了规定，明确了双方的责任和义务。

三、垃圾处理

水口乡景区的生态环境非常好，其中最重要的原因就是垃圾处理及时，实现系统化的“日产日消”，绝不让垃圾因过夜产生异味。水口乡按照“政府主导、业主主责、协会助力、多方联动”和“小垃圾、大治理”的原则，全流程建立乡村民宿垃圾分类处理标准。垃圾处理采取“户收集、乡转运、县处理”模式，执法分局会同村委会、协会设督查员，指导农户、游客如何正确开展垃圾精准分类，并通过垃圾源头减量、分类投放、分类清运、垃圾处理等方式，将收集到的垃圾分类转运至相应的垃圾处理中心。

1. 硬件配备

乡村民宿内的庭院、厨房、客房及公共区域均明确不同容量、不同类型的垃圾桶设置要求，具体为：庭院内适当位置设置一处四分法垃圾收集点（包括可回收垃圾、有害垃圾、易腐垃圾和其他垃圾垃圾桶），并安装带有语音提醒的摄像头，及时提醒游客规范垃圾分类；厨房分别设置容量为60升的其他垃圾和厨余垃圾垃圾桶；一楼公共卫生间外侧分别设置容量为 60升的其他垃圾和易腐垃圾垃圾桶；二楼及以上公共空间分别设置容量为30升的可回收垃圾和易腐垃圾垃圾桶；客房及卫生间设置其他垃圾垃圾桶。

2. 氛围营造

开通两辆宣传垃圾分类和垃圾有效处理的专车，定期高频率行驶在乡村旅游核心区，以优美的音乐为背景，以鲜艳的颜色吸引村民和游客的注意，循环播放垃圾分类处理要求，提高当地村民和游客垃圾分类处理的生态环保意识；在景区旅游车队的大巴上播放垃圾分类小视频，开展知识宣传和文明劝导，让游客全面参与到垃圾分类中来，营造文明旅游氛围；结合当地文化，在核心景区的主要节点设置垃圾分类景观小品，利用沿线绿化带设置垃圾分类情景小品，利用沿线显示屏、广告位、道旗、墙面等多形式营造宣传氛围。

3. 分类督查

在乡村民宿按照要求设置垃圾分类设施并开展垃圾精准化分类的基础上，在核心景区建设一处垃圾资源可回收物回收中心，建设 69 处全封闭式垃圾分类固定投放点；在督查组负责垃圾分类准确性检查的同时，清运公司安排专人负责垃圾清运期间的分类质量检查，对分类错误的桶拍照取证并以文档形式上报综合行政执法中队，由综合行政执法中队上门督促业主完成分拣后清运，确保分类准确。针对投放错误的乡村民宿进行相应的处罚和反复教育，并将多次投放错误且屡教不改的乡村民宿在文明诚信档案中和农家乐（乡村民宿）积分动态管理中予以体现。

4. 分类清运

严格执行垃圾分类清运“二跟三不四定”原则，即跟踪垃圾清运车辆运行情况、跟进督查垃圾清运分类质量，垃圾分类不准确的不清、垃圾桶随意摆放的不清、垃圾桶破损滴漏的不清，定时（每天早上 5～8 点）、定点（垃圾桶清运临时存放点）、定人（垃圾清运专员）、定车（运行状况良好且符合要求的清运车辆）清运。这种公开化标准结合了乡村民宿的实际时间需求，虽然标准较高但相对公平，村民基本上都能够接受。同时，可回收垃圾如各类纸板、酒瓶、佐料瓶等，采取直接上门回收模式，使得村民既能够非常方便地为村里的环保事业贡献自己的力量，也能为自己增加一点零花钱。

5. 垃圾利用

建设园林垃圾粉碎站、垃圾资源可回收物回收中心、垃圾中转站，将产生的园林垃圾进行粉碎沤肥处理后提供给村民或者农业生产企业用于田间增肥；可回收物由第三方公司上门回收后集中到垃圾资源可回收物回收中心进行再次分拣、压缩打包后转运至具备处理资质的公司进行再生利用；建筑垃圾和大件装修垃圾统一安排车辆运至县里指定的公司进行二次处理利用；其他垃圾和易腐垃圾由县环保公司负责清运至指定场所进行焚烧发电或发酵堆肥处理。

小垃圾连动大文明，牵动民生。在全面探索和实践过程中，水口乡创新制定全国首个《农家乐（民宿）生活垃圾管理规范》，并于 2022 年 3 月 15 日发布，为乡村民宿行业生活垃圾管理提供可复制、可推广的水口经验。

四、污水纳管

水口乡乡村民宿的生活生产污水经过预处理后会纳入统一管道直接输往污水处理厂集中处理。水口乡所有乡村民宿污水实现纳管的过程经历了三个逐步优化的处理阶段。

1. 第一阶段——无动力人工湿地生态处理池

在第一阶段（2000—2009 年）中，水口乡农家乐尚处于起步阶段，行业仍未大规模发展起来，尚不具备统一纳管条件，污水处理是以家庭个体为单位的。当时在浙江省环保局的指导下，水口乡政府委托专业单位针对农家乐行业设计三格式无动力人工湿地生态处理池，由当时的水口乡农家乐管理办公室下发图纸，各经营户出一部分资金开展建设，并联动环保、行业协会等单位开展指导、督促和检查落实工作。传统的三格式无动力人工湿地生态处理池将厨房污水和客房污水进行分离，通过初级沉淀和生物菌处理，再辅助种植美人蕉、麦冬草等植物进行预处理后直接排放到地下。在推进污水处理池全覆盖的过程中，根据测算，每户需投入资金 6600 元，这笔资金的投入采取了政府补贴 3000 元、协会出资 600 元、农户出剩余 3000 元的方式。在产业发展初期，特别是在产业尚未达到规模集群、还处于点状分布时，该污水处理方式是适应时代发展需求的。

2. 第二阶段——太阳能动力污水处理池

随着乡村民宿日益增多，经营户规模发展壮大和游客的增加，污水排放量剧增，再加上化工日用品如洗衣粉、洗洁精、消毒液、洁厕灵等产品的普及和大量使用，水口乡山涧小溪的水质越来越浑浊，自然生态环境保护面临严峻的考验，污水处理的提档升级迫在眉睫。2010 年，水口乡进入污水处理的第二个阶段。结合水口乡政府财政基础薄弱，而乡村民宿集聚程度又非常高的实际，经过论证和考察，以乡村民宿片区（自然村）为单位，采用了太阳能微动力集中式污水处理方式。这种处理方式的具体做法是将一个或多个自然村的乡村民宿作为一个团体，选择合适位置，建设太阳能微动力集中式污水处理池，以片区为单位对乡村民宿的污水进行纳管，乡村民宿产生的污水通过自家无动力生态处理池初级处理后，通过排水管道统一输送到以太阳能为动力主体的大型污水池中再次进行处理，然后排放。但是这样的污水处理体系需要由专人负责管理，太阳能设备又对天气依赖性极强，而且机器设备的不确定因素过多，总体污水治理效果并不理想，再加上污水排放出口与顾渚山泉水相通（当时尚未开通自来水，生产生活用水均依靠山泉水），久未处理或未处理达标的污水容易滋生致病细菌并流入山泉水中，安全隐患极大。

3. 第三阶段——污水统一纳管

随着乡村民宿规模的继续扩大，特别是在因污水处理不达标而引发游客群体性食物中毒事件后，为保护好绿水青山、维护好旅游形象和口碑、助力乡村旅游产业良性可持续发展，2012 年，水口乡政府决定举全乡之力对乡村旅游环境实行以一体化供水工程建设、污水统一纳管处理、个体污水池和环境整治提升为重点的大整治，完成了自来水通村入户工程、农村生活污水统一纳管工程、个体污水处理池整改提升工程等。乡政府委托省生态环境科学设计研究院针对乡村民宿的经营模式、体量大小等特点设计高标准污水处理池，将乡村民宿的污水划分为厕所污水、厨房污水以及日常污水三种，每户乡村民宿各自为一个单位，在民宿外修建了统一的一池三格式处理池，对乡村民宿的污水进行预处理，再通过污水管道统一输送到污水处理厂进行集中处理。水口乡还建立了农村生活污水长效管理机制，通过改变农户的取水方式，消除了饮用水安全隐患，同时通过污水纳管工程，进一步保护了生态环境。

五、应急处理

为了提高乡村民宿应对和处理经营过程中遇到的突发事件的能力，及时、高效、有序地做好相关救援工作，最大限度地减少突发事件造成的损失，保障游客的生命、财产安全，促进乡村民宿产业的健康、持续发展，水口乡制定了一系列乡村民宿突发事件应急预案。

突发事件包括突发公共卫生事件（不明原因的疾病）和突发消防安全事件（火灾事故）。乡村民宿突发事件应急预案规定了乡村民宿经营者的应急救援处置程序和相关政府部门的善后处理工作。

本章启示

一、理论知识链接

服务体系是一个由众多个服务行业及系统共同构成的系统，完善的服务体系能够为顾客解决购买及消费过程中遇到的各种问题。服务体系应具有明确的客户服务理念、相对固定的客户服务内容、规范的客户服务流程及各个服务环节的品质标准等。服务体系的构建目标包括全心全意为顾客服务，使顾客对产品从满意走向信任，提高顾客的产品忠诚度，以及为顾客提供差异化的特色服务等。

二、水口乡经验与启示

很多早期的农家乐是自发产生的，是乡村旅游发展的初级形态。游客因为留恋当地的特色风光，游玩尽兴后产生吃住需求，当地农户便利用自有资源为游客提供餐饮和住宿服务并适当收取费用，农家乐应运而生。农户们分散独立经营农家乐，很多方面具有局限性，比如游客对当地基础设施和服务设施方面的需求等仅靠单家独户的力量是难以满足的，这就需要建立一个政府主导下的完善的服务体系，为经营户们提供各种有偿的、公益的、半公益的产品和服务，解决经营户们自己无法解决的问题。旅游服务体系涵盖生产、生活、体验等多个维度，服务对象涵盖居民、商户、经营户、项目、游客等多个主体。旅游服务体系的完整度是一个地区旅游产业发展是否成熟的标志，是吸引和留住游客的坚实保障，也是旅游产业是否可持续发展的动力。水口乡已构建起一整套比较完善的游客服务体系和民宿服务体系，游客服务体系包括游客的接待、咨询、投诉、交通、医疗、急救、保险等方面，民宿服务体系包括集中洗涤、垃圾处理和污水纳管等方面。水口乡旅游的特点在于针对客源群体提供精准服务。例如，水口乡结合游客中中老年群体相对较多、容易出现身体突发状况的实际，在加强基础医疗设施配套的基础上完善保险体系、急救体系，提升从业者急救技能；针对中老年群体热爱乡村旅游且有大把时间能够外出旅游，却受出行交通不便和老年人单独外出旅游子女不放心因素制约的情况，采取了"团队式"一价全包接待模式，而且接待不通过任何中介机构，均由游客自行组团，一个团队的游客相互之间非常熟悉和了解，较好地解决了子女不放心的难题。同时，结合团队客源多且客源地相对比较集中、游客有接送需求的情况，水口乡组建了旅游大巴车队，开展水口乡—上海、水口乡—江苏等地的"门对门"接送服务，不仅解决了客户群体交通出行的难题，而且在带动农产品销售的同时，赢得了客户群体的高度信赖和依赖。精细化的服务精准地锁定了目标客户群体，让水口乡在周边林立的乡村旅游业中立于不败之地，呈现出"一直被模仿，从未被超越"的局面。

旅游服务体系需要针对主要客源定位，结合当地村民、商户的需求等从人本化角度开展软硬件建设，从乡镇或村角度来讲，受土地、资金、人才、供应链、客源等多种因素影响，一般很难在短时间内形成非常完整的配套服务体系，特别是在季节性、周末经济、假日经济比较明显的地区和产业规模较小的情况下，哪怕是已经组建了较为完整的服务体系，也很难实现可持续长期规范运行。水口乡可以组建旅游车队并开通旅游直通车是因为客源城市相对集中而且客源规模较大，其第一阶段是申兴疗养中心自购的一辆面包车，用于上海游客的接送；第二阶段是在乡村民宿和基础客源有一定规模后，民宿业主及其他村民筹资联合购买旅游大巴车并通过旅游公司进行运行；第三个阶段是乡村旅游产业年游客量超 100 万人次后，出现了真正意义上的规范化、专业化的旅游交通运输车队。同样，水口乡可以实现统一洗涤是因为乡村民宿行业规模庞大而且相对集聚。从水口乡服务保障体系建设中可以借鉴的，一是需要在产业发展初期做好提前谋划和布局，特别是在相关硬件配套设施建设过程中要做好"整合"文章，与美丽乡村建设、基础设施改善、环境整治提升等工程协同推进，如果当下建设条件不够，应提前预留空间；二是要做好"借力"文章，服务体系仅靠基层政府、基层组织是很难维持长效性的，要千方百计发挥和利用好原住民的积极性和参与性；三是服务体系的建设要遵循循序渐进的原则，在产业规模尚不够丰度的情况下，要根据实际情况协调相关部门，共同出台支持政策，逐步构建和完善服务体系。

第八章　水口乡村旅游发展之自治体系

水口乡积极探索架构设置、职权划分、机制设立、制度设置等方式，充分发挥村民自治、行业自治和自律作用，提升社团组织和村民的荣誉感、获得感，让协会、村委会、村民、游客等社会力量参与到乡村治理中来。水口乡自治化体系比较完善，自治化程度较高，自治意识较强，其中，水口乡农家乐（民宿）行业协会在村民自治过程中发挥着举足轻重的作用。在景区综合管理办公室的指导和引领下，农家乐（民宿）行业协会按地域划分为 12 个片区，实现了农家乐的充分自治，并积极推动各类新型志愿者组织的成立和运作。"农家乐（民宿）行业协会+志愿者组织"模式是水口乡村民自治的特点，能够促进乡村旅游的有序健康发展，有效化解各类矛盾纠纷，及时解决各种问题。

第一节　农家乐（民宿）行业协会的成立与运作

一、农家乐行业协会的成立

2005 年 5 月，顾渚村已有 34 家农户经营旅游接待业务。当时，水口乡设有农家乐管理办公室，确定专人负责农家乐管理工作——主要负责解决农家乐经营过程中出现的问题与矛盾。总体而言，当时整个行业尚处于自我发展状态，缺乏统一管理和执行标准，各家各户在独立经营过程中出现了服务设施不统一、价格标准不一致、内部恶性竞争、旅游业态单一等情况，主客之间、经营户之间矛盾纠纷频发。为满足旅游发展需求，在水口乡政府的推动下，顾渚村成立了水口乡农家乐行业协会，经营户自愿报名入会，设会长 1 名，由经营业主自荐担任。农家乐行业协会成立后，制定了一系列农家乐经营管理规章制度来规范业主行为，以促进民宿旅游健康发展；组织农家乐业主赴外地考察学习先进经验，联合相关部门帮助农家乐业主解决经营过程中面临的一系列问题，如交通、水电、垃圾处理等。同时，农家乐行业协会还积极为农家乐经营户寻找增收途径，如联系水口乡附近的景区并鼓励农家乐经营户向景区输送游客，既丰富了当地的旅游产品内容，又帮助经营户获得旅游景区的门票反哺，增加了收入。

二、农家乐（民宿）行业协会的发展历程

在2005年农家乐行业协会刚成立时，农家乐总数只有34家，到2009年，农家乐总数已经超过150家。由于申请加入农家乐行业协会的乡村民宿数量不断增加，协会在管理和运作上开始面临前所未有的挑战。乡村民宿经营户自行组织成立的协会需要进行合理的编排和分组，才能让全体入会的民宿业主具有归属感。时任协会会长郑本良把农家乐行业协会结构重组的方案上报到乡里，并得到了批准。协会将乡村民宿根据自然村分布、集聚程度划分为9个片区，通过各片区民主、公开无记名投票的方式选举出具有较高奉献精神和影响力的经营业主任片区理事，再由农家乐行业理事会选举产生会长、副会长，通过业主管理业主、业主监督业主的方式，加强行业自律，协调村里乡村民宿的发展。

2009年，从事乡村旅游接待经营的农户范围从顾渚村向周边的金山村、水口村等村庄辐射并迅速扩大；2012年，加入农家乐行业协会的农户已达325家；2020年，水口乡已有585家经营户加入协会，结合换届选举，协会将整个行业区域调整为12个片区，同时对协会理事选举要求和人员结构进行了调整，不再局限于理事必须是经营业主的条件限制，乡村旅游关联行业人员也可以参加选举。因此，调整后的12个片区理事中有2名是旅游车队的经营者。

为了适应乡村旅游消费升级的需求，在当地政府的督促和鼓励下，2012年，水口乡的农家乐开始了大规模的整治和提升，部分农家乐业主也敏锐地感觉到了特色民宿的商机，开始向特色民宿转型。2015年，长兴县人民政府出台了《长兴县特色民宿发展暂行办法》，以鼓励特色民宿经济的发展。自此，转型升级的、外面引入的民宿如雨后春笋般多了起来，水口乡的传统农家乐逐步向乡村民宿转变，产业定位也从农家乐向乡村旅游转变。基于此，2015年，农家乐行业协会更名为农家乐（民宿）行业协会。

三、农家乐（民宿）行业协会的组织结构

目前的农家乐（民宿）行业协会按照乡村民宿的自然村分布、集聚程度划分为12个片区，以无记名投票方式选举出会长、副会长、各片区理事（片长）。农家乐（民宿）行业协会会长、副会长与下面12个片区之间形成事业部型组织结构，如图8-1所示。

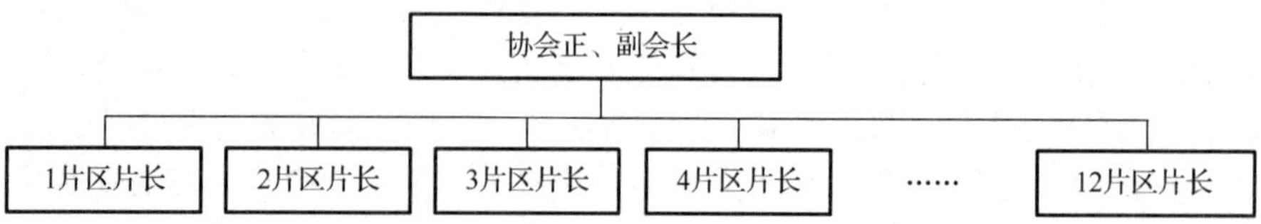

图8-1　农家乐（民宿）行业协会事业部型组织结构

农家乐（民宿）行业协会的正、副会长是非常重要且特殊的岗位，由理事会选举产生，自愿担任。正、副会长较为重要的权力来源为职权和感召力，一般由当地的乡贤经过理事会选举担任。农家乐（民宿）行业协会正、副会长没有工资，义务承担各项工作。农家乐（民宿）行业协会是个比较庞大的组织，管辖 12 个片区，每个片区设有理事（片长），总共管理着 585 家农家乐（乡村民宿），负责协调处理各种矛盾与纠纷、监督各类标准的执行等。

各片区理事（片长）由所辖范围的经营户选举产生，也是没有工资的。理事非常重要的工作是及时处理片区的各类矛盾和纠纷。一个片区基本上就是一个自然村，经营户大概有 50 户，距离非常近，一旦出现纠纷，理事一般 5 分钟之内即可到达现场。协会理事基本上为经营业主，一般情况下清楚相关问题并知道如何处理，且处理问题时，相对政府部门工作人员而言，更简单直接，更接地气，更具灵活性和实用性。对于调解工作，协会要求理事在第一时间到达现场并进行处理，如果现场调解不了，则要把控好现场，不让事态恶化和扩大，争取时间上报景区综合管理办公室，由景区综合管理办公室安排相应单位成员介入处理。

四、农家乐（民宿）行业协会的工作内容

2005 年，农家乐行业协会成立的初衷是通过组织农家乐经营户外出考察学习，帮助他们提升产品的质量，制定产品的价格标准，以免相互之间恶性竞争，最终促进产业良性发展。农家乐行业协会是自发性组织，运作经费的来源是个很大的问题。最初，资金来源主要是基层政府部门的拨款和每户 100 元每年的会费收入，后期会费提高到 300 元每年。会费取之于民，用之于民。2012 年在推进乡村民宿污水处理设施提升过程中，协会承担了 600 元每户的费用。2017 年税务制度改革后，协会不再向民宿单独收取会费，结合会费、污水处理、垃圾清运、环境维护等费用，通过业主代表大会和听证会，以公安住宿登记系统的游客数据为准，向农家乐（乡村民宿）征收每人次 5 元的费用，相关资金用于生态环境维护与提升、服务设施的完善、业主培训等。行业协会在水口乡民宿管理中的地位和作用举足轻重，对全体乡村民宿实行动态化管理，其主要工作内容如下。

1. 选举权威从业者担任理事

农家乐（民宿）行业协会理事由片区会员采取无记名投票方式公开选举产生，当选的不仅是行业从业人员，而且是行业领军人员，对行业的了解深刻、透彻，在群众中公信度极高。

2. 制定规则确保治理合理化

农家乐（民宿）行业协会制定了水口乡农家乐产品的价格标准、餐饮服务标准、车队接送服务和车费价格标准、污水处理排放标准，以及设备设施统一、标识标牌统一等“八统一”的行业标准，独创了水口乡 N+1 价格结算体系。

3. 参与具体的监管整治工作

在经营过程中，凡是出现公共安全不落实、公共基础整改不配合、服务质量差、缺乏社会公德等情况被相关职能部门处罚的农家乐（乡村民宿），协会将停止其享受一切会员权利，如停止享受景区门票价格优惠等，勒令其停止营业，直到整改到位通过检查后才能继续营业；涉及违法犯罪的交由相关部门按照相关法律法规执行。农家乐（民宿）行业协会具体参与治理的方法如下。

（1）对农家乐（乡村民宿）实行星级动态管理

关于农家乐（乡村民宿）星级评定的标准各省不尽相同，浙江省主要采取以下两种方式进行评定。

一是特色民宿类别的星级评定由县文旅局配合、省文化和旅游厅（简称省文旅厅）负责审核认定（图 8-2）。同时，长兴县明确了申报省级特色民宿的前置条件为取得县星级特色民宿一年后。其中，省级特色民宿分为银宿级、金宿级和白金宿级，县星级特色民宿分为三星级、四星级和五星级。

图 8-2　浙江省特色民宿星级评定申报流程

二是传统农家乐类别的星级评定由浙江省农业农村厅负责审批并下文，评定级别分为三星级（相关权限被下放至市农业农村局）、四星级和五星级。根据湖州市行业管理机制，特色民宿、农家乐的日常管理和星级评定由乡（镇）、县旅游部门负责进行初审和审核，具体申报流程如图 8-3 所示。

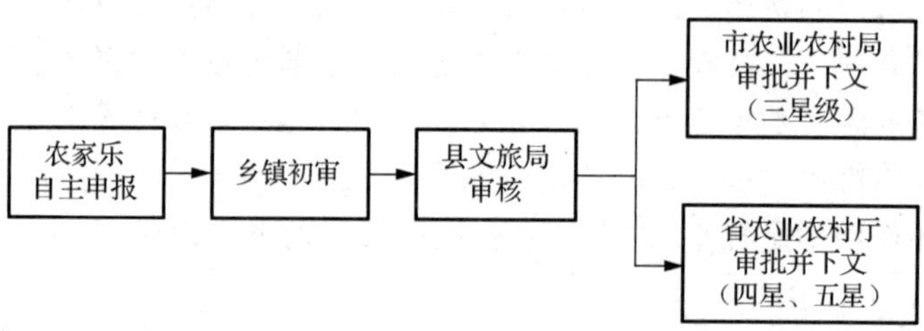

图 8-3　农家乐星级评定申报流程

配合长兴县文旅局和水口乡生态旅游办公室，协会对乡村民宿星级评定实行推荐、申报、管理、复核的全流程动态管理，复核检查达不到星级分数要求的，限期整改，拒不整改或情节严重的，可降低星级或取消星级；被降低星级或取消星级的，由长兴县文旅局换发降低后的星级标志牌或收回原星级标志牌；被取消星级的乡村民宿，自取消之日起一年后方可重新申请星级评定，且不得再次享受政策奖励。

（2）配合职能部门开展监管工作

配合环保、卫健、公安、消防、市场监管等各个职能部门的工作，在日常监管过程中发现农家乐（乡村民宿）违反职能部门相关规定的，由各部门按照职责进行查处；情节严重的，直至依法依规吊销相关证照，依法追究相关人员法律责任。

（3）开展农家乐（乡村民宿）诚信体系建设

对水口乡所属农家乐（乡村民宿）实行积分档案制管理，结合县乡诚信“红黑榜”发布制度，开展农家乐（乡村民宿）诚信体系建设，营造诚信经营的良好氛围。

（4）参与村容村貌整治管理

对存在违章建筑、门前“三包”不落实、乱堆乱放及环境卫生脏乱差问题的农家乐（乡村民宿）进行上报，由水口乡综合执法分局负责下发限期整改通知书并监督执行。

4. 合理配置公共资源

（1）创新机制开源节流

结合行业可持续发展需要，以“共建共享”为指引，以公安入住登记数据为基础，协会创新性地牵头确立农家乐（乡村民宿）行业管理服务费用收取模式，所有费用均取之于民、用之于民，每年可收取管理费近600万元，用于污水运维、卫生保洁、培训支出、宣传推广等，为景区的有序规范、品位提升奠定了坚实的基础。

（2）成立专业队伍处理矛盾纠纷及突发情况

在中老年群体占游客总数比重较大的背景下，水口乡常会出现游客迷路丢失、意外事故、矛盾纠纷等情况，为此，协会组建了以农家乐（乡村民宿）业主为主体的“老娘舅”调解服务队、“半边天”调解服务队、“指南针”服务队、应急救援服务队等多支志愿队伍，并协同生态旅游办公室、景区综合管理办公室、景区消费维权中心、乡村民宿调解委员会等组织，共同维护协会会员和游客的合法利益。

近5年来，协会共调解各类矛盾纠纷700余起，成功处理游客意外事故30余起，仅2021年以来就找回走失游客8名，为游客下水打捞贵重物品2次，成功救援落水游客1名，收到感谢锦旗12面。

（3）组织系列培训和技能比赛

结合行业内涵提升需要，协会组织农家乐（乡村民宿）业主开展茶艺、餐饮、文创、电商等方面的系列培训和技能比赛。近5年，协会共组织业主外出考察学习先进地区1500余人次，参与杭州、南京等地各类宣传推介会20余次，组织各类业务技能培训等2000余人次。尤其电商培训对业主们帮助极大，仅2020年水口乡通过电商在线销售的各种旅游商品、土特产品的产值就达3500万元，其中农副产品达1500万元。

（4）联动周边区域资源促进增收

协会与安徽广德、江苏宜兴以及湖州市范围内约30个景区景点开展资源整合，建立了“吃住在水口、游玩在周边”的全域旅游联动模式，不仅带动了周边地区旅游产业发展，也拓宽了农家乐（乡村民宿）增收渠道。通过行业协会组建的门票价格体系和车队服务体系，水口乡平均每年向周边的景区景点输送游客 40 万人次左右，高峰期甚至可达 60 万人次左右。

5. 疫情期间积极承担社会责任

疫情期间，协会发动业主全员参与疫情防控。2020 年初，协会多次号召、发动全行业主动停业，为全县顺利完成疫情防控做出巨大牺牲和贡献。例如，2020 年春节的年三十到年初一，协会充分发挥强大的行业领导作用，仅用 2 天时间就成功劝退劝返游客 4 万余人。同时，协会组织全体成员参与抗击疫情，派出 450 名志愿者支援乡镇其他卡点做好防疫值守工作，并积极发动农家乐（乡村民宿）业主拿出自家储备的各类食材送给滞留的外地员工、居家隔离人员、困难户等。后疫情期间，协会还发动业主们为全国的医护工作者提供 3 万间免费房间。

五、农家乐（乡村民宿）积分管理制度

为规范乡村民宿经营行为、提高乡村民宿服务质量、强化乡村民宿长效管理，进而促进农家乐（乡村民宿）规范、有序、健康发展，2017 年，长兴县制定出台了《长兴县农家乐（乡村民宿）积分制管理办法（试行）》。水口乡则结合实际出台了《水口乡农家乐（乡村民宿）积分制管理细则》，内容主要包括如下几个方面。

1. 管理组织架构

水口乡农家乐（乡村民宿）积分制管理组织包括水口乡景区综合管理办公室、乡里的相关监督管理部门及相关村民委员会等，具体架构如图 8-4 所示。

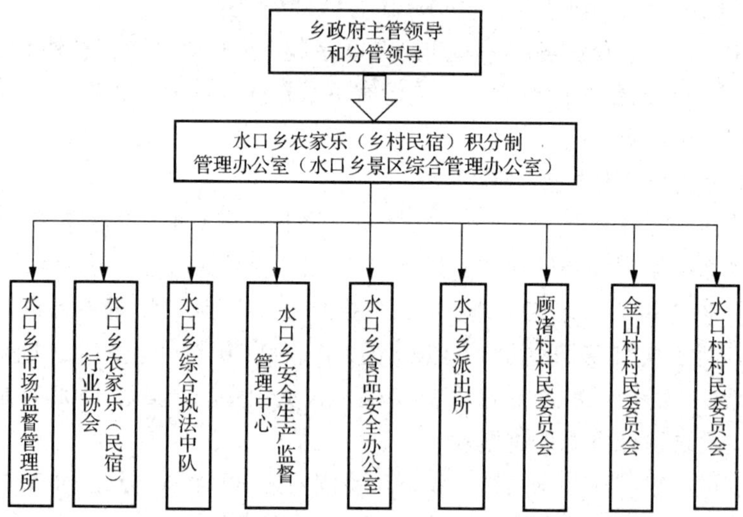

图 8-4　水口乡农家乐（乡村民宿）积分制管理组织架构

2. 检查办法

对纳入积分制管理范畴的农家乐和乡村民宿（经长兴县获批认定、证照齐全且列入名录库的农家乐和乡村民宿），按照《水口乡农家乐（乡村民宿）积分制管理细则》（见附件一）采取季度普查、月度抽查、随机检查的方式进行。2019年前，每个季度结束时，对季度普查、月度抽查、随机检查的评分结果进行公示；2019年智慧平台建成后，对检查的评分结果进行实时公布。

（1）季度普查

季度普查由水口乡政府牵头，水口乡生态旅游办公室召集各职能部门专项负责人组织实施，农家乐（民宿）行业协会片区理事带队，按照《水口乡农家乐（乡村民宿）积分制管理细则》对辖区内符合条件的农家乐（乡村民宿）逐项进行检查评分。

（2）月度抽查

月度抽查由长兴县文旅局牵头，水口乡农家乐（乡村民宿）积分制管理办公室协调配合县相关职能部门、农家乐（民宿）行业协会组织实施，对照长兴县文旅局检查评分表，采取随机抽查片区农家乐（乡村民宿）的方式进行检查。

（3）随机检查

在特殊时间段，如重大节假日、专项活动、旅游高峰期到来前，对旅游有重大影响的不良天气到来前，水口乡政府或长兴县文旅局会不定期、不定时地会同相关职能部门，按照《水口乡农家乐（乡村民宿）积分制管埋细则》，采取随机的方式进行抽查。

3. 评定结果与奖励措施

按照水口乡农家乐（民宿）行业协会片区划分的原则，各片区设置公示牌，对所属农家乐（乡村民宿）每次检查得分情况进行张榜公示，以使其接受监督，鼓励先进、激励后进，促进水口乡农家乐（乡村民宿）健康、有序发展。

（1）创星奖励

积分制考核每季度检查得分折算后达到85分及以上的农家乐（乡村民宿）进入年终综合考评。年终综合考评分数达到95分及以上，推荐上报创建省四星级、五星级农家乐，给予创建成功省四星级农家乐每户3万元、省五星级农家乐每户5万元的奖励。

（2）贷款奖励

2017年，为进一步调动农家乐（乡村民宿）业主参与积分制管理的热情，水口乡政府联合银行推出更加优惠的贷款措施：积分达到85分及以上的农家乐（乡村民宿），在银行贷款的额度和利息可享受更多的优惠；积分在85分以下的农家乐（乡村民宿）银行将提高其贷款利率、降低贷款额度直至收回贷款。农家乐（乡村民宿）在其他银行或多家银行同时进行融资的，参照此标准执行。

第二节　新型志愿者组织的有效补充

通过分析全国各景区旅游纠纷典型案例可以发现，很多事件本身在当地只是个例且起因简单，但是为什么后期会发酵并造成非常恶劣的影响呢？主要是因为纠纷出现后相关单位重视程度不够，介入和处理的速度不够快，游客的不满情绪没有得到安抚，转而求助互联网。在如今这个新媒体、自媒体时代，事件得以迅速传播，从而给当地造成非常负面的影响。水口乡的日常管理体制完备，景区综合管理办公室、景区旅游警察、旅游法庭、消费维权中心和农家乐（民宿）行业协会等组织负责日常管理和矛盾纠纷的处理，直接在基层一线化解矛盾纠纷——通过对事件进行分类，直接指派就近人员处理，时效性和成功率都非常高。

尽管景区综合管理办公室、农家乐（民宿）行业协会等组织体系完善，日常管理中各项工作有序开展，但一到黄金周、节假日，即使各部门工作人员全部上岗也难以应付临时出现的问题。2013 年，水口乡景区的游客数量达到 180 万，但是近一半人次是在节假日到达的，旅游旺季成了景区管理之痛。为了及时解决各种矛盾纠纷、保障游客的旅游和消费权益，在基层政府的主导下，经过农家乐（民宿）行业协会的动员和组织，各类农村新型社会组织，如“老娘舅”调解服务队、“半边天”调解服务队、指南针服务队等，会同旅游警察、旅游法庭、消费维权中心等把不同背景的人跨越职能界限组织在一起，开展旅客权益保护和各项服务工作。新型组织各个成员的权力是平等的，按照组织的规程处理纠纷或为游客解决其他问题。

一、“老娘舅”调解服务队

在江、浙、沪一带的家庭亲戚排行中，舅舅的地位最高，女子出嫁过程中由舅舅负责全程陪同护送，无论是订婚还是结婚的酒席上，舅舅的座位都是主位，而“老娘舅”这个称呼便是对于从事调解、服务工作人员的爱称和尊称。行业协会专门组建了“老娘舅”调解服务队，成员数为 10 人，由退休的村干部、村里德高望重的长者和常住在农家乐（乡村民宿）的游客组成，如原申兴疗养中心的接班人吴军就是调解队中的一员。“老娘舅”调解服务队的成员原本都从事过相关调解工作，不但经验丰富，而且能站在游客的立场思考和处理问题，所以能更好地获得游客的信任，纠纷化解率比较高。在旅游旺季，“老娘舅”调解服务队能较好地协助解决各类问题，为景区管理者和行业协会理事腾出了更多的时间和精力来开展秩序规范工作。

二、“半边天”调解服务队

在日常调解过程中我们发现，大部分旅游纠纷都是琐碎的小事，而小事之所以会变为大事，往往是由于没有人参与解决，双方情绪失控引发口角，从而导致矛盾升级。因此，水口乡组建了由10位女性农家乐（乡村民宿）业主组成的“半边天”调解服务队，包括妇联成员、片区内女性经营能手等。女性往往更为细心、耐心和周到，她们独有的亲和力也更有助于纠纷的化解，特别是矛盾双方都是男性时，女性工作人员出面调解往往事半功倍——纠纷本身就是琐事，再加上女性出面调解，男性当事人碍于情面基本上都可以握手言和。“半边天”调解服务队的组建，为水口乡“把矛盾纠纷化解在萌芽状态”这一目标的实现提供了有力保障。

三、指南针服务队

由于假日制度等原因，我国乡村旅游淡旺季明显，假期尤其是黄金周时期乡村旅游景区往往会出现人满为患、拥堵不堪等现象，不但游客的满意度大大降低，而且交通拥堵引发的事故和纠纷频发。造成水口乡景区交通拥堵的主要原因：一方面是交通配套设施相对滞后，大量游客同时段进出景区导致拥堵，对此主要通过加大投入以扩建道路、完善停车场等基础配套设施来逐步解决；另一方面是随着水口乡旅游知名度的提高和客源结构的转变，家庭自助式游客越来越多，而水口乡的民宿非常集聚，很多游客因为找不到自己预定的民宿导致开车速度极慢，在公路上逗留的时间很长，因走错方向而违章调头的现象也频繁出现。对此，水口乡专门组建了指南针服务队。

指南针服务队的成员由旅游大巴驾驶员、跟车员和民宿业主组成，通过系统性培训明确工作目标和工作职责。旅游大巴驾驶员和跟车员主要负责游客往返景区的交通工作，在确保自身进入景区过程中带头执行各项交通管制措施和要求的同时，途中负责讲解文化活动、景区景点、接待模式、价格体系、注意事项等内容，为减少因不熟悉道路和规则而引发交通方面的矛盾打好基础。民宿业主相对比较灵活，在旺季时采取自主报名方式，报名后由景区综合管理办公室负责安排其在相应的点位开展工作，工作内容主要是解决游客在景区内的导航问题及协助交通疏导、秩序管控等。在旅游旺季，车多人多，再加上游客对道路不熟悉，会造成严重的交通堵塞，指南针服务队在这些时候发挥了重要的指路引导作用。

四、山狼救援队

水口乡地处苏、浙、皖三省交界处，地形地貌以半山区为主，近年来随着古道、绿道等设施的完善，以及小型景观水库的配套，户外运动及登山游客越来越多。虽然水口乡在不断完善相关指引牌、警示牌、救生设施、无线广播、监控设施等，但因中老年游客居多，每年都会出现游客不听劝导偷着下水库游泳出现危险、爬古道迷路、野外遇险等情况。为了更好地保障游客的生命财产安全，水口乡成立了专门的应急救援队——山狼救援队。该队伍对专业素质要求很高，成员来自全乡范围，由游泳爱好者（游泳协会成员）、登山爱好者、医务工作者等专业人员组成，现有一线队员 40 余名、预备队员 21 名，配备各类越野救援车 40 余辆。

山狼救援队主要负责应急救援、抢险救灾、公益慈善等工作（图 8-5），仅 2021 年就协助找回走失游客 8 名，为游客下水打捞贵重物品 2 次，成功救援落水游客 1 名，收到感谢锦旗 12 面。2021 年 7 月，在台风"烟花"来临之际，救援队全员出动，为组织游客撤离和防台抢险抗灾作出贡献。2021 年 11 月 26 日，救援队全程参与了由浙江省公安厅组织的首次山地救援实战大练兵演练。本次演练由央视新闻、新华网、《中国日报》、央视频、中国警方在线、中国网等 35 家媒体全程同步直播，在线观看人数超千万人次。

图 8-5　山狼救援队救护在山中迷路的游客

五、志愿者队伍

水口乡有非常庞大的志愿者队伍，成员包括党员、村干部、民宿业主等，他们通过自主报名的方式加入，根据实际需要参加应急救护等各类活动。志愿者分布在景区内的各个角落，负责解决游客遇到的各类问题（如游客走失、物品丢失、宠物丢失等），监督乡村民宿的合法经营，制止游客的不文明行为，发现景区内的各种设施设备故障等。在旅游旺季，为了维护景区交通秩序，除了景区管理部门、指南针服务队等组织，几乎所有的乡村民宿业主也都是志愿者，他们会自发站到主要道路沿线变身为交通指挥员、咨询服务员、导游员等，热心协助开展交通指挥工作，并把自家的空余场地腾出来让游客车辆调头或短暂停留，力所能及地为游客提供问询解答、景区介绍、热水、内部厕所开放等服务，为一线工作人员提供端茶送饭等服务。

本章启示

一、理论知识链接

1. 治理

“治理”一词最早源于古希腊语或古典拉丁文的steering一词，原意有统治、指导或操纵的意思，经常与government一词相互交叠使用。一直以来，“治理”一词主要被用于与“国家事务”相关的宪法议题和法律活动。1989年，世界银行在概括当时非洲情形时首次使用了“治理危机”（crisis in governance）一词，此后，该词被大量运用于政治发展的研究，尤其是对后殖民地和发展中国家的政治状况的描述。之后，该词“成为一个可以指涉任何事物或毫无意义的‘时髦词语’”，一度存在滥用倾向。

20世纪90年代以来，治理的概念有了许多新的界定。1992年，联合国教科文组织成立了一个全球治理委员会，专门研究治理的定义及相关事务。1995年，该委员会发布了一份题为《我们的全球伙伴关系》（*Our Global Neighborhood*）的研究报告，综合此研究报告和相关专家的观点，可将治理定义如下：治理是各种个人及机构、公共部门及私营部门管理共同事务之诸多方式的总和，是使相互冲突的或不同的利益得以调和并且采取联合行动的持续的过程。它包括有权迫使人们顺从的正式制度和规则，也包括人们同意或认为符合其利益的非正式安排。

治理理论的主要创始人詹姆斯·N. 罗西瑙（James N. Rosenau）[9]认为，治理是一系列活动领域里的管理机制，是一种由共同的目标支持的活动，这些管理活动的主体未必是政府，也无须依靠国家的强制力量来实现。由此可见，治理强调几大要点：一是市场取向的区域或国家；二是政府对公共事务的非独占性；三是社会公民参与的重要性；四是多元协调和运作。因此，治理是介于市场自由化运作和政府指令性运作之间的“管理方式”，能结合市场自由配置和政府计划配置的优点，让社会公众以多种方式参与当地的公共事务。

2. 乡村治理

治理理论一经引入我国，一些中国基层政治问题的研究者就试图将其作为研究新范式，以加深对中国农村问题的研究和认识。“乡村治理”的概念是由华中师范大学中国农村问题研究中心的政治学者于1998年首次提出的。肖唐镖[10]把乡村治理定义为村级治理。郭正林[11]把乡村治理定义为性质不同的组织，如乡镇政府、村委会、各种民间团体等，通过制度和机制把乡村事务管理好。党国英[12]认为，乡村治理是乡村政府等治理机构对乡村社会进行管理并为其提供服务和公共产品的活动，促进乡村地区的经济增长是乡村治理的基本目标之一。李冰冰等[13]把乡村治理定义为“是对乡村社会公共事务进行管理以维持乡村有序运转的活动”，认为有效地提供公共产品以满足农民所需是乡村治理的重要内容和重要目标。袁金辉[14]认为乡村治理是政府、乡村社会等多个主体为了实现乡村的公共利益而针对乡村开展的有效组织、有效管理和调控的动态过程。乡村是相对于城市而言的，乡村治理具有一定的地域性和主体性。通俗地讲，乡村治理是指乡村的基层政府、村两委、农民、各种协会及其他组织和个体等通过一定的制度机制共同参与乡村地区公共事务管理，决定乡村地区的总体发展。

乡村治理具有如下含义。

第一，乡村治理的主体虽具有多元性，但是不管怎样，乡村居民（农民）是现代化乡村治理非常重要的主体，必须发挥举足轻重的作用。

第二，在乡村治理活动中，治理主体的产生方式、组织机构、治理资源的整合及其与乡村社会的基本关系，构成了乡村治理机制。

第三，乡村治理的基本目标是维护乡村社会的基本公正，促进乡村社会的经济增长，保障乡村社会的可持续发展。

3. 村民委员会

村民委员会是我国农村地区的村民自治机构，由乡（镇）所辖的行政村村民选举产生，是村民进行自我管理、自我教育和自我服务的基层群众性自治组织。村民委员会由主任、副主任和委员共 3～7 人组成，领导班子每 5 年民主选举一次。村民委员会实行民主选举、民主决策、民主管理、民主监督，负责本村的公共事务和公益事业，调解民间纠纷，协助维护社会治安，向人民政府反映村民的意见、要求并提出建议等。

二、水口乡经验与启示

水口乡旅游发展中的自治化程度较高，究其原因有如下几个方面。

一是接地气才有根基。乡村旅游让大多数乡民受惠其中，老百姓对发展旅游具有高度的认同感，对相应的管理组织有崇敬感，他们愿意并主动承担管理组织布置的任务，积极响应管理组织的各项号召。同时，水口乡农家乐（民宿）行业协会成员的选举，是以片区为单位无记名投票方式产生的，所以协会会长、片区长都是当地德高望重、经营较好的民宿业主，他们既是行业领军人物，又了解行业经营中的困难，也深知各方的心理，能够得到各方的认同。

二是有作为才有地位。农家乐（民宿）行业协会的积极作用，体现在行业的方方面面。从接待标准体系、价格标准体系、餐饮标准体系、车费价格体系等“八统一”标准的建立，到保险价格体系、物业费用标准、宽带费用、银行贷款利率、大宗物资采购价格协调等，再到实行网格化管理，坚决不留自治死角，全员参与各类矛盾纠纷协调、行业转型升级等，凡是对行业发展有利的，都属于行业协会的工作职责范围，协会都会积极争取、主动参与。

三是有抓手才有威信。行业协会属于自治组织，并不具备行政职能和部门管理职能，而水口乡民宿群体庞大，从业人员素质参差不齐，要从思想上、行动上进行统一是一个大难题。水口乡农家乐（民宿）行业协会通过旅游资源整合、联合周边景区景点进行战略合作、设置窗口代开税务发票、转型前置审核、贷款前置审核及会员享受行业待遇等方式，把业主合法利益最大化作为核心工作抓手来开展工作，赢得了群众的支持。

四是有财力才有发展。任何一个组织的活动开展和长效生存，都需要强有力的资金保障，只有拥有稳定的经费收入，才能够更好地服务行业发展。水口乡农家乐（民宿）行业协会在最初也是通过收取会员会费和上级资金补助的方法来开展活动的。在发展过程中，水口乡农家乐（民宿）行业协会积极开拓创新，在维护行业合法利益的前提下通过景区合作、行业管理服务费用收取等方式壮大行业经济基础，其资金使用坚持“取之于民、用之于民”和“三公”（公开、公平、公正）原则，不仅承担了景区保洁、污水处理设施建设费用补助、污水处理费用等相关开支，而且充分利用、承接相关部门、条线的宣传、技能培训等业务需求资源，以不花钱、少花钱的方式开展内涵提升、业务技能提升等行业服务工作。

五是有支持才有保障。行业协会工作的顺利开展离不开上级单位部门的引导和支持，水口乡农家乐（民宿）行业协会之所以有今天的成就，离不开当地政府强有力的支持。一直以来，水口乡一直坚持多途径抬高行业协会的地位：建立景区综合管理办公室并将行业协会纳入其中成为一个科室单位；建立农家乐（乡村民宿）积分制管理制度并赋予协会更多职能；在开展行业整治提升、行业转型升级、行业证照规范、行业评先创优、行业贷款审核等过程中，将相关职能下放，让行业协会参与监督管理等，进一步提高了协会的地位和公信力。

六是有创新才有发展。行业自治因最贴近实际，无论是体系建设、工作重心还是工作方法都需要与时俱进。水口乡的行业自治体系是以农家乐（民宿）行业协会为核心、其他社会组织为补充的自治体系，组织完善、制度健全，其“农家乐（民宿）行业协会+各类志愿者组织”的运作模式灵活，能够让协会、村委会、村民、游客等社会力量充分参与到乡村治理中来，实现高效自治。同时，协会还建立了会员特重大事件救助机制、贫困学子救助机制、消费预赔付机制等，并开展资源利用最大化研究，探索景区景点开发、智慧景区建设的方法，助力并引领行业规范、健康、可持续发展。

从自治组织体系建设来讲，各行各业都成立了各式各样的组织：行业协会、行业商会、行业志愿者服务组织、行业公益组织等。但纵观各类组织，大部分虽然名称上标新立异，成立之初轰轰烈烈，但实际上不少组织的作用是宣传大于实际运作。水口乡旅游行业的高度自治化在其组织成立、管理、服务、运行、完善、提升等方面都有较强代表性，尤其特殊的是，协会理事成员虽然承担了相当多的服务工作职能，甚至在一定程度上占据了自家经营时间，付出很多，行业协会资金也有保障，理事却没有工资，而是无偿参与各项工作的。即便如此，在行业协会换届选举过程中，大家却异常踊跃，参选意愿非常高，一方面是因为在公开选举过程中确实选出了公信力较高、奉献精神较强的业主；另一方面是因为协会在运作过程中，做了相关细致的调研和心理学研究，原本选举出来的行业协会理事大都自身经营状况良好，经济条件较好，如果采取发工资方式，一来工资额度难以确定，而理事也无所谓工资多少；二来把理事转变成专职工作人员，可能会引起会员的反感。所以，针对行业协会，上级单位更多的是给予荣誉和工作上的支持，并在赋予其职能的同时给予更大的灵活性和便利性，进一步提升其精神追求，给协会、理事及其他组织更多的荣誉感、获得感和满足感，从而提高其工作的积极性、主动性和创造性，并形成了人人争相参与的氛围。

水口乡的自治组织在乡村旅游行业发展、引领、规范、提升等过程中发挥了强大的作用，它们紧紧抓住群众在物质、经济基础满足的同时需要追求精神层面成就这一契机，多举措激发群众的主观能动性，其实现行业良性自治和健康发展的具体落地举措具有较强的借鉴和复制意义。

第九章　水口乡村旅游发展之智治体系

水口乡村旅游发展治理以诚信体系为基础，以“智慧旅游+”综合运用为核心，通过乡村智慧管理服务平台建设和数字化管理手段，有效促进各项治理可视化，提升乡村旅游治理的整体能力与水平，着力打造景村合一开放式景区的“智治”新模式。

第一节　诚信积分管理考核实时化

水口乡的乡村旅游治理坚持以诚信为根本，以制度为基础，以部门监管要求为准则，出台农家乐（乡村民宿）积分制管理制度，定期对乡村民宿进行全覆盖、全方位检查；修订《村规民约》以规范村民的日常行为；利用智慧管理系统形成公平公正的评分体系，并予以实时公布、公开。

一、民宿考核积分实时化

在乡村民宿管理中设置 52 项扣分和 27 项加分项目，以实地检查和图文信息的方式对乡村民宿进行加减分，改变传统的每季度末集中评分排名的考核形式，利用大数据技术在乡村智慧管理系统和户外显示屏实时通报管理服务对象具体分值及排名，建立可视化、实时化、数字化的文明诚信档案。从民宿考核积分实时化入手，引导相应主体遵纪守法、诚实守信，深入践行社会主义核心价值观，进一步提升文明素养，并同步跟进相应奖惩措施：给予排名靠前的乡村民宿优惠政策和奖励，如优先参与评星评级，产品予以优先推广，宣传予以优先推介，加大政策支持和信贷支持力度等；对排名靠后的乡村民宿加大检查力度，提高曝光率，取消评先评优资格，暂缓办理政策补贴等。

二、村民生活生产管理实时化

针对村民生活生产服务管理，水口乡以新时代文明实践要求为基准，设置了 20 项扣分和三大项加分项目，以实地检查和图文信息的方式对村民行为进行加减分并实时更新发布，确保数据客观、公平、不可修改，推动建立、完善动态化诚信评分机制及数字化、可视化诚信指数体系。将乡村的日常管理、村民的生活生产与诚信体系有机结合，实行诚信考评结果与全乡旅游资源配置及相关政策挂钩，发挥政策的正向激励作用，例如，结合村民家庭的农副产品，把排名靠前的诚信户的产品向乡村民宿、市场商户、游客优先推荐销售；通过诚信积分与信贷挂钩，加大对诚信户的授信额度等。

三、“信用+商城”的实时贯通

为进一步完善文明诚信积分系统，水口乡将共享电动车系统、新零售系统等项目与文明诚信积分系统进行实时贯通，民宿经营户、村民的文明诚信积分可以直接兑换网上商城的物品和共享电动车的使用小时数。文明诚信积分系统把水口乡的智理和自律进一步融合，通过数字化应用不断深化信用建设在基层治理的作用。

第二节　服务管理智能化

水口乡积极探索乡村旅游业“信用+大数据+基层治理”新模式，在原有视频监控系统、车流量监测系统、人流量监测系统的基础上，开发了乡村智慧管理服务平台，实现了服务管理的智能化。水口乡乡村智慧管理服务平台的框架如图 9-1 所示，包括政府管理服务后台（PC 端）、第三方服务后台（PC 端）、游客服务端（微信公众号）、乡村民宿服务端（App）和管理端（App）。

一、政府管理服务后台（PC 端）

政府管理服务后台（PC 端）的主要内容和功能包括村民农户基础信息库、乡村民宿资料档案库、积分制管理、诚信文明管理、游客党员管理系统、疫情专项系统、分销管理系统、特产电商管理系统、乡村民宿缴费系统、大数据分析、咨询投诉系统、供应链管理系统和权限角色配置等，如图 9-1 所示。政府管理服务后台（PC 端）负责数据的实时更新与管理，以保证水口乡乡村智慧管理服务平台（图 9-2）的有效顺利运行。

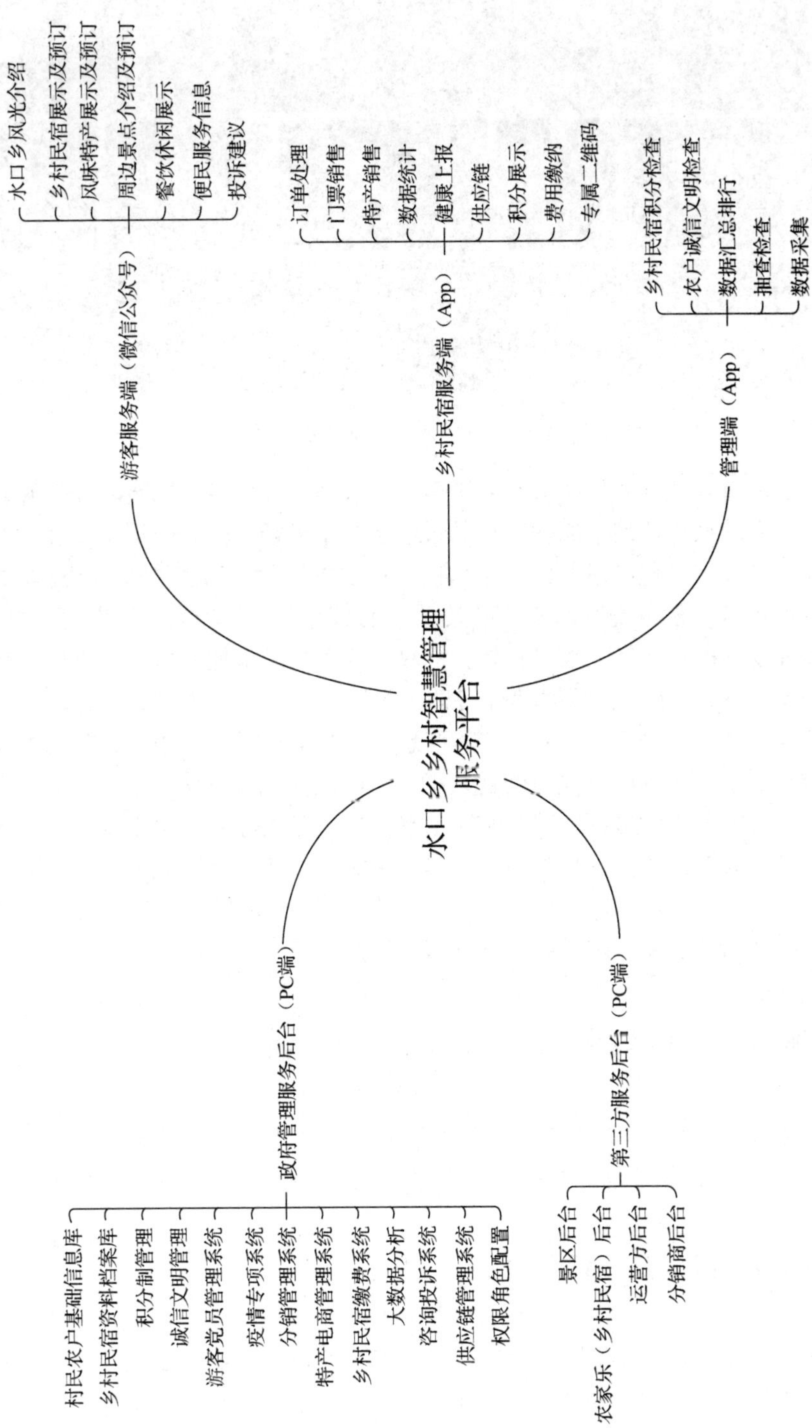

图 9-1　水口乡乡村智慧管理服务平台框架

图 9-2　水口乡乡村智慧管理服务平台

疫情期间，水口乡针对乡村民宿的复工复产、游客预订接待、风险防控等开发了一套智能化的疫情专项系统，整个流程操作通过线上（手机端 App）即可申请和预约。该系统主要功能包括：①乡村民宿业主不用出门，在线提交承诺书和员工信息表等内容，通过线上审批即可获得复工批准，便捷高效，真正实现了"最多跑一次"，且政府部门可系统化、多维度掌握各种复工数据。②获批复工的乡村民宿拥有自家二维码，转发即可让游客在线预订下单。系统会根据游客信息自动判断是否有风险，如有风险终止预订，如无风险继续执行预订。预订成功后，游客信息同步至防控指挥部相关人员，可根据内部系统比对游客轨迹，如有风险提前劝返，把风险阻隔在线上，防止了本地输入风险。游客入住后，乡村民宿业主第一时间把游客信息、每日温度等内容填报至 App，指挥部等关键部门随时掌握最新情况，帮助乡村民宿业主做好疫情防控措施，保障旅游业有序开展。③通过系统可实时获得每日预订、入住人数、逗留时间等核心经营数据，有助于相关部门研究出台相应措施，刺激旅游产业蓬勃发展。

二、第三方服务后台（PC 端）

第三方服务后台（PC 端）主要包括景区后台、农家乐（乡村民宿）后台、运营方后台和分销商后台。第三方服务后台主要负责数据维护和技术支持，保护信息安全。

三、游客服务端（微信公众号）

微信公众号"水口云管家"（图 9-3）可以为游客提供如下服务：水口乡风光介绍、乡村民宿展示及预订、风味特产展示及预订、周边景点介绍及预订、餐饮休闲展示、便民服务信息及投诉建议等。游客可以通过手机进行预订，也可以根据需要查询相关信息或进行投诉。

图 9-3　水口乡微信公众号“水口云管家”

四、乡村民宿服务端（App）

乡村民宿服务端（App）能为乡村民宿业主提供订单处理、门票销售、特产销售、数据统计、健康上报、供应链、积分展示、费用缴纳和专属二维码等一站式服务，解决他们运营过程中的很多后顾之忧。专属二维码是集游客服务和部门监管功能于一体的“长宿码”系统，每家民宿都有一个专属二维码，游客通过手机扫码即可查看民宿的营业执照、住宿价格、环境卫生、特色餐饮等信息，住宿消费后还可在线评价。监管部门则可通过系统后台开展大数据分析，实施精准监管，推动民宿提升服务水平。

五、管理端（App）

管理端（App）主要包括乡村民宿积分检查、农户诚信文明检查、数据汇总排行、抽查检查和数据采集等内容，即相关职能部门、行业协会、村委会等直接利用乡村智慧管理服务平台的管理端（App）进行日常检查、抽查、普查，并将检查内容以图片、视频、文字或语音的形式上传，确保数据及时、客观、公平。

第三节　乡域治理网格化

水口乡旅游治理全面落实“管理全覆盖、服务全覆盖”原则，改变以往专岗专职治理模式，采取网格化治理模式。网格化治理以地域网格为基础，以信息化手段为依托，以制度建设为保障，最大限度地整合基层管理服务资源，最大限度地推动社会管理服务向末端延伸，构建具有统筹性、实用性的地域网格治理体系。水口全乡一共设置了 58 个网格，其中顾渚村设置了 7 个大网格和 10 个协会片区网格。

一、网格队伍的组织结构

网格队伍由网格长、专职网格员、兼职网格员、网格指导员四类人员构成，由乡里统一审定并发文公布。水口乡设置专职网格员 8 名，并在此基础上将全乡 71 名乡干部、89 名平台工作人员、43 名村干部按管理区域统一划分，纳入兼职网格员队伍，明确和细化人员责任，实现由“粗放式”管理向“精细化”管理转变。

1. 网格长

网格长由乡镇确定人员，原则上由村（社区）主职干部担任，也可由专职网格员担任，全面负责网格内的各项工作。

2. 专职网格员

专职网格员应为生活在本区域的人员，熟悉网格具体情况，且具备计算机、智能手机操作等基本技能，有精力、有能力，具备一定的组织协调能力，党员优先考虑。原则上每个村（社区）配备 1 名以上专职网格员。专职网格员实行乡镇统一招录考核、村（社区）统一使用，由长兴县社会综合治理办公室负责指导和督查考核。

3. 兼职网格员

兼职网格员由村（社区）干部、党员骨干、村（居）民代表、村民小组长、楼道长、平安志愿者等担任。

4. 网格指导员

网格指导员由乡镇干部、职能站所工作人员担任，指导、帮助、协调专/兼职网格员做好网格工作。

二、网格成员的工作职责

水口乡将乡村民宿与全体农户全部纳入网格管理，分片包干，落实到人，形成管理主体和管理对象“一对多”和“多对一”的双重模式。网格团队成员通过“治惠掌心”App 把信息输入智慧管理系统，对管理服务过程进行实时记录，使得日常管理服务行为有迹可查、服务对象整改提升前后可比，既能加强对乡村民宿、农户的管理服务工作，又能以大数据为支撑提升乡村治理的现代化水平。

专职网格员需协助做好网格管理区域内的各项工作——发挥基础信息收集员、矛盾纠纷化解员、安全隐患排查员、流动人口协管员、重点人群帮扶员、社会治安巡防员、民生服务代办员、法律政策宣传员、社情民意联络员、城市管理协助员等功能，其具体职责如下：

1）综合采集“人、地、事、物、组织”等基础信息，着重摸排和掌握重点人员、重要场所、重大隐患等动态信息。

2）协助做好各类矛盾纠纷排查，协助处置和化解一般矛盾纠纷。

3）协助做好公共安全隐患排查处置工作，及时上报反馈重大安全隐患。

4）做好流动人口信息采集、服务管理等工作。

5）做好刑满释放人员、社区矫正人员、易肇事肇祸精神病人员、吸毒人员、重点青少年、信访人员、关爱人员等重点人群的走访和帮扶教育工作。

6）协助做好巡逻检查，发现治安问题及时上报。

7）协助做好劳动保障、困难救助等民生服务工作，及时上报反馈相关群众诉求。

8）协助做好党的方针、政策和有关法律法规的教育宣传工作。

9）了解掌握网格群众关心关注的热点焦点问题，上报反馈群众的意见建议。

10）协助排查报送环境卫生、村容村貌等小城镇建设管理问题。

11）完成党委政府交办的其他任务。

本章启示

一、理论知识链接

1. 数字乡村

2019 年 5 月，中共中央办公厅、国务院办公厅印发了《数字乡村发展战略纲要》（简称《纲要》）。《纲要》指出“数字乡村是伴随网络化、信息化和数字化在农业农村经济社会发展中的应用，以及农民现代信息技能的提高而内生的农业农村现代化发展和转型进程，既是乡村振兴的战略方向，也是建设数字中国的重要内容”[①]。2020 年 5 月，多部门联合出台的《2020 年数字乡村发展工作要点》，提出了 2020 年数字乡村发展的工作目标。数字乡村是数字中国和乡村振兴发展战略的实施结合点，成为我国实现乡村振兴的战略手段和战略方向。数字乡村能把城市的公共服务资源应用到乡村，能为乡村振兴注入新动力，激发乡村地区的内生性发展。

① http://www.gov.cn/zhengce/2019-05/16/content_5392269.htm.（2022 年 4 月 11 日摘录）。

2. 智慧旅游

张凌云等[15]认为，智慧旅游是基于新一代的信息通信技术，为满足游客个性化需求，提供高品质、高满意度服务，而实现旅游资源及社会资源的共享与有效利用的系统化、集约化的管理变革。史云姬[16]认为，智慧旅游是基于新一代的通信技术，对云计算、物联网、互联网、个人移动终端，如 PDA（personal digital assistant，个人数字助理）及人工智能等技术进行的集成和综合。姚志国等[17]认为，智慧旅游是现代信息技术和旅游服务、旅游管理、旅游营销的融合，是以游客互动体验为中心，使旅游资源和旅游信息得到系统化整合和深度开发利用，并服务于公众、企业和政府的旅游信息化的新阶段。综合专家的观点，智慧旅游是现代信息通信技术与旅游业的结合，是旅游业发展的新阶段和新形式，是高度信息化的现代旅游业。

二、水口乡经验与启示

人们往往会把农村跟贫困落后联系在一起，而信息化、智能化、数字化是当下社会经济发展的趋势和需要，水口乡就走在了数字化和智慧旅游的前列。2018 年，水口乡结合乡村旅游发展需求开始探索数字化改革路径：依托集群的乡村民宿、庞大的客源群体、完整的供应链系统，结合乡村治理和乡村经营的需要，从村民、经营主体、游客、管理部门等维度出发，以诚信体系为基础，以“智慧旅游+”综合运用为核心，开发了管理、经营、销售、宣传、推广等模块，搭建了“水口乡乡村智慧管理服务平台”，服务各主体的生产生活；通过乡村智慧管理服务平台建设和数字化管理手段，有效促进各项治理可视化，实现乡村“智治”。即使是在农村，只要数字化是方便老百姓的，是为老百姓减负的，是对产业发展有推动作用的，其推广就不会有太大的阻力，如“最多跑一次”App 就受到了广大民宿业主的喜爱和支持。数字化不是口号，也不是花瓶，乡村旅游数字化治理一定要注重实用性和时效性。

2018 年，浙江省出台《浙江省数字化转型标准化建设方案》；2021 年，浙江省出台《浙江省数字化改革总体方案》，同年浙江省委省政府召开全省数字化改革大会并提出“建设数字浙江”的决策部署。2022 年，水口乡全方位开展系统应用的迭代升级，在管理、服务的基础上，以“绿色、低碳、共富”为发展理念，结合 5G 网络全覆盖，以实现系统集成、数据整合、数据流通为核心，进一步优化政务流程，优化居民、商户、游客智慧化服务，提高民生服务的效率和质量，倡导和推广低碳生活方式，促进产业结构调整和深度融合，带动全乡产业协同发展。根据未来乡村数字化模块建设标准，依托党建统领和未来邻里、文化、健康、生产、建筑、低碳、交通、服务、治理等九大场景建设，开展高水平治理，创造高品质生活，实现共同富裕。

第十章　乡村旅游背景下的水口新型集体经济

从个人角度来看，共同富裕是指家庭和个人的收入、财产以及能够享受到的公共服务等福祉的提升①。农村集体经济为乡域范围内携手共进、协同发展提供了保障，促进了整体乡民的共生、共建和共享。在社会主义发展的新时期，农村集体经济在乡村振兴战略实施过程中扮演重要角色。2017 年，党的十九大提出实施乡村振兴战略之时，就将“壮大集体经济”作为实施乡村振兴战略的重要内容。2018 年，《中共中央 国务院关于实施乡村振兴战略的意见》又进一步提出了“探索农村集体经济新的实现形式和运行机制”等政策主张。新中国成立 70 多年的农村发展实践也证明，发展农村集体经济是实现乡村振兴的有效途径[18]。

第一节　农村集体经济的内涵与发展

传统的农村集体经济在新中国成立后发挥了重要的作用，随着新时代的发展，“新型农村经济”出现。相比于传统的农村集体经济，“新型农村经济”更能实现农村资源的市场价值，更能帮助农民致富。

一、农村集体经济的内涵

《中华人民共和国宪法》（以下简称《宪法》）第八条规定：“农村集体经济组织实行家庭承包经营为基础、统分结合的双层经营体制。农村中的生产、供销、信用、消费等各种形式的合作经济，是社会主义劳动群众集体所有制经济。”2016 年 12 月发布的《中共中央 国务院关于稳步推进农村集体产权制度改革的意见》（以下简称《意见》），把农村集体经济界定为“集体成员利用集体所有的资源要素，通过合作与联合实现共同发展

① 雷明. 关于共同富裕，十九届六中全会有重要论述[EB/OL].（2021-11-12）[2021-12-09].https://m.thepaper.cn/baijiahao_15352799.

的一种经济形态，是社会主义公有制经济的重要形式"。《宪法》和《意见》都提到了集体经济和合作经济的概念，两者的区别在哪里呢？集体经济是从所有制层面来阐述的经济组织形式，而合作经济是从经济运行体制层面而言的；合作经济可以是公有制经济，也可以是私有制经济，而集体经济是公有制经济，是集体成员共同所有的，集体成员可以通过分红等多种形式享有集体经济的成果。

中共中央、国务院印发的《乡村振兴战略规划（2018—2022年）》提出了发展"新型农村集体经济"的主张，党的十九届五中全会在"全面推进乡村振兴"部分再次强调"发展新型农村集体经济"。那什么是"新型农村集体经济"呢？王德刚等[19]认为，新型农村集体经济是指在新时代农村产权改革过程中，在明晰个人资产产权和集体资产产权的基础上，将传统农村集体经济无法实现经济价值或价值增值的农村资源资本化（如农村公共区域和公共设施设备等），是通过股份合作方式享有集体所有权的一种经济发展模式。周立等[20]认为新型农村集体经济是以集体所有制为基本前提，以股份合作为主要形式，劳动者可以进行劳动、资本、土地等各生产要素联合，并以按劳分配、按生产要素分配等多种方式进行分配的一种经济组织形态。因此，从产权制度的角度看，新型集体经济产权清晰、权责明确；从要素配置和利益分配的角度看，新型集体经济以集体成员利益为主，按要素分配和按劳分配相结合；从组织形式的角度看，新型集体经济以股份制为主。

总体而言，新型农村集体经济以获取集体经济收入为主要目标，既能赋予和保障农民的财产性收入权利，又能开拓实现生态资源和人居环境价值的市场路径，使农民成为农村市场的真正主体。

二、农村集体经济的类型

按照组织形态的不同，农村集体经济可以分为内生式农村集体经济和外源式农村集体经济两种。

1. 内生式农村集体经济

内生式农村集体经济是以村集体这一主导经济组织为主体参与农村经济的形式，包括合作社或者村办企业等。合作社协助村民积极参与农村经济并获得收益，村办企业的利润归全体村民所有，可用于发放村民福利，也可用于改善当地公共环境和设施。

2. 外源式农村集体经济

外源式农村集体经济主要是指资本下乡下村过程中，外来企业或个人通过租赁、托管、合作等方式进入农村地区开发，获得乡村资源的经营权和经营性收入，当地的村民则可以获得租金和就业薪酬等。相较于内生式农村集体经济，外源式农村集体经济中村民参与程度不深，更像是乡村经济的旁观者，利益容易被边缘化。

三、从产业经济到“地租经济”

改革开放以来，我国农村集体经济发展路径的总体趋势为从产业经济向“地租经济”转化，前者村社集体直接参与经营，具有竞争性，后者村社集体不直接参与经营[21]。集体经济组织本身不能改制为公司，也是不允许破产的，因此，集体直接参与市场经营，具有很多限制性，缺乏竞争优势（与私营经济相比），也容易把农民和地方政府拖入高风险之中，造成一连串不良的后果。同时，集体的经营能力也是关键因素，集体经营能否成功高度依赖村干部的能力，但是一般情况下，村干部很难成为成功的企业家。村干部和企业家是两种不同的职业，即使村干部可以兼任集体经济的企业家，也容易产生寻租问题。地租经济中，村社集体不直接参与经营，地租是标准化的，依据市场和政府指导定价，也容易被大众监督。因此，从产业经济到“地租经济”的转化既有助于集体经济效率的提高，也有助于保障农民的权益。

第二节　新型农村集体经济的作用

非传统的农业经济，如乡村旅游、休闲农业、乡村文创、农村电商、农副产品加工业等逐渐成为农村经济体系中最活跃和最具创新力的成分，并成为新型农村集体经济模式创新探索的主要阵地。新型农村集体经济在多方面发挥了积极的作用，促进了产业的发展。

一、有助于乡村内生性发展

新型农村集体经济的大部分收入被用于提升农村的基础设施和改善相关产业的服务设施，新型农村集体经济充分整合并利用乡村内部各方面的资源，为发展各项产业提供了便利条件，活跃了农村市场，实现了产业兴旺。乡村农户在农村整体营商环境改善的情况下，可以充分利用自有资源，发挥自身优势，投入到相关产业的生产、经营及销售等市场活动中。因此，新型农村集体经济收入再投入，改善了农村当地的产业发展环境，提升了农户的生产经营能力，进而促进了整个农村的内生性发展。

二、为村级资金流提供保障

农村产业发展迅速时，国家拨付的村级运转资金一般难以满足产业发展对各项基础设施、环境设施、服务设施、小型公共物品、相关组织机构及人力资源等方面的需求。同时，乡村生态、乡风民俗的维护也需要基层组织进行统筹协调，并需要一定的资金支持，而新型农村集体经济的健康运作能够为村级运转提供持续不断的资金保障。

三、增强社区整体的凝聚力

新型农村集体经济的收益可以反哺社区，为社区建设和管理提供人力、财力、技术支撑和保障，进而增强社区的凝聚力。从利益角度来看，新型集体经济通常采用股份制形式，集体经济成员构成一个坚实的利益共同体，全体村民共结一条心促进集体经济的发展，共享集体经济收入。同时，新型集体经济组织又将大部分收益反哺社区，为成员提供多样化的社会保障。从经济收入角度看，新型农村集体经济实行股份制，集体经济的收入直接影响成员的收入，集体经济发展得越好，成员的认同度越高。

四、增强乡村有效治理

有效的乡村治理是乡村振兴的总要求之一，现代化的乡村治理需要有资金投入和财力支持，持续的财务投入完全靠国家兜底不太现实，这就需要村庄自己有较强的"造血功能"，需要有持续的收入来强化乡村治理，达到善治。新型农村集体经济组织作为乡村基层组织中的重要部分，承担着一部分发展乡村公共事业的职能，其经营性资产实行股份合作制，使得集体经济组织与其他乡村基层组织的边界、职能更加清晰，组织运行效率较高。新型农村集体经济与农民的利益联结更加紧密，提高了全体农民的集体意识，巩固了乡村治理的群众基础，有助于增强乡村的有效治理。

第三节　水口乡的新型集体经济

水口乡的民宿行业规模较大而且相对集聚，大量游客的涌入在快速推进个体经济增长的同时给相关设施带来了巨大的压力。在产业发展的过程中，景区村庄基础配套设施的完善、交通设施的维护、生态环境的保护、污水垃圾的规范化处理、亮化及绿化景观的养护、卫生保洁洒水除尘的常态化、驿站厕所的管理等，都需要大量的资金投入，如果所有的相关投入均由政府出资，则乡镇、村就会陷入无限债务危机，产业也无法实现可持续性发展。

乡村旅游是推进当地老百姓致富的有效途径，但仅靠个体经济的发展并不足以形成乡村内生发展的长效机制，因此，水口乡一直注重乡村产业的融合发展，注重个体经济和集体经济的双轮驱动。在乡村旅游业发展、转型、壮大的过程中，水口乡一直以“乡村经营”的理念来推进，通过项目招引、产业优化、品牌塑造、资源整合等途径，探索乡村旅游转型升级、村企共建、八村联建等市场化运作方式，不断使乡村个体经济和集体经济协同发展。集体经济在一定程度上解决了公共投入资金来源问题，为农村产业的可持续发展提供了强大的保障。

水口乡的新型集体经济以外源式为主，如农家乐（民宿）行业协会的管理费用、沿街商铺的租金收入等；内生式为辅，如长兴两山物业管理有限公司和长兴杏梦文化传播有限公司等（内生式集体经济企业主要提供服务性质的经营业务）。无论是外源式集体经济还是内生式集体经济，都大大地促进了当地民宿业和整体乡村旅游业的更好发展。本节根据具体运作方式的不同，将水口乡集体经济分为服务型、租赁型和经营型三种。

一、服务型集体经济

服务型集体经济主要是指为农民、农家乐（乡村民宿）经营业主及其他市场主体提供生产性服务并获取收益的一种经济形态。水口乡的服务型集体经济主要包括农家乐（民宿）行业协会会费收取、物业公司的运营与服务、农副产品合作社的建立等。

1. 农家乐（民宿）行业协会会费收取

农家乐（民宿）行业协会会费的收取是水口乡结合产业发展实际需要而开展的突破性尝试。通过明晰协会和民宿的职能和权利，将乡村民宿行业在经营过程中产生的相关费用如污水处理费、垃圾处理费等进行综合打包，以公安入住登记系统数据为准，按照住宿登记数据 5 元每人次来收取，年收入一般为 600 万元左右。会费收入取之于民、用之于民，全部用于乡村民宿行业的相关支出。这种收取会费的模式，首先，较好地解决了原来多类费用催缴容易引起业主反感的问题，确保了相关费用收取的公平性和合理性；其次，破解了困扰着乡、村两级的景区日常维护过程中的资金缺乏困局；最后，公安入住系统的普及进一步维护了社会治安秩序，提高了业主的觉悟——在利用资源开展经营致富的同时必须要承担相应的社会责任，并进一步增强了业主的主人翁意识和责任感。

2. 物业公司的运营与服务

应民宿经济发展需要，水口乡各村成立了物业公司，主要服务内容包括：负责村庄的垃圾清运、环境保洁、洒水降尘等工作；为民宿经营户提供有偿服务，如油烟净化系统清洗、污水处理池的清理等；为民宿经营户提供标准化的餐饮住宿用品，如套装餐具、洗漱用品、床上用品等。

随着生态环境保护标准的提高，政府对经营业主规范化经营的要求也越来越高。按照长兴县对乡村民宿经营活动的监管要求，所有民宿必须要有标准化污水处理池、油烟净化系统等设施，接待住宿游客需要保证床上用品一客一换。以乡村民宿的污水处理池清理为例，一般乡村民宿的化粪池和隔油池一个季度需要清理一次，规模大、生意好的基本上一个月左右就必须清理一次，否则就会引起处理池堵塞。以往经营户自己在市场上寻找清洁公司，不但时间上无法控制（不能及时到位）、清洗质量无法保证，而且收费还不统一、价格较高，清理一次为 1000～1600 元不等。顾渚村成立物业公司开展相关服务工作后，将污水池清理费用降至每次 600 元，既解决了服务标准不统一的问题，为经营户降低了日常经营成本，又壮大了集体经济。

3. 农副产品合作社的建立

水口乡旅游业的发展大大带动了当地农业的发展，各类农副产品成了抢手的旅游商品。专业合作社的成立，实现了种植技术共享，带动了产业发展。它带领农户开展种植品种改良，为农副产品提供统一品牌、统一包装、统一营销，提高了农副产品附加值。

水口乡除了乡村旅游外，其农业产业也比较突出，拥有紫笋茶基地、苗木基地、毛竹林基地、杨梅基地等。没有发展乡村旅游的村庄，按照“一村一品”的原则，充分利用地域优势发展特色农业产业。例如，徽州庄村利用其丘陵地带的地质优势，发展以苗木、茶叶和杨梅产业为主的特色农业；徐旺村和后坟村利用平原特色，大力发展葡萄产业和芦笋产业。徽州庄村成立了两家杨梅专业合作社，带动了 76 家农户 1300 多亩杨梅的销售，实现农民增收 200 多万元；成立茶叶合作社 1 家，联动茶企，带动附近农户种植茶园 3000 多亩，助力农民增收 300 多万元。

二、租赁型集体经济

租赁型集体经济主要是指集体把其所有的房屋、店面等出租给其他市场主体获得租金收入的经济形态。租赁型集体经济不直接面对经营风险，租金收益稳定且风险较小，更能实现集体资产的保值增值。其他市场主体租入集体资源性、经营性资产在当地开展经营活动，能够发挥带动就业等其他经济效益和社会效益。

1. 旅游商品市场

“旅游兴则商贸兴”，随着乡村旅游的快速发展，到水口乡的游客越来越多。游客浓厚的乡土情结促进了农产品零售业的兴起，水口乡农副产品市场从诞生到发展成熟经历了以下几个阶段。

（1）“流动的农副产品”

乡村旅游的发展带动了水口乡当地农副产品的销售，其农副产品生产逐步从自给自足向有意识销售转变。很多没有直接从事乡村民宿经营的农户发现了市场商机，他们在马路边、家门口通过挎篮子、挑担子、三轮车等方式设立流动小摊售卖农副产品。

（2）简易的固定摊位经营

2005年，为壮大村级集体经济，也为解决各类商贩的规范管理问题，水口乡在核心区顾渚村利用原小学边上的空地建设了简易的农贸市场，占地6亩左右，可容纳近60个固定摊位。至此，道路沿线的流动摊位都集中到了农贸市场，村容村貌得到了改善，市场经营秩序也得到了维护。村委会对农贸市场内的摊位收取管理服务费，年收入约30万元。

（3）乡贤合作的旅游商品市场

2007年，水口乡的旅游业已达到相当规模，农贸市场已经容纳不下沿线的流动摊位了，迫切需要进行扩建。村委会因集体经济收入单一，无力独自开发新市场，故引进乡贤经济与其开展合作，组建长兴顾渚九龙脉旅游开发有限公司，以村委会出地、乡贤方出资的方式合作开发旅游商品市场。旅游商品市场共占地10余亩，设固定摊位90余个，由此，顾渚村开始拥有两个农副产品市场——农贸市场和旅游商品市场。两个市场开展差异性定位，农贸市场以初级生鲜类农产品为主，旅游商品市场以二次加工类、干货类、工艺品类农副产品为主，每年可给集体经济增加60余万元收入。图10-1是农贸市场和旅游商品市场全景照。

图10-1　农贸市场和旅游商品市场全景照

2. 小型综合体项目

（1）太湖之滨农耕文化园项目

2013年，水口乡已有384家乡村民宿，游客量也突破了180万人次，传统的彩钢瓦搭建的农贸市场和简单的旅游商品市场无论从规模还是形象上都已经和乡村旅游转型升级的发展需求格格不入。太湖之滨农耕文化园项目的引入对完善景区配套、改善景区形象、规范景区管理、壮大集体经济等起到了极大的推动作用。总面积112亩的太湖之滨农耕文化园项目总投资 2.2 亿元，共分三期建设，一期的大型停车场与游客中心配套；二期为综合型店铺市场，建筑外观为仿明清建筑风格；三期为农耕文化展览展示区，其中配有农事体验区。新建的综合型店铺市场建筑面积 7878.83 平方米，总投资约 4300 万元，包括 115 间店铺和 37 个摊位，于 2017 年 3 月份正式投入使用。该市场是一个综合型市场，经营业态丰富而规范，销售水产、蔬菜、肉类、水果、豆制品、调料、卤菜、活禽等土特产和旅游商品。在项目引入过程中，村委会和项目方以资产置换方式取得其中的 21 间商铺共 1000 余平方米的产权，这些商铺的年固定租金收入不少于 70 万元。

（2）大唐不夜街项目

大唐不夜街总长 700 米，是连接农贸市场、旅游商品市场与唐潮十二坊旅游综合体的交通要道，路上人群熙熙攘攘、热闹非凡。但由于大唐不夜街是由原村道逐步扩建而来的，周边农户的辅房基本上都紧挨马路，短短 700 余米就有 12 户 13 间辅房，而且原村委会办公楼、医务室等也均在马路旁边，再加上商贸业的发展，农户们把马路边上的辅房向马路侧开门后都变成了商铺，因而该路段人车混行，每天都是拥堵不堪，交通事故频发。

2020 年，水口乡在核心区顾渚村开展龙头沿线整治提升工程——大唐不夜街项目建设。顾渚村结合大唐不夜街改造工程，借助村级阵地改造和集体经济壮大项目建设契机，共投入 3000 余万元，完成了 1200 平方米的村委会办公楼、2000 平方米的文化大礼堂建设（迁建），完成了 12 幢近 4000 平方米、63 间的村集体商铺建设（图 10-2），新增停车场 3 处 3500 平方米、170 余个车位，通过多功能文化礼堂出租、商铺出租、停车费收取等多渠道实现了集体经济大提升，相关项目的建设每年可增加村集体经济收入 300 余万元，而且新建的村集体资产估值已经超过 1.5 亿元。

图 10-2　村集体商铺

3. 精品民宿区

徽州庄村也是水口乡旅游发展区域，在顾渚村的带动下，其乡村旅游与集体经济都取得了较大的成绩。2019 年，徽州庄村村集体通过盘活村级老小学校址、废弃工厂厂房等约 13 亩土地用于一期精品民宿建设，投入资金 3000 万元，建设了约 6500 平方米的精品民宿，目前该资产的估值已超过 4500 万元①。2021 年，村集体通过土地和资产整体打包入股的方式与国有企业合作联营，一期精品民宿顺利营业，村级集体经济收入得到了保障，同时带动了周边十余户农家乐提升改造，发展精品民宿，辐射带动了更多村级产业，盘活了更多的闲置资源。

三、经营型集体经济

经营型集体经济是指集体经济组织立足本地优势和资源禀赋，独立开展经营活动的一种经济形态。在乡村一二三产业加快融合发展的背景下，经营型集体经济的业务范围不再局限于种植业、畜牧业等传统农业，而是拓展到休闲观光农业、乡村旅游等新产业、新业态。

1. 长兴杳梦文化传播有限公司的成立

根据共同富裕和村级集体经济平衡性发展需要，水口乡 8 个行政村的经济合作社联合出资，于 2018 年 7 月 6 日成立了长兴杳梦文化传播有限公司，注册地址为浙江省湖州市长兴县水口乡顾渚村，下设长兴画溪谷文化发展有限公司和长兴京兴旅行社有限公司两家子公司，运营文旅驿站、乡村书房和户外营地等新业态，拥有“水口草市”“印象水口”等一系列水口当地的注册品牌和一项数字化改革发明专利。

2. 长兴杳梦文化传播有限公司的主要经营业务

长兴杳梦文化传播有限公司与景区综合管理办公室合署办公，主要依托公共配套、乡村旅游客流等相关资源，聘请职业经理人负责开展景区经营和服务活动，经营业务范围较广，主要涉及考察团队接待讲解、景区公共服务设施运营、景区新业态开发、旅游商品开发与营销、组团游客（居民）出游、景区营销推广等非重资产投入业务，年营业额在 2000 万元左右。在不同的发展阶段和不同的季节、时期，公司的经营业务范围和活动重点会根据市场的实际变化和需要进行调整。

（1）考察团队接待讲解

水口乡每年都要接待来自全国各地的考察、学习、参观团队，总人数达到 3 万余人。

① 相关数据由水口乡人民政府提供。

公司成立前，大量的考察团来水口乡学习让基层政府工作人员不堪重负，接待工作占据了绝大部分的工作时间，影响了其他方面工作的开展。公司成立后，乡政府对公司工作人员开展系统性培训，并把日常接待任务交由公司讲解员负责，为政府相关工作人员腾出了更多的工作时间和精力统筹规划全乡旅游产业的发展。

（2）景区公共服务设施运营

在美丽乡村建设的大背景下，很多乡村都建设了游客中心、文化礼堂、文旅驿站、红色驿站、新时代文明实践站（点）、社会工作站等系列公共配套设施，但一个共性的问题产生了：公共设施建设完成后谁来长效管理和运营？多数乡村因为缺乏专业人员和专项资金，导致很多公共空间在建设装修完成后便处于闭门状态，只是在上级领导或部门检查时才临时性开放，背离了项目建设的初衷。公司结合考察团的线路安排，将相关公共配套资源如文旅驿站、游客中心、乡村书房等都进行了很好的日常管理和运营，而且将所有公共设施与游客咨询服务点进行结合，保证了相关公共空间的正常开放和公共设施的正常使用、管理和维护。这些设施同时也服务本地居民和水口乡的散客。

（3）景区新业态开发

结合景区客源群体中老年游客相对居多、景区内部公交系统不太完善、新业态相对缺乏等实际情况，公司与第三方工商资本合作，开展景区共享电动车、共享充电桩、无人售货系统、户外营地等项目建设，不仅为公司创收盈利，还充实了业态，补齐了景区的短板。

（4）旅游商品开发与营销

结合水口乡农副产品市场需求旺盛但缺乏品牌、包装简陋的情况，公司在深挖水口乡当地文化特色的基础上，牵头开展景区 IP 建设，注册“水口草市”“印象水口”等品牌，开展景区旅游商品的深度开发和营销等；将乡村民宿智慧旅游积分管理系统申请国家专利，为产业提质增效助力。

（5）组团游客（居民）出游

结合水口乡旅游景点不足但游客逗留时间较长、对景区游玩具有较大需求的实际情况，公司联合行业协会充分发挥子公司京兴旅行社的作用，与周边 1.5 小时车程内的景区景点进行战略合作，形成了“吃住在水口、游玩在周边”的旅游模式；同时，在旅游淡季时，公司也会组织当地居民外出旅游。组团游客（居民）出游不仅解决了景区内旅游业态不够丰富的问题，而且满足了旅游淡季时当地居民对旅游的需求，拉动了周边的旅游经济。

（6）景区营销推广

公司还负责水口乡景区的系列营销推广活动：配合协助当地政府参加各地的旅游推介会，联络苏浙沪的大型社区组织乡村民宿业主开展产品推荐，组织农副产品进社区，承办水口乡的各类文化节庆和农事节庆活动等。

本章启示

一、理论知识链接

集体经济是生产资料归一部分劳动者共同所有的一种所有制经济，是我国公有制经济的重要组成部分，亦称集体所有制经济。集体经济的本质是一种合作型经济，包括劳动联合、资本联合、劳动和资本联合三种。根据 2016 年 12 月出台的《中共中央 国务院关于稳步推进农村集体产权制度改革的意见》，农村集体经济为“集体成员利用集体所有的资源要素，通过合作与联合实现共同发展的一种经济形态”。我国的集体经济是指生产资料属于劳动群众集体所有，实行共同劳动并进行按劳分配的社会主义经济组织形式。

我国的集体经济分为农村集体经济和城镇集体经济。农村集体经济实行乡镇、行政村、村民小组的三级所有制度，是我国农村经济的重要组成部分，是实现乡村振兴战略的重要途径，在推动和完善乡村治理过程中发挥着重要作用。

二、水口乡经验与启示

因乡村旅游行业的特殊性，投入与产出协调问题、个体经济与集体经济协同问题是所有发展乡村旅游地区都会面临的不可回避的共性问题，高投入、长投入但回报周期长、见效慢，富了个体、穷了集体的现象也是制约乡村旅游发展的重要因素。很多乡镇、行政村因受制于资金问题——其基础配套设施建设、村庄环境整治、卫生保洁、污水处理、绿化养护、活动组织、产业引领、日常管理等均需要大量的可持续的投入，即便前期能争取到上级项目和资金支持，后期维护、保养等的压力仍然很大，给后续发展带来了困扰和阻力。例如，大部分发展乡村旅游的地区或村庄都建有游客中心、文化礼堂、文旅驿站、红色驿站、旅游厕所等服务场所，但常常因缺乏资金而导致管理不善或无人管理，服务功能丧失，沦为摆设。一直以来，个体经济与集体经济的协调和壮大是水口乡践行共同富裕过程中高度关注的问题。

“输血性”建设对解决乡村旅游地初期发展问题比较有效，但属于短期性行为，其长期可持续性发展需要立足当地的产业特色，紧紧抓住核心要素，谋求内生性生长。水口乡在推进个体经济和集体经济“两手抓”的过程中，始终坚持两个原则——“坚决不触碰村民群众的既得利益”和“非必要不做固定资产重大投资”，而是通过借助旅游资源、整合旅游资源、开展完善产业配套、增加业态功能、提供相关服务、借助第三方资本等方式来破解集体经济发展的难题，乡、村两级在推进集体经济发展过程中坚决地避开了高风险项目和集体经济的高负债率陷阱。

集体经济能为个体经济发展奠定坚实的基础、提供坚强的保障。要实现集体经济和个体经济的协同发展，需要政府和本地居民对当地发展具有高度的认同感和奉献精神：当地基层政府要有统揽全局发展的理念和勇于尝试突破的勇气，基层工作人员要具备极强的执行力、敏锐的市场洞察力和有效的资源整合力；当地居民要积极配合并参与相关工作，不拘泥于自己的蝇头小利，不斤斤计较，积极投入到乡村产业发展的大潮中。

第十一章　水口乡妇女在乡村旅游发展中的就业与作用

水口乡的乡村旅游发展以村民普遍参与的民宿经济为特色，因为当地妇女在民宿业中发挥的重要作用，大家诙谐地称当地的旅游经济为“老板娘经济”。

第一节　妇女乡村旅游从业现状

在水口乡近600家农家乐（乡村民宿）中，60%以上经营户登记的法人是女性，80%以上的民宿由妇女主导运营，乡村妇女在民宿业中担任的角色举足轻重，归纳一下主要有民宿创业者、民宿运营人、民宿助力者、受雇劳动力、志愿服务者、特产供应者等。

一、民宿创业者

民宿创业者一般是具有一定见识和文化的中青年妇女，她们有的有外出务工的经历，有的创业之前本身就在公司或企业拥有一份稳定的工作。民宿创业妇女的特点是对城市生活有比较多的了解，也知道大多数来自城市游客的需求，她们具有经营、管理、服务、审美等方面的知识和技能，且具备一定的经济实力作为创业资本。

二、民宿运营人

一些民宿虽然营业执照上的法人不是农家女主人，最初的创业准备也是以男主人为主导，但是在后期民宿接待运营过程中，妇女却发挥了越来越重要的作用，民宿接待运营事务逐步以家庭女主人为主。究其原因主要有以下几方面：女性在服务接待工作方面更体贴细心；待客方面，女性更为谦逊，更能以游客为中心考虑问题和为人处世；女性更善于沟通、善于表达，更心细、柔软、敏感，更能读懂客人的心思和需求；民宿接待相关的工作与家务有一定的相似性，如整理床铺、厨房事务等，这正是女性劳动力所擅长的。

三、民宿助力者

水口乡旅游发展核心区域80%以上的农户从事乡村旅游，少数妇女劳动力因为学历见识方面的局限，在经营、管理及营销等方面并不擅长，民宿经营方面以男主人为主。但是，女性劳动力是民宿经营的得力助手，收拾房间、准备菜品、清理厨房等都是她们擅长的。在女性劳动力全方位的协助辅助下，民宿生意得以兴隆。

四、受雇劳动力

乡村生态因季节而变化，再加上国家法定假日的周期性，乡村旅游因此具有比较强的季节性。对一些规模较小的乡村民宿而言，淡季时家庭自有劳动力足以完成游客的接待和饮食事务，但是旺季时则劳动力远远不够，需要雇用临时务工人员。有些规模较大的乡村民宿，客源等相对稳定，民宿业主主要负责经营管理业务，服务接待等具体工作则由长期雇用的劳动力完成。这些受雇的劳动力绝大多数是来自水口乡旅游非核心区或者临近乡镇的农村妇女，主要负责打扫卫生、厨房工作等。由于乡村旅游的蓬勃发展，水口乡的劳动力薪资也达到了较高的水平，大大增加了附近村民的收入。

五、志愿服务者

水口乡旅游发展实现了高度自治，村民参与程度较高，妇女也是非常积极的志愿服务者，志愿者组织“半边天”调解服务队就是由村里的女性民宿业主自发自愿组织而成立的。作为调解员，女性更细心、耐心、周到，更能察觉矛盾纠纷中双方的诉求，进而进行有效调解；作为民宿业主，女性更能找出游客与业主矛盾纠纷的根源，从而更好、更快地解决民宿经营过程中出现的问题。“半边天”调解服务队的女性调解员更具亲和力、沟通力，更有耐心，也更能解决乡村旅游发展过程中出现的小事、琐事。

六、特产供应者

水口乡旅游业的蓬勃发展为很多当地的农副产品提供了销路，水口乡的农贸市场、各家民宿都成了农副产品的有形市场。少部分未从事乡村旅游业的农村妇女在家务农。

这部分劳动力由于各方面原因，未能外出务工或者经营民宿，她们扎根山林和田地，为到达水口乡的游客提供茶叶、竹笋、各类水果、鸡鸭鱼肉等农副产品和旅游商品。

第二节 妇女乡村旅游从业优势

旅游业属于第三产业，具有劳动密集型、资本对劳动力的替代性低等特点。妇女在家庭中的作用特殊，在孩子的家庭教育和整个家庭的照料方面不可或缺，农村妇女就地非农转移至乡村旅游就业或者兼业于乡村旅游可以兼顾家庭与工作。妇女的个性特征和劳动力特点也与旅游业的工作内容及特性吻合。某种程度上可以认为，乡村旅游业和农村妇女劳动力是一对天然的“搭档”。

一、乡村旅游就业特点

1. 地域性

“要鼓励有条件的地区发展乡村旅游”，这意味着乡村旅游具有一定的资源依赖性，乡村旅游资源又具有地域限制。乡村旅游发展的地域性导致其行业从业者具有地域性。水口乡旅游最初起源于顾渚山脚，后来慢慢扩大发展区域，但顾渚村、金山村、水口村仍是其核心发展区域，绝大多数乡村民宿集中在这里。

2. 分散性

水口乡旅游发展以家庭民宿经营为特色，民宿经营者、家庭劳动力和雇佣劳动力分散于各个民宿中。多数民宿经营规模虽然较小，分布零散，但是从业者以当地农民为主，农民参与度高，增收明显。乡村旅游劳动力以民宿经营户为单位从业，具有分散性特点。

3. 周期性

乡村生态景观因四季而变化，农副产品随着时令的变化，其丰富程度在各个阶段也非常不同，不少乡村游客因工作原因会集中在周末和法定假日出游，因此乡村旅游周期性明显，淡旺季突出。乡村旅游的就业也体现出很强的周期性：旺季时，劳动力主要从事旅游接待方面的工作，淡季时则主要忙碌于农事劳动等。乡村旅游业适时利用了农村劳动力的剩余时间，大大促进了农业劳动力的充分就业。

4. 灵活性

乡村旅游从业人员大多数属于灵活就业人员，就业时间随游客量的变化而变化，就业方式灵活多样，有的是自我雇佣方式，有的是长期雇佣人员，有的则是旺季时请帮工人员。形式上，有的已从农业转移到旅游业全职就业，有的则是兼业，旅游从业时间根据具体情况进行合理安排，具有高度的灵活性，同时也兼具临时性和多样性。

5. 劳动密集性

旅游业对资金的需求量相对较少、对劳动力的需求量较大，属于劳动密集型产业。乡村民宿产业更是以业主的殷勤好客、独特服务为特色，劳动力的接待服务工作暂时无法被机器所替代，就业吸纳作用明显。因此，乡村旅游就业具有劳动密集性特点。

6. 全员性

乡村旅游业尤其是乡村民宿旅游业的就业门槛较低、参与面广，当地规模化发展后更是具有全员参与的特点。乡村旅游业和农业能够相互促进、互动发展。农业劳作具有一定的季节性，且农户的承包地也不足以实现农村劳动力充分就业，他们具有相当多剩余劳动时间，乡村旅游的发展恰好吸纳了农村劳动力的这部分时间。农民们以各种方式从业于乡村民宿旅游业：水口乡旅游核心区80%以上的农户经营旅游接待业务，经营农户的全体劳动力分工合作完成接待服务工作；未经营民宿的劳动力也会受雇于他人，从事乡村旅游业。

二、乡村旅游促进女性就地非农转移就业

众所周知，失业率是评价一个国家或者地区就业状况的主要指标。我国目前主要使用的城镇登记失业率概念，是指报告期末城镇登记失业人数占期末城镇从业人员总数与期末实有登记失业人数之和的比重。言外之意，我国农村劳动力并未被包括在城镇登记失业率之内，农民只要有承包地就很少会被考虑失业问题。

农村劳动力就业不足是现实存在的，向城镇转移农民工就是解决农村劳动力非充分就业的有效途径，但是城镇非农转移就业也引起了一系列的问题。有人戏称现在农村最真实的写照是“386199”部队，男性中青年劳动力转移到城镇就业，“38”留守部队在农村既要承担家庭的重担，照顾“99”部队和“61”部队，还要从事农业劳动。也有不少农村女性外出打工，这样更严重的农村社会问题便会产生，如“空巢老人+小孩”现象、家庭教育严重缺失等，给孩子成长造成极大的心理阴影和心理问题。

乡村旅游业是农村地区的非农产业，相对而言，劳动回报率比农业高，产业落脚点是农村妇女农业生产和日常生活的当地，不会影响农村妇女承担家庭照料的重担，同时，乡村旅游业的就业门槛较低、就业方式灵活，对农村妇女劳动力具有极大的吸引力。有条件的地区发展乡村旅游业，能够大大促进农村妇女劳动力的就地非农转移就业，促进其充分就业，提高其收入。

三、乡村旅游业中当地妇女的就业优势

乡村旅游业和农村妇女劳动力就是天生的一对好“搭档”。乡村旅游业的发展特点、就业内容、从业特点等与农村妇女劳动力的特点、特长、就业需求等相契合，农村妇女劳动力在乡村旅游就业方面具有相对优势，两者互动发展，相互促进。

1. 传承当地风俗文化

乡村旅游地的妇女劳动力，长期生活在当地乡村，熟知当地乡村的民风民俗，对当地的文化习惯具有一定的继承作用，由她们提供的乡村旅游产品更富有乡村气息。城市游客购买乡村旅游产品既希望能够获得较高等级的标准化服务，又希望能够体验喧嚣的城市所不具有的乡村特性，当地妇女就业于乡村旅游，能够促进乡村旅游业的可持续发展。

2. 善于沟通交流

相关研究发现，女性要比男性善于沟通。女性心思细腻，能够洞察对方的心理；女性在社交场合使用语言的能力要比男性强，更会使用礼节礼貌性语言；女性更会赞扬他人，在称赞别人时，语言更加具体，听起来更加真诚。游客要来水口乡，都是直接联系熟悉的、关系较好的民宿业主，然后由民宿业主帮忙处理好交通等后续事宜。因此，沟通交流在水口乡民宿经营中显得特别重要，妇女在其中发挥了非常重要的作用。所以，大家诙谐地称水口乡旅游经济为“老板娘经济”。

3. 擅长服务接待

妇女劳动力虽然在体力上不如男性，但在工作过程中具有做工细腻、思维缜密、善解人意、细心耐心等特点，因此对于一般农村家庭而言，男性主要负责农业上的体力活，女性除了在农活上起到辅助作用外，在家庭照料、子女教育中起到主要作用。乡村民宿接待主要涉及餐饮、住宿、休闲等方面的服务工作，工作内容与家庭照料类似，是农村妇女劳动力所擅长的，她们只要在服务技能和标准方面通过培训加以提升，就完全可以成为合格甚至优秀的旅游工作人员。

4. 避免异地转移所引起的高成本

农村劳动力城镇务工必须承担高额的交通、住宿、饮食等费用成本，还必须承受子女教育、社会保障等各方面的压力。更重要的是，农民工在城市打工很难融入城市居民群体，心理压力较大，同时又存在农村田地荒芜、老人小孩无人照顾等问题。虽然，劳动力从农村向城市转移在一定程度上有助于缓解城市用工不足和农村劳动力剩余等问题，但同时也引起了一系列的社会问题。在避免异地转移高成本的情况下，乡村旅游既

使农村劳动力实现了本地非农转移就业，解决了劳动力富余问题，又使其兼顾到了家庭和农业，有助于农村地区的可持续发展。

5. 乐意并能够灵活就业

由于可以兼顾旅游接待服务工作和家庭事务料理，既能充分利用剩余劳动时间，又能照看家庭的老人和孩子、适时参与农事劳动，绝大多数农村妇女非常乐意从事与乡村旅游相关的工作。她们中有的以农业劳动为主，以乡村旅游接待工作为辅；有的则以乡村旅游就业为主，旅游业劳动和营业收入远远超过务农收入。另外，乡村旅游就业在就业时间、就业形式上也灵活多样，充分满足了农村妇女的个性化就业需求。

第三节　妇女在乡村旅游发展中的地位

水口乡的旅游经济被大家戏称为“老板娘经济”，游客们想要到水口乡住宿一般首先联系熟悉的老板娘，由她们安排后续的接送、住宿等事宜。老板娘不仅在家庭中地位和作用不可或缺，在民宿经营过程中更是体现出男性劳动力所不及的特长和能力。

一、家庭地位

1. 稳定家庭的保障者

农村妇女从业于乡村民宿，实现了就地非农转移就业，既能赚得较为可观的旅游收入，又能照顾家庭、教育子女，维护良好的夫妻关系和亲子关系，营造并保持和谐的家庭氛围。乡村旅游业的发展促进了妇女劳动力就近就业，有利于农村妇女家庭作用的发挥，在很大程度上保障了家庭的稳定性。

2. 子女教育的主要承担者

孩子的成长与母亲的影响和教育是分不开的。父母，尤其是母亲如果不在孩子的身边，孩子会没有安全感，容易形成孤僻或者暴躁的性格。母亲因为感情细腻、善于沟通交流而对孩子性格的养成、人生观和世界观的培养作用巨大，母亲是孩子最早最好的老师。在家庭中，母亲一般是子女教育的主要承担者，对孩子的品性、情感、毅力等方面有着不可估量的作用。乡村旅游的发展，使得农村妇女劳动力能够就地实现非农转移就业，避免了去城镇就业造成的留守儿童等社会问题，有助于家庭教育发挥更好的作用，有助于农村孩子的健康成长。

3. 家庭情感的主要呵护者

家庭是人情感的港湾，家庭成员在外面受到委屈时总能得到家人的呵护和庇佑，温馨和谐的家庭氛围是家庭成员身体和心理健康发展所不可或缺的。妇女感情细腻、亲和力强，能够成为家庭中丈夫和孩子的支柱，为他们分忧解乏。乡村旅游从业妇女承担着双重角色和重任——既是家庭情感的主要呵护者，又是乡村游客的解忧者，她们乐于倾听游客的心声，善于帮助游客解决各种困难。

二、经济地位

在水口乡乡村旅游发展过程中，妇女的作用已经不是“半边天”，而是“大半边天”了，她们在推动乡村旅游发展的过程中地位举足轻重，担任着产品营销员、“带货达人”、游客依赖者、民宿经营者、财富创造者和财富管理者等多种角色。

1. 产品营销员

乡村民宿老板娘的微信好友大都已经超过 1000 人，有的甚至超过 5000 人，这里面很大一部分是曾经到民宿住过的客人或者是由住店客人微信推荐的潜在游客，其朋友圈成为很好的产品展示通道。同时，乡村民宿老板娘还是抖音等短视频平台的活跃者，对新型传媒工具和平台运用相当熟练，有助于产品信息的发布和传播。

2. 带货达人

水口乡的土鸡、土鸭、草鸡蛋、咸肉、水果等农副产品都非常受游客的欢迎，他们在农家吃了还不够，还要往回带。以前线下“带货”比较多，2020 年，突如其来的疫情给当地的旅游业带来了巨大的打击，民宿经营者动辄上万元的过年囤货成了积压。一些善于经营与沟通的妇女业主们灵机一动，化危机为商机，摇身一变成了线上“带货达人”，每月的订单多达几百单，营业额从几万到十几万元不等。

3. 游客依赖者

水口乡民宿业主和游客的关系非常特殊，他们之间不仅仅是单纯的商品买卖关系，亲情经济下，妇女业主是住宿游客的依赖者，他们在游客面前承担着保姆、管家、伙伴、知己、亲人等各种角色。游客购买农特产品，民宿业主的意见是最有用的信息；游客外出游玩，民宿业主会提供非常有用的景点信息和交通信息……

4. 民宿经营者

水口乡很多民宿的实际经营者都是农户家庭的女主人。妇女擅长沟通、处事缜密，她们对外联系业务，招揽住宿客人，帮助销售农副产品；对内妥当安排住店客人的饮食起居及娱乐活动，并负责联系物业公司、提供保洁服务等。

5. 财富创造者

妇女在乡村旅游业就业后收入大大提高。一些受雇就业的妇女，非农就业收入大大高于原务农收入，而且兼业乡村旅游对原有的农业收入影响不大；民宿经营妇女更是财富的创造者，她们可以同时获取劳动收入和经营收入。

6. 财富管理者

不少家庭中，妇女是财富的管理者。在乡村民宿中，妇女经营者往往兼任前台一职，负责客人的登记入住和结账离店，进而有效管理民宿的营业收入。在经营过程中，妇女经营者往往还负责民宿的各项日常开支及投资投入等。

三、社会地位

在水口乡旅游发展过程中，妇女对当地旅游业认同度高，不仅积极创业就业，而且积极参与政务，踊跃参与各类志愿者组织和社会活动，努力助力社区公益事业发展，促进乡村旅游业发展。

1. 参与政务做好服务

水口乡的妇女，尤其是民宿业主，积极发表意见和观点，参与当地乡村旅游业的规划与发展，有的还是长兴县人民代表大会代表。作为县人大代表，她们认真倾听群众心声，为群众发声，并做好群众服务工作，实实在在发扬了巾帼精神。

2. 参与各类志愿者组织

水口乡有专门的妇女公益组织——“半边天”调解服务队，团队成员都是来自附近的妇女民宿业主。因为精通民宿事务、熟知游客需求，又细心耐心、擅长沟通交流等，她们调解矛盾的成功率高，解决问题的速度快。妇女还积极参与其他的志愿者组织，为游客排忧解难，为乡村旅游发展贡献自己的力量。

3. 协助当地农副产品销售

乡村旅游带动了当地农副产品的产业化发展，农副特产合作社及相应的销售负责人都有一张民宿业主的“大网络”，一旦产品上市就会立即联系并告知民宿业主。民宿业主，尤其是女性业主都有庞大的朋友圈，还有备受关注的视频号、抖音号，对农副产品的销售帮助很大。同时，住家客人也需要大量的农副产品带回家去消费或者送人，每家民宿都是潜力巨大的销售单元，众多的销售单元铸就了较为广大的农副产品销售市场。

4. 参与各类民宿评选活动

妇女业主对民宿评奖评优关注度高，积极参与评星评奖，如五星级民宿的评选活动、“特别贡献奖”“巾帼民宿”评选等。参与评选活动，既开阔了妇女业主的眼界和知识面，也使自己经营的民宿不断得到肯定，促进了自家民宿品质的提升。

第四节 巾帼民宿案例

一、“双秀迎宾”之紫茗山庄

紫茗山庄（紫茗阁）位于长兴县水口乡顾渚村龙头自然村。这里天空晴朗湛蓝，天幕高远澄澈，白云细碎洁净。沿着乡村道路，两边遍布着诸多的农家乐（乡村民宿），环境优雅，依山傍水，空气新鲜，树木茂盛，大自然的清新质朴与独特的乡风民情相得益彰，令人陶醉不已。进入具有农家特色的紫茗山庄，竹林庭院、木制桌椅、池塘、棋牌室、游泳池等各种设施齐全完善，如图 11-1 所示。取名“紫茗山庄”是因顾渚紫笋贡茶。紫茗山庄向人们展现了顾渚的茶文化，茶文化也是紫茗山庄的一张名片。

图 11-1 紫茗山庄

紫茗山庄的创建并不简单，女主人徐丹在提供创意、构建管理体系、维护山庄日常运转等方面都起到了重要作用。在经营民宿前，徐丹曾从事化妆品产品开发8年，先后任职业内3家知名企业，历任新品开发部长、产品开发中心经理等职。工业化、城市化，让生活变得匆忙，越来越多曾经的想法、熟悉的东西渐行渐远，但学生时代就已埋下的创业梦想并未熄灭。每逢节假日返家，当目睹家乡农家乐蓬勃发展、一浪高过一浪时，她深埋于心的创业种子被彻底激活。2017年底，怀着深耕市场、转型民宿发展的美好憧憬，徐丹决定回乡创业，开始与母亲郑云芳携手创建新的紫茗山庄，一同见证了紫茗山庄的发展壮大。

老紫茗山庄的主人郑云芳原本在机关工作，但出于对农家乐行业的喜爱，退休后立马投入水口乡农家乐的大队伍之中。好强的郑云芳开始思考如何在水口乡农家乐日益兴起的大氛围下寻求发展的道路，拓展自己的事业。于是，她走上了自主创业之路。郑云芳想到水口乡得天独厚的自然环境和生态资源，觉得可以利用本地优势，在景区附近创办一家有当地特色的农家乐。她说干就干，到邻近的农家乐进行考察。“取经”回来后，郑云芳即刻投入紫茗山庄的筹建中，设计、装修、园林绿化、办理执照、购买设备等工作有条不紊地进行着。2013年，水口乡农家乐已发展到300多家，发展进入了一个全新的转折点。2014年，在水口乡积极的政策引导和市场需求的召唤下，敢闯敢干的郑云芳果断追加投资70余万元，对农家乐内部设施、外立面、庭院及各类接待设施进行改造提升，成为水口乡首批改造完成的优美民宿。在母女的共同努力下，紫茗山庄成为以依山傍水、绿荫环抱、环境优雅、独具匠心的园林建筑设计为主题，融传统风格与现代设施于一体，集住宿、餐饮、会议、娱乐等功能于一身，尤以健康养生、农事体验为特色的精品民宿。

在打造紫茗山庄之时，郑云芳认为，一家好的农家乐不仅要在吃、住、行等硬件上下功夫，更要加强与游客的沟通和交流。按照女儿的意见，她不断改进，最终使集清新怡人的自然环境、格调温馨的装修风格、独特的乡村蔬菜和野味、真挚优质的服务态度于一体的紫茗山庄赢得了游客的肯定，让游客有了家的归属感。“巾帼不让须眉”，几年的创业经历，让郑云芳从一名普通的妇女成长为一名管理者。同时在短短两年时间里，紫茗山庄先后被评为“水口乡十佳民宿”“水口乡优美庭院”“省四星级农家乐”，受到了中央电视台、浙江卫视、上海东方电视台等新闻媒体的多次采访，吸引了众多外地考察团的参观、考察、学习。

在郑云芳与徐丹的努力下，紫茗山庄抓住了政策机遇，对农家乐进行民宿化改造提升，她们成立紫茗民宿文化发展有限公司，立足当地大市场，瞄准市场新的需求点，重新进行整体规划设计，并注入新的管理理念。改造成功的紫茗山庄，于2018年获浙江省民宿“银宿”等级称号，2019年被授予“浙江省巾帼示范民宿（农家乐）”荣誉。此后，紫茗山庄继续秉承“家”的理念，进一步打造特色，弘扬人文，进一步体现科技化、智能化、功能化，使之真正成为广大游客心中“田园里的另一个家”。紫茗山庄业主希望能够通过自己的不断努力和探索，为当地乡村民宿的发展提升提供有益的借鉴；同时，也真诚地希望水口乡广大乡村民宿业主相互学习、交流合作、共同提高，为水口乡打造“长三角乡村旅游首选地、全国乡村旅游产业最优区”做出更大的贡献。

二、田间小舍之陌上花开

长兴陌上花开精品民宿地处国家 4A 级景区——长兴水口景区。该民宿所在村落是一个开放式乡村旅游集聚区，空气清新自然，民风淳厚朴实，环境温馨舒适。晨起，是初升的旭日、翠翠的竹、袅袅的烟；夜晚，是浩瀚的星空、薄薄的雾、暖暖的灯。

关于建立这家精品民宿的契机，老板娘王珠凤解释道：民宿原本是一个自己从小居住的老宅子，后来政府扶持当地旅游业发展，家里紧抓机遇，便将老宅改建成了一家集活动区与住宅区于一身的多功能民宿。为了提升住宿游客的体验感，王珠凤聘请了来自上海的职业建筑设计师，设计出了独具风格的方案，最终建成了涵盖住宿、餐饮、小型会议、采摘、烧烤等活动项目的特色民宿。陌上花开民宿虽仅有 8 间客房，但其外围的占地却 6 亩有余，既有可供小孩采摘的猕猴桃采摘园，让久居城市的小孩体验种植的乐趣，也有用于小孩玩耍的沙坑、攀爬墙和秋千，以及供家庭聚餐用的烧烤区。为了体现亲近自然的绿色理念，民宿还保留了大面积的土地种植蔬菜。陌上花开比比皆是的木头元素——木桌木凳，以及皆以木头围绕形成的围墙，是为了以“木上花开”与客栈名称“陌上花开”形成谐音，如图 11-2 所示。陌上花开民宿还有外部活动区的二期项目，目前正在建设中，等二期建成，其设施会更加完备，游客也会有更多的娱乐选择。

图 11-2　陌上花开

陌上花开民宿入口处还有一个网红打卡景点，以“弱水三千，只取一瓢”为寓意，让到访的情侣一起手牵手从井里打一瓢水合影留念，作为彼此对爱情忠贞的象征。再沿着黑白钢琴键小道，便到了供火区。当地人一直以来都有在冬天边烤火边围火讲故事的传统，因此建设供火区更能让游客感受当地保留的习俗，很快地融入当地生活。

民宿的二楼和三楼，是预留的8间客房。房间是简洁温馨的简欧风格，中性灰的墙体，舒适干净中透着温柔，部分房间的一面墙涂了莫兰迪蓝，给中性风带来一些跳动的色彩。既有轻奢浪漫的大床房、温馨舒适的双床房，也有充满童趣的亲子房。最引人注意的便是亲子房了，房内大量的卡通元素将房间衬托得童心满满，日式的榻榻米和小型的儿童帐篷为房间增添了童趣。在装修建材的品质方面，老板娘强调自己所用的都是一线的精品材质，出于舒适度的考量，客房所有的床垫都是乳胶垫，还装了成本不小的地暖，这在南方家庭里都是不常有的。房间卫浴的门和材质都是精心考量过的，包括洗漱用品也是参照的五星级酒店的规格。这一切都是为了提升住宿游客的舒适度。相比于网络上那些图片精美实则让人大跌眼镜的“照骗”民宿，陌上花开反其道而行之，在不容易被图片捕捉到的住房品质方面下尽功夫。

在饮食方面，王珠凤专门聘请了当地的大厨，结合本地的特色有机蔬菜制作精美的菜品，早餐餐桌上是应时的五谷杂粮、水果蔬菜，简单而精致。中晚餐则以当地的家常菜为主，肥瘦相间的红烧肉、鲜美砂锅鸡汤、烧笋干……卖相质朴但口感惊艳的菜品，仿佛是自家的私房菜，再配上当地特色的紫笋茶——茶汁碧绿如茵、兰香扑鼻、茶性温和，甘味生津，提神醒脑。

谈及经营理念，王珠凤说道：“毕竟我家只有8间房，不需要大流量的客户到访，所以没有必要在网络平台上砸钱大肆宣传，我们做的都是口碑，只要品质比别的客栈好，来这住过的客人有好的体验，自然而然会把我们介绍给身边的朋友，这样一来我们就始终可以保持稳定的客流量。虽然置身乡村，想体验农村的朴素，但同时又有哪一个住客不希望自己吃得好住得好呢？”

三、老友亲情之竹溪源舍

1. 竹溪源处有人家

竹溪源舍静悄悄地坐落在长兴县116乡道上，传统的中式门头搭配仿木门柱，古朴大方，如图11-3所示。再向里走，错落长廊别有情调，别墅式独栋住宅辅以一小片溪水池，明亮大方。会客厅内，上看有竹灯，下看有竹墙，微偏明黄的灯光让厅内更显雅致，虽似竹溪源处，更有隐居住所之感。

图 11-3　竹溪源舍

沿道开车上山不远，同一家店主开的小伟农家乐也出现在道路右侧，女主人祁女士（祁利惠）热情亲切地招待着客人。她对大多数来者都很熟悉，交代房间信息之后总是笑着陪客人闲聊两句。店内圆桌木柜，朴素的装修更显烟火味道。

2. 不畏艰辛终成器

竹溪源舍的女主人祁女士曾做过不少工作，如纺织工、加油站的工作人员等，但几番辗转之后她还是觉得年轻人在外面打工不如在家里好，于是回到家乡长兴寻找工作。祁女士刚回到家乡时，山村还很贫穷，但她恰巧遇上了本地一位退休的老师开发了霸王潭风景区。当时景区没有讲解员，于是她去培训了有关课程后，在那位退休老师的景区上了 6 年的班。

后来祁女士发现，大部分老年人很喜欢这里，同时不断有客人问起她能否做农家乐。这时候祁女士自己也已经收获了足够的工作经验，并且由于当时山村里很穷，许多年轻人选择在外面工作，祁女士为了带动家乡经济建设和发展，下定决心要做农家乐，而这一做就是 17 年，直到最近几年才开起了民宿。

2015 年，为实现经济社会的全面协调可持续发展和城乡协调发展，国家进一步推出了社会主义新农村建设的政策。祁女士积极响应政策号召，在家乡建设中起到了带头作用，将农家乐改为民宿。

起步阶段，尽管竹溪源舍的设施相比一些高端民宿略微逊色一些，但依靠环境干净、服务态度好等，还是赢得了不少客人的喜爱。祁女士非常乐意与客人坐在一起聊天，为客人提供作为当地人在吃喝游玩上的建议，这补齐了许多高档民宿在服务上的短板。尽管依赖精致的庭院、先进的房屋设施设备等硬件也能吸引客人，但民宿最重要的还是让客人能感受到家的温暖，能享受到在家一样的自在自如。因此，竹溪源舍民宿以热情、亲民作为招牌。

3. 一心为客赢口碑

祁女士聊起曾经的一件往事。有位客人要求随她一起去采茶，采茶的山路难走，且采茶是一项非常艰苦的工作，但当时年轻又缺乏经验的祁女士并没有劝阻这位客人，结果客人在山上失足滑倒导致了骨折。当时的祁女士又害怕又担忧，心里非常过意不去，认为是自己的任性导致了这一后果，所以在客人回到上海住院后，她还专程前去探望并且主动提出赔偿。

聊到主客关系时，祁女士说她有一位认识 12 年的老客人经常到民宿小住，两人不仅是主人与客人的关系，还发展成了多年好友。这位客人来自无锡，做的是厨师工作，但他非常喜欢竹溪源舍的气氛，对这里感到非常亲切。有一次，他说他尝过了这里的菜，也想给祁女士尝尝无锡的菜，于是主动提出烧家乡菜给她吃。不仅如此，这位好友还经常将海鲜带来与她分享，无法亲自带来时就会寄过来。两人不仅分享生活中的趣事，还会交流料理上的心得，互相学习、共同进步，属实是一段珍贵而又难得的友谊。图 11-4 为竹溪源舍女主人祁女士。

图 11-4　竹溪源舍女主人祁女士

祁女士说，做服务行业，应当秉持客人是上帝的原则，一心为客人服务，对于客人提出的要求，能解决的一概解决，不能解决的也要想办法解决，争取让客人满意。她还说，竹溪源舍民宿的客源几乎都是靠自己的口碑招揽来的。据调查，竹溪源舍民宿在网上几乎没有宣传，网上鲜有这一民宿的相关信息，而它在层出不穷的网红民宿中屹立不倒的原因，还是靠客人的真心喜爱。客人喜欢，就会有回头客，也会推荐给身边人的，这样口口相传，名气做大了，客源也就不用担心了。

4. 坚持本心学经验

结合自己的创业经历，祁女士对有创业想法或者正在创业的大学生也有一些建议。她主张年轻人要多走多看多学，看别人是怎么做的，要学别人的长处来弥补自己的短处，但同时自己的想法也很重要。在改进的过程中既要为客人着想、尽量满足客人的要求，也要为自己的理想着想，知道自己想要什么、自己的底线在哪儿、哪些地方能做出让步、哪些地方应该坚持自我，这些都是需要认真考虑的。在自己想做，也同样考虑了客人的需求的同时，还应该考虑成本。创业既要赚人心，也要赚钱；既要赚钱，也要保持本心，做一个有理想的人。

四、秘密花园之玲家小舍

1. 绿林寻踪

您是不是偶尔想逃离城市的喧嚣，寻一僻静之处，感受大自然对心灵的洗涤？是不是偶尔想抛开工作的紧张、情感的纠纷，远离社交的烦恼，在静谧的乡村和温馨的农舍，享受独处的惬意……每当城市夏日炎炎之时，顾渚村却是青山环绕、碧水荡漾、凉风习习。

玲家小舍在保留江浙新农村青瓦白墙建筑风格的基础上加入了原木元素，使建筑整体色调和谐，独具一格。白色外墙上印有店名，方正的矩形包裹圆润可爱的字体，在农舍屋顶简笔画的映衬下，简约可爱，清新脱俗。玲家小舍的外门用与原木同色系的碎石块装饰矮墙，木制大门仿佛童话故事中秘密花园的入口。走进玲家小舍的庭院，脚下是青石板路，路两旁种有绿植，右边摆有一方小桌，可以置身花圃，尽情享受美好的下午茶时光。整栋建筑共有两层，一层是休息娱乐用餐的区域，二层是客房，功能分区明确，如图 11-5 所示。

图 11-5　玲家小舍

2. 寻梦起点

水口乡地理位置优越，山清水秀，生态优美，非常适合城市居民周末过来驻足发呆、修身养性，而且其所在的湖州市也是“绿水青山就是金山银山”的“两山理论”的发源地。基于当地政府大力发展乡村旅游、推动乡村振兴的发展思路和对乡村民宿的支持政策，女主人周玲认为回家创业将是人生发展的契机和转折点。

2019 年，周玲辞掉了长兴杏梦文化传播有限公司的工作回到顾渚村接手了玲家小舍。玲家小舍的前身是一家传统型的农家乐，周玲在原店基础上进行了一系列升级改造，有了如今漂亮温馨的玲家小舍。她希望“玲家小舍”的名字能给来此居住的客人带来在家般的放松与自由，同时也希望借此拉近与客人的距离，和客人成为朋友，建立起亲人般的友谊。如今，各地的客人慕名而来，玲家小舍成为水口乡民宿的锦上之花……

3. 经营之道

玲家小舍共有 12 间客房，客容量为 25 人左右，入住率常年保持在 80%以上。玲家小舍的客源大多是回头客，客人们入住后获得了很好的体验和感受，口口相传带来更多客人。民宿营业与酒店经营最明显区别之一，就是能以很少的客容量让顾客体验到其精致所在。玲家小舍没有做任何的广告推广，也没有夸张的宣传，但仅用短短的两三年就积攒起了优秀的口碑，用高品质赢得了客人的青睐。玲家小舍的一大特色是装修风格独具风味，在设施设备上也可媲美一些品牌酒店，这使得它从一众乡村民宿中脱颖而出。同时，玲家小舍旨在为客人提供最贴心、最优质的服务，满足客人的个性化需求。周玲认为，客人的每次入住都是一次展现玲家小舍服务精神、为客人提供物超所值的产品体验的机会，自己一定要用心去服务好每位入住的客人。

4. 荣誉信念

凭借玲家小舍的独到经营与发展成果，周玲于 2019 年荣获顾渚村党总支颁发的“优秀创业青年”荣誉称号。她对于玲家小舍未来的发展充满信心，会持续不断提升其品质，继续深挖当地的文化资源，融入当地的生态，将乡土风貌、特色文化与现代旅游需求有机结合，更好地满足广大游客个性化、多样化的消费需求。“继续探索‘小舍’的品质提升之路，让客人拥有物超所值的体验，给客人增加新的记忆点”是周玲的坚定信念。

周玲感慨道：“民宿经营与当地发展相辅相成，没有乡村整体的振兴，就没有民宿的持续发展。”在政府的大力支持下，更多像她这样的年轻人回到家乡创业特色民宿，更好地促进了乡村旅游消费的升级，激活了乡村发展活力。同时，政府在强化规划引领、完善配套设施、提高服务水平、加强规范管理等方面加大投入，为玲家小舍这样的民宿发展提供了有针对性的支持和帮助，成为推动乡村旅游和乡村振兴的重要引擎。

乡村旅游作为助力乡村振兴的主力军，其发展质量能对乡村振兴产生直接影响。周玲认为，近年来国家大力支持旅游业发展，市场上的旅游产品已经严重过剩，但是质量却无法与数量匹配，乡村旅游作为旅游新兴市场必须深化供给侧结构性改革，避免低端化发展、转向高质量发展，这就要求旅游产品必须追求创新，在提供优质产品的同时避免同质化发展。

五、柳暗花明之贡茶“逢春”

贡茶农家乐因为是新农村建房，因此与周边邻舍都是外形类似的楼房——4层的楼高，看上去整洁而崭新。小细节上体现出了主人的别具匠心：门两旁种有绿树，台阶上错落有致地布局着盆栽，门口还摆放了木制的椅子和摇椅秋千。上午九十点钟，农家乐大厅里面就已经坐了不少人，大多数是50岁以上的中老年人，大家都已经用完了早餐，悠闲地享受乡村时光，喝喝茶、聊聊天，这是贡茶农家乐常见的场景。大厅的楼下还有卡拉OK厅、桌球房等娱乐设施。业主有一个非常可爱热情的儿子，经常会主动带游客参观农家乐，或者介绍周边的景致。贡茶农家乐的业主蒋女士（蒋彩虹）在疫情期间成功地转型成为电商代表，并带动周边一批业主及农户共同加入电商行业。

1. 贡茶之名

贡茶农家乐以贡茶为名，是因为这里有着悠久的贡茶历史文化。早在唐朝中期，顾渚山下就建有贡茶院，专门由官吏负责茶叶的采摘、加工，并向朝廷供奉。从唐代至明代的800多年时间里，顾渚山的紫笋茶时常是皇家专享的贡茶。蒋女士的祖父辈们精通贡茶制作技艺，她自己对制茶工艺也饶有兴趣。如今紫笋茶成了当地的特色农产品，贡茶制作场所也成了旅游景点，贡茶之名充分体现了当地的特色文化。

2. 电商之机

蒋女士从祖父辈那里接手了这家贡茶农家乐。本来农家乐的住客络绎不绝，但是2020年初新冠肺炎疫情的到来给了蒋女士最现实的当头一棒。当时，水口乡的农家乐和民宿业主积极响应当地政府的号召，纷纷劝返了在家的游客，还劝说即将到来的游客取消事先的预订。2020年春节期间，水口乡共劝返已入住的游客2万多人，协商取消了2万多人的线上订单，全乡的民宿业遭遇到了最严厉的寒冬。线下经营已然是不可能了，但庆幸的是蒋女士在关键时候探索并且走出了一条成功的电商之路。蒋女士一直注重口碑的树立，在抖音、小红书、微信朋友圈都拥有一批忠实的产品粉丝，疫情期间她转到线上开展农副产品的销售，生意非常红火，有时候日销售额能达到几万元。

3. 乡民之约

疫情前夕，乡里的农家乐和民宿基本都囤积了大量的土特产品，家家面临巨额损失的风险。蒋女士在线上销售中初尝甜头后，立即把经验传授给其他人，带领大家一起利用电商平台销售土特产品。疫情期间全国人民很少外出，为线上销售带来了极大的契机，短短几天内业主们不仅把囤积的产品销售一空，还积极收集周边农户的产品以满足顾客的需求，乡里的很多农产品一度供不应求。就这样，在蒋女士的带动下，村里很多农户纷纷跟上时代的潮流，相约"触网"电子商务，踏上电商之路，水口乡的电商产业至此起步发展，如图 11-6 所示。

图 11-6　村民的电商直播

4. 未来之路

随着水口乡旅游业的发展，现在的游客已经慢慢呈现多元化趋势，不再只是老年群体。近两年，贡茶农家乐的年轻游客也呈现增长趋势。在从业电商的过程中，蒋女士越来越关注年轻群体的市场，她觉得只有紧跟时代潮流的步伐，才有可能在危机中顽强地生存和发展下去。因此，蒋女士非常支持和看重政府投资的漂流项目，因为漂流项目的游客相对年轻化，同时唐潮十二坊的商家也是主要面向年轻群体市场的。蒋女士自己也将不断努力让贡茶与贡茶农家乐为更多年轻人所知所爱。

六、巾帼银宿之尧韵山庄

大气的门头稳稳落在宽阔规整的停车场后，庭院的中式建筑风格典雅自然，人们目光所及之处皆是美景。院中不仅有种植时令蔬菜的菜地，还有可以惬意品茶的竹林，阳光与葱郁的绿植搭档，为这里更添一层惬意生机。踏过青石板道、顺着小桥流水，便可以寻到藏在青山绿水间的民宿——尧韵山庄，如图 11-7 所示。"尧韵"这个听上去柔中带刚的名字，正是由民宿女主人宋美芳结合幼时门前的尧王庙与自身"美"的内涵而迸发出的灵感。

图 11-7　尧韵山庄

其实自小开始，宋美芳就梦想在城里生活，长大后，她终于在长兴县城安家落户。可是，宋美芳并不满足于平淡的家庭主妇生活，生完孩子后，她凭借自己的努力成为一名职业女性，在长达十几年的时间里，在保险公司从事管理工作。然而，随着阅历不断增长，看淡了繁忙的工作带来的得失以及来自复杂人际关系的压力，宋美芳决定回到家乡，告别朝九晚五的日子，回归田园本真。

可是俗话说“万事开头难”，农家乐刚开业时，开支大，客流少，使得宋美芳的心里陡增不少压力。2016 年，恰逢政府出台“农家乐提档升级”的政策，全乡上下都在倡导农家乐提档升级，宋美芳迅速抓住了这个机会。于是，经过一年半的改造升级，尧韵山庄在水口茶文化旅游景区正式诞生了。

改造后的尧韵山庄建于花草竹林之间，坐拥宽敞的园林式庭院，园中有小溪、沙地、吊床、凉亭，内设茶室、水吧、棋牌室、餐厅、KTV、客房，各种功能一应俱全。民宿内的装修设计全由业主宋美芳一人精心规划，细到一瓶一罐的摆放都做过研究。在民宿原有的家庭式经营的基础上，尧韵山庄加上了当地特有的元素，再结合酒店的规范服务和标准，形成了自己的民宿酒店特色化经营，不仅让顾客感觉“在尧韵如自己家一样自在”，还让他们切身体会到长兴水口乡的文化，享受专业服务。

5 年来，宋美芳一直兢兢业业，注重“用心、用情、用功”，不懈的坚持与奋斗让民宿的入住率成功地从 20%提升到几乎 100%，不仅周末爆满，节假日更是要提前 1 个月预订。宋美芳平时喜欢穿旗袍，为了做出具有文化气息的特色民宿，她选择从自己的打扮与修养做起。近几年，尧韵山庄接待的顾客呈现年轻化趋势，客源质量也得到了很大程度的改善。成为妇联执行委员会委员后，宋美芳更是将扶贫和妇女工作贯穿到日常生活中去，将尧韵山庄同时打造为“妇女微家新时代巾帼文明实践学堂”“乡村旅游扶贫发展教育基地”（图 11-8）。2020 年，尧韵山庄被评为湖州市十佳民宿之一。在餐饮方面，尧韵山庄也表现不俗——被评为省级餐饮服务示范单位。业主宋美芳还会亲自代顾客开菜单，做到菜肴顿顿不重样，在一众民宿与农家乐中别具一格。不同于标准化的布置和服务，尧韵山庄将硬件和服务的细节做到极致，每一个细节都能使客人感受到女主人的良苦用心、感受到家的温暖。通过预知客人需求、及时满足客人需求，以及充满人情味的服务，宋美芳让客人对尧韵山庄的印象深刻。

图 11-8　交流中的宋美芳女士

经过多年的辛勤耕耘与岁月沉淀，宋美芳在她独特的故事中收获了很多属于自己的感悟。她认为，书本上的东西并不一定都适用于现实的生活，“欲速则不达”，创业需要脚踏实地，结合理论知识付出时间多加实践；应当在少走弯路的基础上积累实操经验，分析市场需求，一步一步地进行发展；不必害怕失败，失败了还可以吸取教训，重新再来；不要害怕吃苦，就算遇到了自己不熟悉或未学习过的东西，也可以从零开始学习；“活到老学到老”，有不懂的地方可以多向同行的长辈请教，再加上自己的分析和勇敢尝试，一定可以闯出自己的一片天地。直到现在，宋美芳依然保持着积极勤奋的生活状态，认真地对待每一次的挑战，尽力完善每一次的决定，踏实履行自己应有的责任。未来，她希望再做出一个升级版的“尧韵山庄”，朝着更高的目标不断迈进。

本章启示

一、理论知识链接

在我国农村地区，家庭中男女劳动力非农转移就业的比率存在着较大的差异。中国农村女性劳动力外出务工人数只有男性劳动力外出务工人数的50%左右，现阶段仍然存在大量的农村女性劳动力因为需要照管儿童而无法向城镇转移实现非农就业[22]。同时，老年照护对农村已婚女性非农就业也有一定的制约作用[23]。其他影响农村女性劳动力非农就业的主要因素还有女性劳动力的年龄、是否接受过专业技能培训等[24]。

上述关于农村女性劳动力的非农转移就业研究主要是指城镇异地转移就业，即需要暂时性地离开长期居住的农村地区、暂时性地离开家庭前往异地转移就业。根据上述研究结果可以判断，照料小孩、老人等众多因素制约了农村女性劳动力的异地转移就业。事实上，农村地区还有大量的女性劳动力处于非充分就业状态，女性劳动力非农转移还具有较大的潜在可能。因此，发展农村地区的非农产业有助于这部分被束缚的女性劳动力实现充分就业。

二、水口乡经验与启示

妇女温柔、善于沟通等性别特征，以及相对于男性体力较差等劳动力特点也与旅游业的工作内容与特性相吻合，乡村旅游业和农村妇女劳动力可以说是一对天然的“搭档”。相对于外出到城镇务工，妇女就地转移就业有助于家庭和睦和农村和谐。水口乡的旅游经济被大家戏称为“老板娘经济”，其 5 支旅游车队中规模最大的旅游车队负责人就是女同志。特别是在近年来从传统农家乐转型升级到特色民宿群体的过程中，老板娘的作用发挥得淋漓尽致，无论是前期改造还是后期经营，基本上都是由老板娘全程参与规划、设计、建设、管理和经营的，而且从经营角度讲，她们大都处于行业领先地位。老板娘不仅在家庭中地位和作用不可或缺，在民宿经营过程中更是体现出男性劳动力所不及的特长和能力。因此，充分发挥妇女劳动力的才华和作用是水口乡旅游经济的一大特色。同时，为了进一步激发妇女劳动力的积极性和创造性，水口乡在年终全域旅游大会上设立了“醉美老板娘”奖项，每年推选出 10 位有代表性的女性经营者予以表彰和奖励；结合女性特质，在自治组织建设中，组建了由 10 位女性成员组成的“半边天”调解服务队，专门开展游客矛盾纠纷投诉的调解工作且成效显著。

乡村旅游产业发展的初期，特别是在行业起步阶段，群众在没有看到样板的情况下，常常会出现不理解、不支持、不配合，以及观望、等待，甚至冷嘲热讽看笑话的心理和现象。因此，在寻找发展突破口或打造样板引领点的过程中，以村域范围内妇女同志为主要目标对象，加强与她们的沟通交流，帮助其转变思想意识，使其发挥引导带头作用，不失为一条有效的路径。

第十二章　水口乡乡贤人才助力乡村旅游发展

人才振兴是乡村振兴的关键因素。乡村旅游的发展需要一批有情怀、有能力、有经验的人才队伍参与进来。没有人才，乡村振兴只能是一句空话，有了人才，乡村的产业发展、文化建设、生态建设、组织建设等才能有序展开，农村的各项改革才能有效推进，乡村全面振兴的目标才有可能实现。水口乡政府高度重视乡村旅游人才建设，制定了多种政策方针吸纳各类人才助力产业发展，同时，各类乡贤人才也大大推进了水口乡产业转型发展的步伐。

第一节　资金奖励促进人才引进与回流

水口乡高度重视人才引进与建设工作。以 2017 年为例，水口乡共引进和培育各类紧缺人才 147 人，其中高端人才 1 人、高层次人才 14 人、紧缺急需人才 89 人、高技能人才 43 人，对接目标高校 5 家、行业专家 4 人。按照水口乡发展规划，接下来的重点是发展全域旅游，因此，水口乡的人才工作也将围绕助推全域旅游发展展开，着力做好人才引育工作。

一、鼓励社会资本投入

长兴县大力发展乡村旅游，鼓励社会资本投资特色民宿、农民专业合作社、家庭农场等。为进一步促进产业转型升级，水口乡政府出台了相关支持鼓励政策——根据社会资本投资的实际情况，经相关部门评定审核，在长兴县财政给予相应奖励的同时，给予 1∶1 的奖励资金配套。

二、鼓励转移就业及返乡创业

长兴县政府出台了一系列支持乡村旅游吸纳农业转移人口就业、支持返乡人员乡村旅游创业就业的政策措施文件。同时，水口乡也会对为产业发展做出重大贡献的企业，对促进乡村旅游业发展做出突出贡献的带头人、高层次人才、回乡创业人员，获得水口乡组织的各评比类奖项的企业或个人（特色餐饮、旅游商品、演艺节目等），获得行政部门认定的旅游特色品牌（项目）创建的村、行业协会、企业或个人，获得非营利性特色旅游（文化）项目创建的企业或个人，给予相应的资金奖励。

三、专项奖励鼓励创业创新

对于乡域范围内的市场经营主体及相关农户，凡是对紫笋茶、节庆文化、创意文旅、美丽乡村、游乐项目、夜光经济等方面做出一定贡献的，经相关部门认定后，水口乡政府都会给予相应的补助和奖励。2021 年各类专项奖励的具体政策如下。

1. 紫笋茶产业贡献奖励

1）紫笋茶荣获国家、省、市荣誉称号的，进行 1∶1 配套奖励。

2）在核心景区开设紫笋茶品牌形象店的，一次性奖励当年房租的 50%，最高 2 万元。

3）鼓励资质茶企升级紫笋茶加工设备，对于新增设国内先进水平加工线的，奖励总投资额的 10%，最高 5 万元。

4）茶叶茶点等相关产品深加工并形成产品系列和品牌的企业，给予一事一议奖励。

2. 节庆文化贡献奖励

1）对在水口乡举办节庆活动的企业、单位，每次给予一定补助，最高 5 万元。

2）每个行政村设立 20 万元文体专项基金，用于发展文化体育事业，实行专项考核。

3）对积极建设水口乡演艺品牌，并完成省、市、县相关文化活动输出的，最高奖励 3 万元。

3. 创意文旅贡献奖励

1）对引进符合产业导向的经济、文创、影视等新型业态优质实体项目的个人或单位，最高奖励 50 万元。

2）本土创意文旅商品获得国家级、省级铜奖以上，分别奖励 5 万元、3 万元。

3）当年被列入省服务业重大项目和市服务业"大好高"项目的，最高奖励 10 万元。

4）首次被评为"浙江省服务业重点企业"的，奖励 10 万元。

5）首次被评为省级、市级"老字号"品牌企业的，分别奖励 5 万元和 3 万元。

6）首次被评为服务业规模以上企业的，奖励 2 万元。

4. 美丽乡村贡献奖励

1）在核心景区及乡村主要道路两侧发展七彩田园，通过上级有关部门验收的，给予总投入额20%的补助，最高10万元。

2）在核心景区及主干线两侧进行林相改造，改造后满足县级部门验收标准的，按照县级补助资金进行1∶1配套补助。

3）达到美丽庭院示范户标准的农户、民宿（农家乐），分别给予2000元、1万元的奖励。

5. 游乐项目贡献奖励

1）经审批，对主办各类体育赛事的企业、单位给予奖励，最高5万元。

2）对建成各类公益性竞技体育设施的企业、单位给予奖励，最高10万元。

3）对新建成的各类规模化、专业化、特色化农业采摘园或体验项目给予相应奖励，最高20万元。

6. 夜光经济贡献奖励

1）对企业、品牌商铺进行外立面亮化的，补助亮化硬件投入额的 10%，单个项目最高补助 3万元。

2）对打造夜光景观带的行政村给予电费补助；应规划需要亮化的农户，由村级专项补助当年电费。

第二节　荣誉表彰鼓励人才持续领军

水口乡通过定期举办荣誉表彰大会，对为乡村旅游做出比较突出贡献的经营主体和乡贤人才进行表扬，并适当给予一定的资金奖励，设置的荣誉奖项主要有经营能手、醉美民宿、星级特色农家乐（乡村民宿）、乡村旅游特别贡献奖等。

一、经营能手

一般奖励10位经营能手，称为“十佳经营能手”。经营能手奖励的对象必须是善经营、精管理，能用热情的态度、优良的服务赢得游客好评的经营业主，必须能为乡村旅游发展做出自己的贡献，支持水口乡旅游各项工作，能为全域旅游提质发展积极建言献策等。

二、醉美民宿

醉美民宿一般也设置 10 家。奖励的乡村民宿必须是环境美、服务美，更重要的是经营业主和服务工作人员一定要心灵美。“醉美民宿”要在水口乡旅游发展中敢于争先，在乡村民宿转型升级工作中充分发挥带头示范作用，在经营业绩、游客好评、文明事迹、参与乡村工作中都能起到榜样作用。

三、星级特色农家乐（乡村民宿）

水口乡对农家乐（乡村民宿）进行了大范围的改造提升，其中涌现出了一些先进典型。这些农家乐（乡村民宿）各方面基本达到了三星级酒店或以上的标准，同时文化氛围突出、特色鲜明。星级特色农家乐（乡村民宿）为水口乡众多的农家乐（乡村民宿）提供了提升方向，起到了很好的示范领军作用。

四、乡村旅游特别贡献奖

获得第一届水口乡乡村旅游特别贡献奖的分别是水口乡旅游开创的第一人、启蒙水口乡农家乐发展的两父子、水口乡第一支旅游车队的组建者、水口乡农家乐（民宿）行业协会的第一任会长、顾渚村第一家农家乐开办者及水口乡旅游的第一任形象大使。他们是水口乡旅游的开路人，为当地开拓了致富之路。在每个发展的节点上，他们都让水口乡旅游迎来了柳暗花明、峰回路转的契机，他们的贡献和事迹将被记入水口乡旅游发展的史册，将被水口乡的老百姓铭记在心。

第三节　多项举措建立旅游人才队伍

一、全力引进旅游高层次人才

水口乡在旅游发展的过程中，非常重视高层次人才的引进，主要途径为通过招商引资集聚人才，通过对接高校等引进先进的发展理念、建立人才储备库。

1. 招商引资集聚人才

主要途径是结合招商引资，强化招才引智。水口乡通过推进一批中高端旅游项目落地，引进了一些在旅游开发、景观设计、文化创意等方面经验丰富的高层次规划设计人才，以及一些在项目管理、企业经营等方面经验丰富的高层次经营管理人才，为全域旅游发展和转型升级奠定良好的人才基础。

2. 对接高校引进理念储备人才

水口乡不断加强与浙江大学、南开大学、浙江工商大学等知名高校的对接，定期组织召开座谈会、专家指导会等，对参与水口乡旅游发展的关键人员开展相关业务培训，不断提高决策人员的业务水平和整体素质；不定期邀请专家、学者围绕乡村旅游产业前景、企业发展路径、项目经营管理、民宿整改提升等方面开展专题指导，强化后备人才培养，充实人才储备库，为水口乡全域旅游发展奠定坚实的人才基础。

二、内部培养旅游人才队伍

水口乡内部培养旅游人才主要分为两个方面，即定期培训培养现代技能管理人才和新型社会组织培育公共服务人才，既要有品牌化的运营主体，又要有积极参与公益事业的村民队伍，具备良好的村规民约，形成良好的乡风民俗。

1. 定期培训培养现代技能管理人才

水口乡重视现代技能管理人才的培养，通过定期组织专题培训、邀请不同领域专家进行指导、组织经营业主走出去学习参观、组织技能比赛等方式，逐步把乡村旅游相关从业人员培养成为具有现代经营理念、善于经营管理、掌握服务技能和营销知识的新型实用人才和新型农业经营主体。水口乡每年举办民宿业主培训 6 次以上，在全县起到了良好的示范作用。

2. 新型社会组织培育公共服务人才

水口乡注重强化行业协会等新型社会组织的服务与自律体系，成立了农家乐（民宿）行业协会、农家乐诚信联盟、工商消费维权站、志愿者服务队、农家乐党支部等组织机构和新型社会组织。这些组织建立后，在宣传农家乐形象、推广农家乐经验、反映农家乐诉求、配合主管部门工作、加强行业自律建设等方面都发挥了积极作用。例如，农家乐（民宿）行业协会是全体农家乐（乡村民宿）的自治组织，将全乡农家乐（乡村民宿）根据地域划分成 12 个片区，通过各片区民主、公开推选的方式选举出片区理事，再经由水口乡农家乐（民宿）行业协会选举产生会长、秘书长、副会长，通过业主管理业主、业主监督业主的方式，促进农家乐（乡村民宿）行业经营主体自我约束、相互监督、改进服务、提高档次。

三、挖掘各方文旅人才

水口乡重视挖掘和培养现有的民间文旅人才，如民间技艺传承人、民间演艺队、茶艺师和农艺人才等，将内涵丰富的民间传统文化风俗、茶文化、农耕文化等内容进行场景化、主题化演绎，为游客提供真实可见的、可参与的体验项目。

1. 民间技艺传承人

我国传统的民间技艺是指那些民间传承下来的工艺，普通老百姓都能学会，一般用于民间装饰等，是拥有悠久历史的民间手工技艺。这些技艺通常材料易得、成本较低、成品较快、适应面广、形态各异，受到老百姓的喜爱。但是受到现代文化的冲击，这些民间技艺亟需得到保护。乡村旅游的发展为民间技艺提供了非常好的生存空间，使得这些集实用、观赏、体验于一身的技艺传达出丰富的传统民间文化的内涵与本质。水口乡的民间技艺主要有剪纸、年画、绣花、皮影戏等。

2. 民间演艺队

民间演艺队一般由具有共同兴趣爱好的成员组建而成，演员虽是业余的，但都非常敬业。他们把传统的舞龙舞狮、历史剧等搬上乡村舞台，演到老百姓的家门口。民间演艺队传承历史优秀文化，宣扬社会主义新文明，每次节庆都少不了他们的身影。

3. 茶艺师

茶艺师能够融泡茶与表演于一体，是茶叶行业中具有茶叶专业知识、能够开展茶艺表演的服务技能型人才。茶艺是泡茶和饮茶的技艺，茶艺师泡出来的茶，香气高扬、味甘而滋味无穷，让人流连忘返。水口乡的顾渚山是陆羽撰写《茶经》的地方，茶文化源远流长，培养一支高技能、能表演的茶艺师队伍对茶文化和乡村旅游都至关重要。

4. 农艺人才

乡村旅游的深入发展，既离不开农业的支撑，也给农业带来了前所未有的发展机遇。农旅融合，旅游发展是前提和基础，农业产业化、品牌化是延伸效应和根本立足点。发展现代农业、高端绿色农业离不开农艺人才，因为他们具备现代农业经营管理理念，懂得农作物生长规律和培育技巧，能够优化农产品品种，促使农业发展景观化。

四、持续提升现有旅游队伍

水口乡的现有旅游队伍主要包括农家乐（乡村民宿）主业、相关政府管理人员及长兴杳梦文化传播有限公司的工作人员等。

1. 农家乐（乡村民宿）业主的培训提升

水口乡持续定期开展农家乐（乡村民宿）转型升级培训活动，引导业主根据市场需求转变经营理念和经营方式；利用县相关部门、成人教育学校、协会等资源，通过走出去、引进来的方式，带领农家乐（乡村民宿）业主考察、学习示范案例的经营模式和先进经验；通过专题技能培训提升经营业主的相关服务技能与意识，如开展茶文化、服务礼仪、安全防护、应急救护、餐饮技能培训等。

2. 相关政府管理人员的理念提升

乡村旅游产品具有一定的公共属性，尤其是乡村公共环境、公共旅游服务设施等在很大程度上需要依靠政府的投入。乡村旅游的整体长远发展也需要政府部门做好长期规划，因此，相关政府管理人员的乡村旅游发展理念非常重要。水口乡对乡村旅游政府管理人员有定期参加培训、外出考察学习的要求，他们也经常与高校及行业专家举办现场交流会、论证会等，能够接触行业前沿理论和实践活动，对当地的乡村旅游发展起到规划引领作用。

3. 长兴杳梦文化传播有限公司人员的技能提升

对长兴杳梦文化传播有限公司人员加大日常培训力度，形成人人都是景区讲解员、人人都是景区形象大使的旅游风貌；出台奖励政策，鼓励公司员工开展旅游类大专学历、讲解员、导游证等进修学习，进一步提升工作人员内涵；牵头农家乐（民宿）行业协会与德清民宿行业组建行业联盟，建立日常培训、考察、交流机制，相互取长补短，推进产业升级。

第四节　乡贤类型与旅游发展助力

一、历史上的乡贤及作用

“九品芝麻官”是对县令的戏称，意思是说县令这个官职很小。确实，在古代的官僚体系中，县令位于官员品级的末端。古时候由于我国地域广袤、交通不便、通信不发达，县以下的农村地区几乎是国家权力管理的“真空地带”。

传统乡绅是那个时期的乡村精英，也就是现代意义上的乡贤群体，他们中有告老还乡的政府官员、当地的教书先生、学识渊博的读书人，还有当地有钱有影响力的富绅等[25]。古代，在朝廷鞭长莫及的广大农村地区，传统乡绅的地位和作用举足轻重，是皇权向乡村社会延伸的权力载体，起到了承上启下的“中间人”作用。朝廷通过乡绅治理乡村，维护广大农村地区的秩序和稳定，老百姓通过乡绅向朝廷反映民生疾苦，广大乡绅的存在构成了古时候国家权力与农村社会关系的缓冲地带，形成了当地特定的治理秩序[26]。

1. 处理民间官司

新中国成立以前，在我国广大的农村地区，"民间官司民间断、民间纠纷民间理"的思想观念普遍存在。究其原因是多方面的：古时候的国家权力普及不到广袤的农村地区，同时农民觉得自己没有钱是赢不了官司的，也怕打一场官司会给自己带来巨大的不利影响，因此，当遇到矛盾纠纷时，他们倾向于寻找当地的乡绅来处理。古代的乡绅能够处理当地不大的案件，解决矛盾冲突，维护当地的社会秩序，在一定程度上行使着当地农村的社会管理职能。

2. 提供公共物品

在古代，国家无力为农村地区的基础设施提供支持，广大的农民因为自身条件的限制，也无力建设乡村社会的公共基础设施。古代农村社会的公共物品主要由当地乡绅来提供，他们为村里修路、架桥、打井、建祠堂、建私塾，并对这些设施进行定期的维护，他们为农村社会的公共物品提供大部分的财力支持，在"热心公益事业"中获得威望和地位。

二、重登历史舞台的新乡贤

据记载，"乡贤"一词最早出现在汉代，是国家赐给对社会做出重大贡献的官员或者社会贤士去世后的荣誉称号，是对其所做贡献、品学为人的推崇敬重。因为多方面原因，乡贤在新中国成立后的一段时间里曾经退出了历史舞台，然而随着新时期乡村振兴战略的部署，新一代乡贤因其在乡村发展与振兴中不可或缺的地位和作用又重新登上了历史舞台。现代意义的新乡贤主要是指那些有乡土情结、能为村里做贡献的贤士能人，他们的一个共同特征就是有很强的公益心，想为村里老百姓做点实事。吕丹等[27]认为"新乡贤"主要是指在各自领域做出一定成绩、有建设乡村之心、有为村民谋福之意、有为乡村振兴服务之能、有树立良好乡风之德的一群能人、贤人。

新乡贤不同于传统的乡绅，他们继承了传统乡绅的积极要素，摒弃了盲目忠君、等级森严、尊卑有别等封建糟粕，其参与乡村建设和发展与中国特色社会主义文化相吻合。新乡贤的范围也更广，包括那些在政治、经济、文化等各个领域取得一定成就、有志于服务乡村社会发展的精英群体。他们不一定有很高的学识和地位，但有能力、有资源、有威望和公益心，得到了社会的肯定和民众的认同，能为当地乡民所接受。张雨薇等[28]在研究新乡贤参与乡村治理新范式时把新乡贤分为四种类型：一是在场的制度精英，包括村干部、小组长和党员等，他们的权威来自体制和制度；二是不在场的制度精英，主要是指在公检法司从业的法律工作者，主要起到法治作用；三是在场的非制度精英，包括那些有威望、热心于服务并具有某些方面的特长和能力的乡民、村民代表和文教工作者等；四是不在场的非制度精英，主要包括工作和生活重心在农村外的企业家和当地经济精英等，他们虽然不在当地，但是具备开展公共建设、扶贫济困的资源，也能招商引资、激发当地的内生动力，促进当地社会和经济的发展，因此他们在乡民中具有相当的权威。

如图 12-1 所示，高静等[29]从关系与结构的二维框架辨识新乡贤，突出新乡贤是服务乡村、关心乡民福祉的特定群体。他们积极投身乡村的公益事业，关注自己的公共身份和地位，又具有比较优势，如较好的经济基础、各种资源、能力才华等。

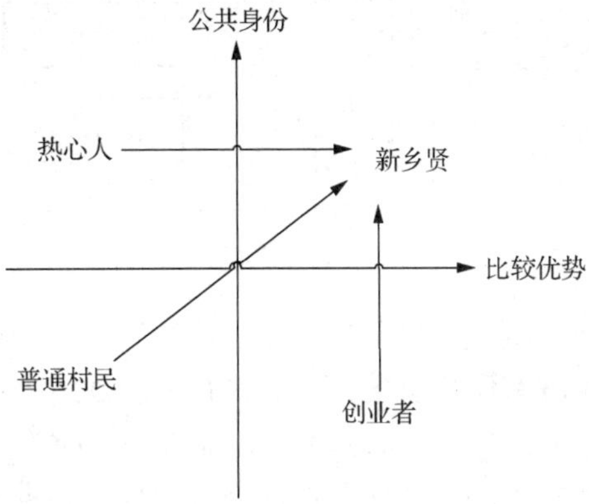

图 12-1　关系与结构视角下的新乡贤辨识

三、旅游发展中的水口乡贤

水口乡的新乡贤大致分为三类：第一类是从农村家庭中走出去、现已经退休回乡的党政干部、教师、企事业管理人员，以及常年居住在水口乡的部分游客，他们有热情、有担当，经济基础比较稳固、社会关系较广，组建并参与水口乡各类社会新型组织，成为热心的志愿者，愿意为水口乡旅游的发展做贡献；第二类是那些 20 世纪六七十年代及之后出生的人，他们在改革开放后进入城市，具有一定的见识，当看到水口乡旅游发展的契机时毅然回乡创业，成为当地具有开拓创新能力的新乡贤；第三类是体制内的管理人员，如景区综合管理办公室的管理人员、乡政府相关部门的工作人员、各村的村主任和村支书等，他们具有一定的远见，了解国家乡村旅游的发展战略，熟知当地的具体政策，在乡村旅游发展中起引领作用。新乡贤参与乡村旅游的动力机制与作用机理如图 12-2 所示。

1. 新乡贤参与乡村旅游发展的动力机制

新乡贤为什么会热衷于水口乡的旅游发展，热衷于当地的公共事务和公益事业？他们拥有的权威资源、当地传承的宗族文化、乡贤们的乡土情结、事务参与中得到认同的身份地位，以及当地有利的政府政策合力构成了新乡贤参与水口乡旅游发展的动力机制。

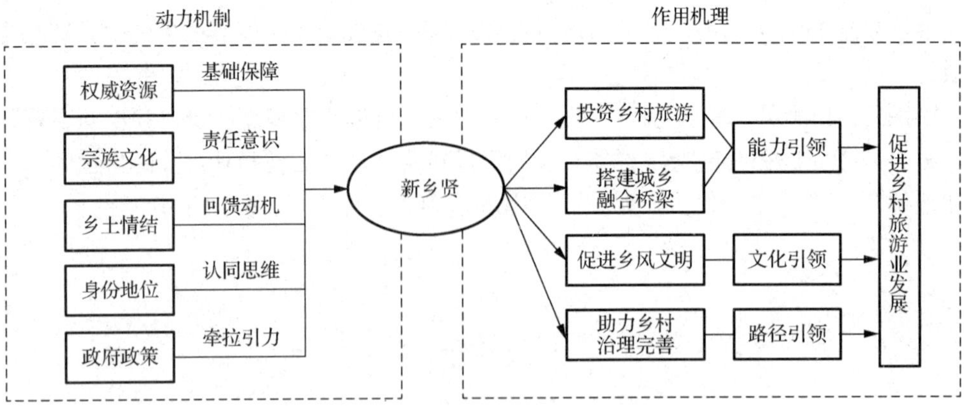

图 12-2　新乡贤参与乡村旅游的动力机制与作用机理

（1）个人拥有的权威资源是新乡贤参与乡村旅游发展的基础保障

新乡贤是指在各个领域有所成就的人士，既有可能是经济能人、企业家、新型农业经营主体等——他们有资本、有技术、善管理、懂市场，能给乡村旅游发展注入资本、引入现代化的经营模式和先进的生产体系；也有可能是公共事业的积极参与者——他们热心公益事业、具有奉献精神，在一些民生工程中出钱出力、链接资源。新乡贤以自己的个人成就、社会地位和奉献精神感召着村里的人。

新乡贤资本嵌入乡村旅游业，集聚乡村内生动力。在农村现有的“统分结合”的基本经营制度中，农户分得过散、统得无力，乡村内集体性的行动缺少资源支持，集体活动缺乏动员力，在进行公共建设时“公地悲剧”和“搭便车”现象时有发生。乡贤资本投入乡村旅游业，提升了村庄其他人的财富获取能力，带领大家一起致富；乡贤资本投入乡村公共基础设施建设，提升了当地旅游接待能力，促进了公共旅游产品的完善；乡贤资本投入当地公共的生态环境保护，激发了村民发展乡村旅游业的信心，增强了村民的凝聚力，信心和凝聚力又转化为乡村发展的内生动力，与乡村旅游业实现良性互动发展。

（2）当地传承的宗族文化促使新乡贤树立参与乡村事务的责任意识

宗族是由父系血缘关系的多个家庭在宗法观念的规范下组成的社会群体，在我国传统的乡村社会，宗族血缘关系是人际关系的纽带，很多地方的宗祠、族谱、族规仍然得到了很大程度上的保留。乡贤对宗族较强的责任感虽历经千年却得以保留，他们参与乡村开发和建设，成为延续宗族情感的重要力量，受乡民尊重和爱戴成为他们的道德激励。

宗族社会在社会心理和责任维系上延续了传统文化观念，很多新乡贤愿意回馈家乡、提携后辈主要是缘于宗族特有的人才循环理念与反哺机制，宗族和个人形成“恩—报”和“哺育—反哺”的机制。宗族中的男孩，集无限宠爱于一身，族人会尽心尽力抚育和培养他们，直至其成人；长大后，这些男性就要肩负起宗族义务，包括绵延子嗣、光宗耀祖和回馈家乡。这种文化观念和权利责任，与修身、齐家、治国、平天下的儒家理念和科举制度一起，构成了中国人特有的升落机制和反哺机制。

（3）乡土情结促使新乡贤产生贡献家乡的回馈动机

农民出身的企业家对于乡土有着深深的爱恋之情，这种难以名状的恋乡情感为其取得一定成就之后造福桑梓提供了动力。浓厚的乡土情结促使新乡贤产生贡献家乡的回馈动机——只要自己有能力，就一定要为家乡做点事。

乡土情结主要是指人们深藏于内心深处的对故乡、故土的思念、依恋、皈依的一种情感或价值心理。新乡贤浓厚的乡土情结主要体现在两个方面：一是他们与乡村自然环境的关系；二是他们与乡村居民等人的关系。在与乡村自然环境的关系方面，新乡贤乡土情结的核心价值是热爱故土和感恩故土，并转化成为家乡基础设施、公共建设贡献力量；在与乡村居民等人的关系方面，新乡贤乡土情结的核心价值是帮助和带动乡村居民精神层面进步和物质层面致富。这就是他们参与乡村旅游的主要推动因素——将乡土情怀转化为回馈家乡的动力。

（4）身份地位得到认可是新乡贤参与乡村旅游发展的成就感所在

在投资和参与乡村旅游发展的实践中，新乡贤的能力、资源、技术等得到了乡民们的认可，在指导和引领乡民们创业致富的过程中，他们赢得了尊敬，树立了权威；在回馈乡村的过程中，新乡贤往往会被政府和媒体作为道德榜样进行宣传，无形之中获得了美誉度和知名度；价值观方面，新乡贤汲取了传统乡贤文化的精华，同时又符合中国特色社会主义文化精神，因此可以通过道德教化、价值引领、文化熏陶等软途径，引领乡村道德文明风尚，将社会主义核心价值观植根在乡村的每一个角落。

在树立精英榜样、弘扬道德新风过程中，新乡贤的身份地位逐步得到认可，增加了其参与乡村旅游发展的成就感。同时，在这些过程中，新乡贤也获得了相应的社会资源和政治资源，更激发了他们回馈乡村、推动乡村旅游发展的动机。

（5）当地政府的政策支持是新乡贤参与乡村旅游发展的牵拉引力

新乡贤参与乡村发展振兴不能仅靠一时的热情和对家乡的感情，尤其是在农村传统文化逐渐弱化的当今，需要有相应的制度机制以确保新乡贤参与乡村发展振兴的规范性、保障性和可持续性。只有保障新乡贤在参与乡村发展中的权益，才能使他们的回归和回馈行为能够可持续健康发展。近年来，我国陆续出台了一些政策和激励措施来推动新乡贤回归和建设农村，一些地方政府更是出台了很多优惠政策来吸引新乡贤返乡。政府的激励措施主要包括以下三个方面：一是经济上的激励，投资乡村事业给予一定的资金补贴，提供一定的绿色通道和税收优惠；二是遵守市场规律和商业运行机制，尊重和容忍新乡贤投资乡村应当享有的正常利润空间；三是给予一定的精神激励，如授予荣誉称号、树立道德榜样、助其获得一定的政治地位和社会声誉等，以激发新乡贤参与乡村发展的内在需求和持续动力。

水口乡定期举办荣誉表彰大会，以乡村旅游为载体，表彰奖励在乡村旅游发展中做出突出贡献的企业和个人，表彰品质特色民宿，并针对相应的项目设立奖励基金，鼓励乡贤们积极参与。长兴县政府和水口乡政府借整合乡村旅游项目和乡村社会资源的机会，实现了政府、地方精英和新型农村社会组织的合作，实现了共筹、共建、共享、共治的目标。

2. 新乡贤参与乡村旅游发展的作用机理

新乡贤参与乡村旅游发展的途径主要有四种：投资乡村旅游，搭建城乡桥梁，参与公共设施建设和公益事业发展，建立各种新型社会组织、积极参与乡村治理。投资乡村旅游和搭建城乡融合桥梁是乡贤能力的展示，以能力引领青年人才回乡投资创业，促进水口乡人才振兴；参与公共设施建设和公益事业发展起到了文化引领作用，促进乡风文明；建立各种新型社会组织、积极参与乡村治理起到了路径引领作用，既为乡民们参与乡村自治树立了榜样，也为青年人才参与乡村治理提供了途径，助力乡村治理完善。

（1）投资乡村旅游

受文化素质、经验技能、社会背景等因素的影响，乡村旅游经济发展过程中出现了职业化分级，一些乡村旅游经济的精英应运而生。这些精英来自当地农村但又脱胎草根，其投资创业实体在当地乡村旅游发展中扮演着重要角色，起着引领旅游经济发展的作用，他们受益于水口乡旅游业的发展，成为新乡贤阶层之一；当地政府也会举办形式多样、内容丰富的活动，吸引和推动常年在外的新乡贤回乡投资，本来内心徘徊、苦于难于找到较好投资项目的新乡贤，也会因为乡村社会的评价激励及政府对其权益的保障承诺而欣然返乡投资创业。

新乡贤在各种内外动机的作用下，全方位投资参与水口乡的旅游业。他们或创立个体农庄，或成立公司，在盈利的同时也积极关注公益设施和项目。新乡贤创办的实体经营管理类型多种多样，他们通过“公司/农庄+农户”“公司/农庄+社区+农户”“公司/农庄+农家乐（民宿）行业协会+农户”“公司/农庄+景区+农户”等多种形式带动当地村民一起参与当地旅游业的发展，较好地起到了能力引领的作用。

（2）搭建城乡融合桥梁

新乡贤中的很多人曾在城市中居住过很长时间，因为乡土情结和响应号召从城市返回农村投身乡村发展。他们了解城市、熟知城市，知道城市游客选择乡村旅游的理由，能够生产出满足游客需求的旅游产品，成为城市游客和乡村旅游产品提供者的桥梁。同时，新乡贤也能链接城市资源和乡村发展需求。由于久居城市拥有相当丰富的人脉和信息，他们能够积极推动城市资本、人才、技术等众多要素下乡，搭建城乡融合发展的桥梁，积极发挥他们的知识、资本、技术、文化、信息等优势，补充农村的更多新资源，积极推动城市发展和乡村产业的有效匹配。

新乡贤创办的水口乡民宿，非周末入住率都能够达到80%以上，有一些入住率达到100%，需要提前预约排队才能订到房。水口乡政府定期安排培训，邀请有经验的新乡贤创业者教授普通民宿经营户如何提高民宿产品品质。新乡贤们为村民们介绍城市游客的生活和旅游需求，分析城市游客的消费心理，以及水口乡民宿产品与游客需求之间存在哪些差距，共同探讨解决方案，共谋持续发展之路。

（3）促进乡风文明

习近平总书记强调：“实施乡村振兴战略要物质文明和精神文明一起抓，特别要注重提升农民精神风貌。”乡风文明是乡村发展与振兴的灵魂所在，主要包括乡村的优秀文化和村民的自觉文化[30]。新乡贤大多在城市中居住过，他们积极拥抱新思想，具有法治理念、契约精神和开放视野，但又生于农村，乐于尊重和传承传统的乡风礼俗，具备城乡文明融合的价值观，既能继承优良传统又能与时俱进地融入社会主义新文化，带动乡民主动、积极、自觉地维护和促进新时代乡风文明。

在发展乡村旅游的过程中，城市游客的到来势必对水口乡的传统文化产生一定的冲击。他们在给传统的乡村带来城市化和现代化气息的同时，其市场化、自身利益最大化的思维在一定程度上会削弱乡村社会守望相助、共同患难的价值体系，对乡村传统孝道、友善和互助的价值观念也会产生影响。水口乡的新乡贤是搭建和融合城乡两种文明的桥梁，他们在投资旅游业、激活潜在的乡村资源，热心公益事业、促进乡村旅游发展的同时，树立起乡民们的文化自信，使其既积极吸纳城市的现代化文明，又自觉传承传统积极的乡风民俗，引领乡村形成社会主义特色的文明乡风。

（4）助力乡村治理完善

新乡贤在乡村旅游发展中发挥了很大作用，他们不仅参与旅游发展、引领乡风文明，而且积极参与基层自治，促进乡村治理完善。搭建新乡贤参与治理的平台，吸纳新乡贤参与乡村治理，有助于让乡村自治落到实处，使现代法治理念“入乡随俗”并落地生根，实现乡村治理现代化。新乡贤理事代表与村民代表会被定期邀请参加各类村务会议，协商并参与乡村资金管理、乡村未来规划及重大项目招投标等重大事项，这有助于促进基层工作更具群众根基，能够反映村民群众的心声。

新乡贤通过乡贤理事会或者乡贤参事会等组织参与民主决策和基层自治。乡贤理事会、乡贤参事会等组织是独立于基层人民政府的村民自治组织，承担着乡贤们参政议政的角色。新乡贤作为村民精英参与乡村事务，有助于基层政府决策的科学化和民主化，有助于政策执行的实效性。新乡贤参与乡村治理激发了普通村民参政议政的积极性，提升了村民的自治意识，也为村民参与乡村治理起到了路径引领作用。

本章启示

一、理论知识链接

2021年2月，中共中央办公厅、国务院办公厅印发了《关于加快推进乡村人才振兴的意见》，要求各地区各部门结合实际认真贯彻落实。乡村振兴首先要实现人才振兴，乡村人才振兴是乡村发展的战略。长期以来，农村的中青年劳动力、优质人才等外流严重，返乡大学生少之又少，不少地区甚至出现了“空心村”现象。乡村要发展，首先要吸引高层次人才回流，只有这样才能实现乡村的全面发展。

张静宜等[31]提出，要以乡村人才振兴推动乡村振兴，强调加强乡村人才的内生动力、发展能力、机制活力和政策合力，推动人才在脱贫攻坚和乡村振兴上的有效供给和有机衔接，为乡村振兴注入强大的人才动能。吴晓燕等[32]认为新乡贤传承了“乡绅治村”的传统，在主体范围、资格获取方式、发挥作用方式等方面对传统乡绅进行了传承与重塑，乡村振兴过程中鼓励乡贤返乡对推动农村产业转型升级、建设文明乡风和实现有效治理具有重要意义。但同时他们也提出，乡贤参与乡村振兴也有一定的局限性，需要从地方实际出发进行引导和规范，以实现新乡贤的有效参与。

二、水口乡经验与启示

乡村振兴首先要人才振兴，于水口乡而言，高层次人才太紧缺了。以农村现有的发展程度，它能为人才提供的发展机遇、发展平台等均无法与大中城市相比，又凭什么吸引并留住人才呢？一方面，凭的是那一抹“乡愁”，那份对家乡的热爱之情并愿意为之奉献和付出的决心；另一方面，凭的是家乡为他们提供的发展空间、创业氛围和亲情化的服务环境等。乡贤回乡能为家乡提供各项资源，促进当地经济加速发展，比如水口乡的太湖之滨农耕文化园和农贸市场就是乡贤经济的成果。今后，水口乡更要大力吸引中青年高级人才返乡，助力产业发展。

人才的概念和范围较广，大家也都认识到引进乡贤经济是促进地区产业发展的捷径，但问题的关键在于如何引进和留住乡贤，使其推进乡村振兴。水口乡的特色做法主要有以下四点：一是结合文化基因解码工作，对全乡域乡贤资源进行系统性梳理——无论是从政的、经商的还是求学的——建立名录库；二是建立“五联”和走访制度，即通过乡、村干部包片联户，定期对乡贤开展走访交流沟通，特别是对身在外地的乡贤，除了结合招商引资等相关工作走访外，充分利用清明节、中秋节、国庆节、春节等传统节假日乡贤回乡的契机，放弃自身休息时间，开展乡贤大走访，以“亲情化”为纽带吸引乡贤回归；三是针对不同对象，从资金、荣誉、服务等方面制定不同的激励政策，特别是把目前还在高校求学的学子作为乡贤的“潜力股”，设立“茶韵基金”，每年乡、村两级都予以表彰和奖励，鼓励学子学成后回归家乡投身乡村建设；四是人才振兴需要坚持连贯性、长期性和可持续性理念，从外部人才引进、内部人才提升、后备人才储备等方面系统考虑。

第十三章 疫情下的水口乡旅游业

2020 年春节出现新冠肺炎疫情后，全国人民的旅游活动一度停止了，之后疫情虽整体得到有效控制，但是局部性反弹时有发生，不确定因素较大，各地倡导就地过年，跨省游受到较大影响。疫情影响之下，旅游业处于间歇性营业状态，水口乡的乡村旅游业也面临着同样的问题。如何走出困境，把疫情带来的危机转化为发展契机？水口乡政府相关部门围绕民宿启动了“最多跑一次”项目，针对乡村民宿的游客预订接待、风险防控等开发了一套智能化系统，整个流程操作通过线上（手机端）即可申请和预约，极大地方便了乡村民宿业主和游客，减轻了民宿业主和政府相关人员的工作压力，使得防疫指挥部在第一时间能够准确无误地获得所有相关信息，相关部门在游客到来之前就能做到有效预防，降低疫情发生的风险，保障了水口乡景区的安全有序开放，为全面恢复生产生活奠定了良好的基础。

2019 年水口乡全年接待游客 403 万人次，实现旅游收入 12 亿元；2020 年新冠肺炎疫情暴发后，水口乡旅游业虽受到严重影响，但游客数量依然突破了 400 万人次，实现旅游收入 11.2 亿元；2021 年在常态化疫情防控影响之下，到水口乡旅游的游客仍然突破了 400 万人次，整体旅游收入与上年基本持平。

第一节 疫情初期的“亲情呈现”

突如其来的疫情给了水口乡乡村旅游业致命的打击，整个行业陷入停业状态，全产业链从业者均损失严重。尽管如此，民宿业主还是能够顾全大局，积极响应当地政府的号召，为了疫情的更好防控，舍弃自家的暂时收益。

一、劝返劝退已到与未到游客

按照水口乡惯例，每年春节都是旅游旺季，年三十到正月初六基本上家家民宿都游客爆满。2020 年新冠肺炎疫情暴发时，正值过年期间，在得知该疫情具有高传染性和发热症状等情况后，水口乡党委政府秉持着高度的责任感和使命感，于 1 月 24 日启动景区应急预案，在景区入口设置防疫点，对进入景区的游客进行体温测量并告知防疫措施。1 月 25 日上午，疫情日益严重，为保障群众的生命财产安全，在报请县委县政府同意后，水口乡党委政府及时召开党委扩大会议并全面启动应急预案，升级防控措施，做出全行业立即停业的决定。

乡政府对民宿业主做出了具体规定，要求其劝返已经入住的游客，劝退已在路途中的游客，并劝说提前预订的游客取消订单。根据水口乡乡村民宿包吃住价格体系，春节期间的接待价格为平时价格的两倍，春节一周，普通乡村民宿的净利润为 3 万～5 万元，规模较大的可达 8 万～10 万元。临时性劝返劝退游客有可能会产生一系列不可预测的影响和后果：一方面乡村民宿业主将蒙受巨大的损失——除了旅游接待收入直接损失外，还有会浪费已经购买的食材（过年前基本上家家民宿都根据游客预订的情况储备了大量的食材，部分民宿业主采购的物品甚至超过 10 万元）；另一方面，倘若这次疫情总体影响不大，水口乡采取了停业措施而其他乡镇的民宿业主照常营业，将会引起水口乡民宿业主的强烈不满，从而影响今后工作的开展。

尽管如此，水口乡党委政府在经过详细研究和论证后，坚决地做出了停业决定，并果断地采取具体措施，将全体乡村干部、职能站所成员、行业协会成员和志愿者成员分成 13 个工作组分头开展工作：一个工作组负责全乡范围内主要道路防疫点设置，对所有外来车辆、游客做好防疫宣传；其他 12 个工作组按照乡村民宿划分的片区上门入户做业主和游客的思想工作，开展劝返劝退工作。经过广泛动员，广大民宿业主和游客积极配合，入住景区的游客开始有序撤离。对于部分缺乏交通工具的游客，水口乡党委政府调动景区旅游车队大巴开展包车送回服务。到 1 月 26 日中午时分，全景区近 600 家民宿已经按照规定劝返劝退了全部游客——共劝返劝退游客 4 万余人次。

二、赠予相关人员储备物资

往年过年期间是水口乡最热闹的时候——"上海村过大年"活动此起彼伏，很多游客喜欢到水口乡民宿过年，因此，民宿业主在年前都会为客人储备大量的蔬菜等物资。突如其来的疫情让全体业主措手不及，在工作组入户开展游客劝返劝退过程中，不少业主提出了对已购买食材损失的担忧，而游客们也认为临时被劝返完全打乱了自己的过年计划，大年初一初二临时返程自己家里也没有储备过年物资，回家后怎么办？结合双方情况，为了充分展示水口乡旅游"亲情化"接待特色，工作组在劝返游客的同时动员业主们把家里储备的食材赠送给游客。一个小小的建议，平复了游客原本不满和不安的情绪，推动了游客们的顺利返城，也为后疫情时代水口乡旅游业迅速复苏打下了坚实的基础。游客们虽在雨雪交加的大年初一初二被动返城，但还是充满了感激，他们在返程时摇下车窗久久地向工作人员招手，嘴上不停地说着“你们辛苦啦！你们辛苦啦！”

随着疫情管控措施的进一步升级，人员流动基本被禁止，外地返家人员居家隔离，外地务工人员就地过年。水口乡的民宿业主们觉悟都很高，把游客劝返劝退后，家里还有比较多的食材，他们便主动将储备的食材免费赠送给居家隔离户、滞留在水口乡的外地务工人员、村里困难户等。随着捐赠志愿者队伍的扩大，相关产品的赠送数量越来越多，物资品种也越来越丰富，各类蔬菜、大米、油盐、鸡鸭鱼肉、牛羊肉、海鲜、牛奶、面包等应有尽有。为了配合相关工作，景区综合管理办公室在游客服务中心设立了专门的捐赠物资受理窗口，并安排专人负责相关物资的收集、整理和分发工作，如图 13-1 所示。

图 13-1　清点和分发乡村民宿捐赠的物资

三、踊跃参与卡点志愿执勤

疫情初期，水口乡采取了比较严格的管控措施，在恢复时间尚不明朗的情况下，一方面各个地区所有道路均需采取封闭措施和 24 小时值班制度；另一方面对于居家隔离人员也需要实行 24 小时的管控措施，大量的卡点和管控点仅仅依靠乡村干部和站所工作人员是远远不够的。因为疫情，本来应该非常繁忙的民宿业主在过年期间显得异常空闲。在此期间，水口乡的各类志愿者组织动员广大乡村民宿业主通过自愿报名方式踊跃参与志愿者卡点执勤工作，发挥了积极的作用。景区核心区顾渚村在这方面做得特别好，在做好本村防疫工作的同时，还积极支援其他村和县级卡点的防控工作，展示了志愿者的热情与风采（图 13-2）。疫情初期，水口乡的乡民们各司其职，各项工作有序地开展着，同时，他们也期待着疫情的早日结束和水口乡旅游业的早日恢复。

图 13-2　志愿者参与交通执勤和交通疏导

第二节　疫情中期的“黑夜寻光”

一、面临的困境

受新冠肺炎疫情影响，水口乡景区、乡村民宿与市里其他旅游服务主体一样一直处于停摆状态，面临诸多困境，主要如下。

1. 旅游收入断崖式下跌

根据疫情防控需要，仅 2020 年春节大年初一到大年初二，全乡共劝返劝退游客 4 万余人次。据不完全统计，春节期间，仅乡村民宿的直接经济损失就达 4000 余万元，而且对旅游整体供应链系统造成了不可逆转的影响。此后很长的时间里，民宿业主们只能勤练内功。

2. 消费需求持续性低迷

水口乡的游客以中老年为主，受众大部分是来自上海的中老年群体，“上海村”也因此得名。中老年人抵抗新冠肺炎的能力相对较弱、跨省游管控较严等情况，直接影响了中老年群体的消费心理和消费行为。所以，全国解封后的很长一段时间里，很多回头客要么自己不敢来，要么是子女不让来，水口乡的常客们没有像预期的那样马上就“回水口来看看”。

3. 农副产品大量滞销

往年 12 月开始，水口乡的整个旅游市场便进入了提前备货阶段，无论是市场经营户、乡村民宿业主还是普通农户，都开始大量囤积食材以满足过年期间的旺盛消费需求。根据惯例，年底到来的游客基本上都会到水口乡农贸市场或乡村民宿采购单位或家庭的年货，而 2020 年春节前新冠肺炎疫情的突然暴发，造成了大量农产品的滞销，农产品价格急剧下跌。例如，当时的笋干市场价格由原来的 25 元/斤降至 2 元/斤，土鸡市场价格也由 100 元/斤降至 30 元/斤。无论是农贸市场、旅游市场、沿线商铺还是乡村民宿和村民，原先囤积的大量农副产品均从热销产品变成了烫手山芋，特别是一些时鲜类产品，由于保鲜期短，极易损坏变质，进一步增加了村民们的负担。

4. 债务压力不断加大

乡村民宿行业属于服务行业，设备设施三四年后基本上需要进行二次改造和提升，因此绝大部分乡村民宿业主都有负债，如银行贷款、亲朋借款、装修欠费等。根据我国的传统，一般家庭债务都要求在年三十前进行偿还，然后大家欢欢喜喜过大年，而水口乡因其乡村旅游产业的特殊性，一直以来都是在春节过后再支付相关款项的，疫情的出现完全打乱了业主们的还款计划。春节期间，业主们非但没有赚钱反而损失惨重，同时 2 月份又是行业贷款到期的高峰期，整体还款压力很大。

二、应对举措

疫情期间，水口乡旅游业的应对举措主要是利用闲余时间充分完善相关设施、提升民宿的品质等。政府层面，主要是开展景区基础设施的改造和服务设施的完善工作，并适时制定政策措施，充分盘活各方资源，多途径开展宣传造势，加快当地旅游经济的回暖等；民宿业主层面，主要是在参与志愿活动的同时充分利用闲余时间参与政府举办的各类培训班，充分提升自身的素质及所经营民宿的品质，在培训活动中树立产业复苏的信心。

1. 勤练内功，提升旅游品质

（1）以整治改造提升庭院品质

疫情期间，水口乡政府制定了《水口乡村民宿美丽庭院整治提升方案》，在全乡范围内深入开展乡村民宿美丽庭院整治提升活动。以整治乡村民宿房前屋后“脏、乱、差”为突破口，围绕“五美五无”[①]整治标准，水口乡发动村民们开展房前屋后环境改造，整治乱堆放、乱搭建等现象，要求以“院内要比墙外更美”为标准开展庭院内部改造，

① “五美五无”：卫生清洁美、摆放整齐美、设计布局美、精致绿化美、经营诚信美；无防疫措施不到位现象、无有损景区形象现象、无私搭乱搭建现象、无造成污染环境现象、无设施设备不全现象。

以"鲜花要比绿叶更美"为标准开展绿化美化工作，以"黑夜要比白天更美"为标准结合景区亮化工程推进乡村民宿亮化工作，全方位、全范围打造乡村民宿美丽庭院。

为进一步发挥业主们的积极性，水口乡政府专门出台美丽庭院整治奖励标准，给在规定时间内按标准完成整治的民宿业主奖励紧俏防疫物资：口罩、额温枪，以及由政府出资购买的一份新冠肺炎疫情保险等。疫情空档期，水口乡通过发动广大村民积极参与，以点带面、串珠成链，较好地推进了开放景区的环境提升，尤其是背街小弄、房前屋后等卫生死角被彻底清除，形成了"小环境"与"大环境"协同美丽的格局。

（2）以项目建设推进景区改造

疫情期间，无论是政府还是民宿业主，无论是工程项目还是旅游业，都面临着严峻的考验。大量的外地务工人员滞留在水口乡，许多本地劳动力也无法经营民宿或外出就业，乡政府在统筹摸排滞留劳动力数量、年龄、结构等信息基础上，召集年龄合适、有相关施工经验的劳动力组建"工程施工队"，抢抓时间"疫"刻不停地推进村集体经济项目以及民宿的改造提升工程。

如图 13-3 所示，唐潮十二坊项目为仿唐古典式风格建筑群，其工程由湖北的建筑单位承建，而当时湖北为疫情的重灾区，项目工地有近 700 名员工滞留在水口乡过年。疫情期间，这些湖北的劳动力和本地劳动力一起，克服种种困难，全力推进核心区大唐不夜街和唐潮十二坊项目建设。700 余米的大唐不夜街，通过工程队的加班加点，在短短 200 天内完成了道路的改扩建、村委会集体经济用房建设、景观绿化亮化工程等。同时，该项目建设还带动了周边 3 个片区 156 户乡村民宿的立面和庭院改造提升，极大改善了景区形象和基础配套，为旅游业的复工复产打下了坚实的硬件基础。后疫情时代，随着管控措施的逐步取消，水口乡的游客慢慢回流，很多老客户半年后再回到水口乡时，一个整洁、亮丽、规范、有序的景区呈现在眼前，他们都发出了"翻天覆地""不认识了""太美了"等感叹。

图 13-3 唐潮十二坊项目

（3）以素质培训提升服务质量

水口乡的旅游业，因主要客源为中老年群体，相对其他旅游景区而言，不存在明显的空档期，相关从业人员基本上一年到头都是忙忙碌碌的，平时花在学习提升上的时间相对较少。新冠肺炎疫情影响带来的空档期，正好给了从业人员“富脑袋”的契机。针对乡村民宿业主个人修养与经营素养有待提升的现状，水口乡利用疫情期间民宿业主的空闲时间，在每年的常规业务培训基础上增加培训内容，按照“文化要比环境更美”的要求，大力开展以乡村民宿“五个一”（会泡一壶茶、会弹一种琴、会唱一首曲、会烧一道菜、会拍一张照）为主题的系列内涵提升培训活动，通过发放相关书籍、走访指导、邀请非遗传承人和专家开设专题培训班等形式，组织业主学习茶艺、弹琴、唱歌、美食制作、摄影、插花、微信营销、视频创作等才艺技能，推进民宿书房建设，提高经营素养和服务内涵，进而提升水口乡民宿的整体品质，如图 13-4 所示。

图 13-4　疫情期间的各类培训

2. 盘活资源，促进产业转型

（1）“触网”电子商务

疫情期间，各地纷纷设置防疫卡点进行相关管理，在此过程中，乡政府工作人员发现主要防疫点的快递包裹越来越多，于是及时开展了市场调查。通过调查分析他们发现，物流快递主要存在以下几方面的情况：一是景区内发出去的快递要远远大于收到的包裹数量，二是发出去的快递包裹基本上以农副产品为主，三是发出去快递的收货对象几乎都是乡村民宿的老顾客。经过走访，相关工作人员进一步了解到，业主们通过“5000+”

微信朋友圈晒图、抖音视频等方式进行宣传销售，城里的游客那段时期基本上也都宅在家中，他们在消磨时间刷手机时看到了民宿业主的微信朋友圈和抖音视频，因为多年来的亲情化服务和主客间的频繁互动，游客们对水口乡的业主和产品高度信任，他们迫不及待地下单购买产品。由此，水口乡的电商经济应运而生。

在实际操作中，业主们也遇到不少问题，如销售产品比较单一而客户需求多样化，疫情管控下物流配送车不能进入景区，缺乏统一固定的寄送点，物流费用居高不下降低了业主们的利润空间，公路的防疫点堆满包裹存在安全隐患等。为了解决这些问题，水口乡政府采取了一系列措施：积极协调邮政局，约谈快递企业，降低邮寄费用；开通绿色通道，快递物流车辆在完成防疫消杀后允许进入景区；把因疫情影响而闲置的景区游客服务中心腾空，设置物流中转站（寄收点），安排志愿者提供服务。水口乡的电商经济发展逐渐步入正轨。

同时，乡政府大力鼓励动员其他乡村民宿业主、市场经营户等“触网”电子商务，利用网上销售盘活客户资源及时止损，通过电商渠道保持主客互动，并以此为契机，利用太湖之滨农耕文化园项目二楼空余场地空间布局电商产业，打造农产品电商产业园。疫情之下，水口乡成功地完成了从“民宿村”向“电商村”的华丽转变，成为民宿和电商双轮驱动的新兴产业乡镇。

（2）加快产业联动

旅游带动下的农副产品业，行业跨度和产业联动性很强，从田间地头到城市居民手里，需要通过生产、加工、包装、物流、配送等环节，涉及种植养殖、二次加工、相关包装设计与生产、物流车辆人员配置、网络信息编制、食品安全监管等关联产业。针对疫情期间恰好是春季农产品上市高峰期的情况，水口乡通过政府搭台、民宿组团、物流联动等方式，发动乡村民宿和物流企业主动链接第一产业，走农产品采摘、加工、销售全链条道路，实现产业联动。

（3）实施抱团经营

水口乡旅游业集聚区具有相当的规模效应，供应链系统完善，其在转型电商经济过程中也充分发挥了集聚优势，开展抱团经营：一方面将乡村民宿划分为 12 个片区，设立 12 位农产品代理人，专门指导乡村民宿业主如何盘活多年来积累下来的“客户”资源，打造异地联动的“亲人经济”。同时，充分发挥当地资源优势，联系当地种植养殖基地、屠宰场、辖区内 8 个村的经济合作社等，动员其积极为乡村民宿业主提供优质产品，开展县、乡内农副产品供应链对接，带动周边农户共同发展。

3. 综合政策，紧抓经济回暖

（1）出台指南指导复工

在推进复工复产过程中，水口乡政府第一时间制定《水口乡乡村民宿行业复工复产指南》，讲明民宿行业复工复产所需手续、办理环节、防护要求、享受政策等内容，并装订成册分发给民宿业主，为民宿业主有序复工提供路径指引和政策支撑。同时，水口乡政府还围绕民宿启动了“最多跑一次”项目，依托智慧管理服务平台，针对乡村民宿的复工复产、游客预订接待、风险防控等开发了一套智能化系统，整个流程操作通过线上（手机 App）即可申请和预约，极大地方便了乡村民宿业主和游客，减轻了乡村民宿业主和政府相关人员的工作压力，使得防疫指挥部在第一时间能够准确无误地获得所有相关信息，相关部门在游客来之前就能做到有效预防，降低疫情发生的风险，保障了水口乡旅游业安全有序地开放，为全面恢复生产生活奠定了良好的基础。同时，乡政府组织社会经济发展办公室、生态旅游办公室、乡卫生院、行业协会等部门送服务上门，分片区对民宿防疫消杀、消防安全等进行全方位指导，“清单化”引导其做好安全复工和防疫工作，帮助其尽快有序恢复营业。

（2）全面走访推进工作

疫情给乡村旅游业带来了巨大的冲击，其影响不仅在于表面上因游客锐减而导致的乡村民宿经营收入减少，更在于对整个旅游供应链体系的暂时性破坏、对旅游相关从业人员信心的打击等。虽然水口乡的旅游以个体式、家庭式经营为主，在疫情之下这些模式因其自有资源而具有更强的抗风险能力，但个体式、家庭式旅游的从业人员大多以村民为主，他们对疫情下的市场展望、转变举措等研判能力和应对能力相对不足，缺乏提前布局和创新谋划的魄力能力。因此，水口乡结合网格化管理工作，安排政府机关工作人员分片区上门走访，在宣传恢复营业政策和要求、防疫防护知识、游客审核办法等内容的同时，针对乡村民宿发展存在的问题提出意见建议，指明发展方向，树立发展信心，全面推进旅游行业的恢复。

（3）鼓励银行助力复产

疫情发生后，原本兴盛繁荣的乡村旅游业陷入停滞，民宿业主们猝不及防地失去了原本的收入来源。虽然于乡村民宿业主而言很多资源是自有的，成本相对较低，但他们还有建筑贷款、装修贷款、车贷等支出，还款压力较大。通过调研走访了解到民宿业主普遍的还款压力后，水口乡政府在县委县政府的主导下召开银行企业协调会，会同各家银行商量应对举措。为助力乡村旅游业度过严冬，相关银行在保证“不抽贷、不减贷”的基础上，出台降低贷款利率、简化贷款手续等措施，对利用疫情空档期开展二次改造提升的农户加大信贷力度的支持，针对确实因疫情影响导致到期一次性还款压力较大的业主，采取分批分期还贷和出台无还本续贷方式缓解还款压力，解决业主们发展的后顾之忧。

第三节　后疫情时期的“化危为机”

后疫情时代，水口乡旅游业主要通过政府、民宿业主和农产品生产者共筑地域网格体系来增强风险防御能力；依托互联网，拓展销售渠道，增强产品的销售力；加速产业转型，共促农文旅融合，推进全域旅游，实现美丽经济。

一、曙光微亮——加速产业复苏

1. 加大地域网络推荐，积蓄旅游口碑影响力

（1）秉承“亲情化”服务理念，积攒旅游口碑

在年初劝返劝退游客的过程中，乡村民宿业主将已经购买储备的部分食材免费赠送给返程游客，并以此为契机，与游客保持经常的联络，建立主客之间良好的沟通互动机制。疫情期间，依托主客信任感，乡村民宿业主紧紧抓住电商发展契机，凭借农副产品这一载体优势，在加深联络沟通的基础上进一步拓宽了客源渠道。后疫情时期，水口乡继续依托“老板娘经济”，构建和维护熟客网络，积攒旅游口碑。

（2）积极开展线上推介，提升水口乡旅游知名度

疫情管控解除后，水口乡借助电视媒体、平面媒体、新媒体等渠道，全方位开展线上推介活动，以提升本地乡村旅游知名度，如“上海村蝶变之路”讲座直播、天目新闻一小时水口乡民宿直播、长三角旅行商大会水口乡旅游专题推介、公众号“水口云管家”的产品推送和活动预告、水口茶文化旅游景区官方抖音号开通，以及开展为全国医务工作者免费提供3万间度假房活动等。

（3）高频度举办节事活动，造势产业复苏

水口乡结合传统习俗、农事节庆和旅游活动等精心策划举办了一系列节庆和活动，为乡村旅游复苏造势：在传统“春茶、夏梅、秋桃、冬笋”四大农事节庆活动的基础上，结合大唐不夜街项目的竣工，举办“大唐不夜街 盛世国潮夜”开街仪式；利用十一长假举办“大唐盛世 音为水口”首届电音节，活动当天吸引各类游客4万余人；举办“农民丰收节”活动，将原来受疫情影响取消的“‘上海村’过大年”品牌活动转换成“‘上海村’补大年”系列活动，邀请长三角百家旅行社游水口；利用水口乡境内古道修复的契机，举办“山野浪行归”古道越野赛活动；利用北环线旅游公路竣工契机举办“春茶骑行挑战赛”；结合唐潮十二坊项目举办水口乡灯光节；在大唐贡茶院举办“唐宋元明清 从古喝到今”——紫笋茶文化节，即在紫笋茶进贡1250周年之际举办“云直播”首届“春茶节”活动；结合南山脚房车营地项目的500余盆精品杜鹃举办“杜鹃花盆景艺术节”；结合太湖之滨农耕文化园项目举办水口乡啤酒节、年货节；依托开元芳草地乡村酒店承办“中国围棋甲级联赛”等。

2. 鼓励产品特色加工，彰显农文旅融合力

1）进行旅游商品、农副产品的品牌注册和包装设计工作，鼓励乡村民宿业主开展初级农产品的二次加工，例如把春笋加工成笋丝、笋干、黄豆笋干、笋干拌饭酱等相关易于携带的旅游商品，通过线上线下进行销售。

2）开展产品和产业整合：为农产品和乡村民宿业主牵线搭桥，打通信息壁垒，以乡村民宿为核心带动全乡乃至周边地区农副产品的销售。

3）举办农事节庆活动：根据农产品的季节性特征，筹划推出“春茶”“夏梅”“秋桃”“冬笋”等季节性旅游活动，做好做足品牌宣传，为农产品注入文化魅力。

4）为农产品运输提供物流便利：协调顺丰、申通、中通等相关物流企业下调物流费用，争取业主利益最大化。

3. 依托农村电商，扩大产品销售

1）主动转型，实现困境下的“居危思变”。鼓励乡村民宿业主“触网”，以乡村民宿自身客源群体为基础，盘活客户资源，销售本地农产品。

2）创新求变，实现民宿、电商“双轮并驱”。加快布局电商产业，依托太湖之滨农耕文化园2000平方米的园区，引进专业电商团队，打造农产品电商产业园区。

二、破而后立——后疫情时代举措

当前，全国步入统筹疫情防控和经济社会发展的精准化、常态化发展新阶段，新的阶段将会面临更多的问题、挑战和机遇。在疫情影响下，旅游服务业如何从复工复产阶段跨入全新的边防控边发展阶段是一个值得深思的问题。后疫情背景下，水口乡旅游发展的防控举措主要如下。

1. 居安思危，审度疫情变化新形式

水口乡成立了疫情防控专班，时刻关注疫情变化形势，多渠道及时发布相关疫情预警信息，严控因为人员流动和聚集带来的疫情传播风险；对疫情的警惕性不降低，继续按照要求抓紧抓实抓细防控措施，对于重点场所、重点区域加大管控力度；充分利用大数据手段开展精密防控，严格落实疫苗接种工作，对风险地区的游客及时劝返，以灵活的方式面对疫情；对乡村民宿、景区景点、农贸市场等场所从业人员进行防疫知识的相关培训，督促他们做好定期消杀消毒工作，保证乡村民宿拥有相对安全的居住环境。

2. 承前启后，维持线上线下双发展

水口乡积极开展以互联网为代表的非传统业务，推动“互联网+旅游”的深度转型，为整体业务赋能；改变思维模式，转变旅游产业商业模式，推出5G技术旅游体验模式、云旅游等；继续发展传统的线下旅游产业链，在线上进行旅游宣传的同时，让宣传“走出去”，针对主要客源城市进行线下宣传，维持了线上线下的双发展模式。

3. 多措并举，促进旅游产业新变革

疫情加速了民宿业的两极分化，从产业长远发展来讲，这是推进产业转型升级的良好契机。水口乡以“共同富裕道路上一个都不能少”为原则，通过多种模式推动民宿业的整合发展。

（1）"强弱整合"模式

产业发展过程中，部分民宿生意火爆、客房供不应求，有些民宿则因为品质较低、设备设施陈旧、经营服务理念落后等濒临倒闭，基于双方互信基础，生意火爆的民宿以个体租赁方式盘活濒临倒闭民宿的资产，重新装修后设置分店，被租赁民宿业主的身份也从经营者转变为分店的管理人员，既解决了民宿面临关闭的困局，又解决了其原地就业问题。

（2）"强强联合"模式

部分特色民宿近几年生意蒸蒸日上，却因受制于规模，发展受到限制。这类民宿的业主因具有较强的扩张意愿，便由其中一家牵头联合其他民宿业主组建合资公司，选择在环境相对较好、总体经营状况较好的民宿集中连片区域，通过租赁方式打造品牌，实行"强强联合"。针对这种模式，政府会出台支持鼓励政策，推进周边大环境及配套建设。

（3）"片区抱团"模式

水口乡旅游分为 12 个集聚区，各片区经营状况因地理位置、基础配套、周边环境等因素影响存在差异性，且片区内部各类不同定位的乡村民宿的经营状况差异性也较大。行业协会牵头探索片区抱团组合发展模式，将部分确实经营不下去的乡村民宿改造成片区内的配套服务场所，如 KTV、棋牌室、书画室、茶铺等，并实行片区客源内部调配机制，推动整个行业在危机中破冰。

4. 推陈出新，推动美丽经济新发展

基于长三角地区大中型城市中老年游客的定位，让水口乡享受了近 20 年乡村旅游蓬勃发展的红利，而新形势下，传统客源逐步流失，新客源群体对景区提出了更多的新要求。为了推动经济的进一步发展，水口乡布局新产业、植入新经济，如以亲子游为主题的开元芳草地乡村酒店、以禅茶文化为主题的花间堂·沂水精品酒店、以农事体验为主题的富硒山居项目、以杜鹃花为核心的四月天杜鹃花海项目、以房车为主题的南山脚房车营地等。

水口乡结合市场变化，将其旅游定位从乡村生活型景区向综合型景区转变，在持续保持开放式景区的前提下，探索谋求新的发展路径。一是相继出台系列支持政策，大力推动乡村旅游核心资源——乡村民宿的转型升级和模式转变；二是全力推进基础配套设施的完善，近年来相继完成大唐不夜街建设、北环线旅游交通公路建设、古道修复、旅游绿道建设、各类驿站服务点建设等项目，大力推进人居环境整治，提升改善景区面貌；三是开拓创新，结合客源群体需求引进开发新业态，例如利用花间堂·沂水酒店门口 50 亩左右空地建设画溪谷露营地，利用徽州庄村 700 亩地块打造山地越野、赛马射箭等运动类项目，力求旅游业态、旅游体验的多元化发展。

本章启示

一、理论知识链接

相对于常规性较为稳定的环境而言，危机事件一般是由于突发因素造成的各种不利情况、严重威胁和不确定性等的高度集聚。危机管理是一门专门的管理科学，是指应对危机的有关机制，通常分为事件发生前的预测预防和事件发生后的应急管理两部分内容。危机管理的关键在于如何有效地避免或减小危机所造成的冲击，使危机影响最小化，并最终达到恢复生产、稳定秩序、提高经济效益等目的。因此，为了防范危机或应对已发生的危机，当事方应事先建立预防和处理重大危机事件的方法和制度等。

旅游业是一个对环境比较敏感的产业，危机事件容易对旅游业产生显著的影响。危机的爆发会使旅游企业经营的外部环境发生变化，会破坏旅游设施，增加不安全因素，进而危害旅游目的地的形象，导致人们对旅游目的地或者未来的旅游活动产生不好的预期，旅游意愿减弱，减少出游行为，使得旅游市场供大于求，引起市场的巨大波动。

二、水口乡经验与启示

因疫情的反复，这几年整个旅游业进入了严冬，景区景点、农业园区、旅行社、城市酒店、乡村酒店、乡村民宿及关联行业等全部陷入了停业—观望—复产—再停业的循环状态。随着疫情防控的常态化，乡村旅游面临的是村民、游客、业主等主体心理和行动上的大幅度转变。水口乡旅游在疫情之下能够顽强生存的根本原因在于，其乡村民宿的经营主体基本上都是当地的原住民，经营成本相对较低，抗风险的能力也更强。从疫情开始的初期到今天的疫情防控常态化阶段，水口乡采取了不同的应对举措。2020 年疫情暴发初期，水口乡通过发动全员参与志愿防控筑牢大门，通过发动业主免费赠予游客食材赢得信任，通过推进人居环境整治提升打造景区环境，通过开展“美丽庭院”和乡村民宿转型升级提升品质，通过推动基础设施项目建设拉动投资和就业，通过开展“五个一”系列培训提升内涵，通过节庆活动拓展宣传和增加体验度，并同时出台一系列纾困支持政策，收到了良好的效果。2022 年春节是水口乡因疫情防控需要而停业的第 3 个年头。据不完全统计，仅 2020—2022 年的 3 个春节假期，水口乡旅游业直接经济损失就超过 2 亿元。2022 年上半年，因为主要客源市场——上海、江苏、杭州等地都出现了疫情的反复，水口乡的民宿大多处于停业状态，水口乡的乡村旅游业受到了极大影响。水口乡党委政府将旅游业发展上升到民生和社会稳定的层面来考虑，如何解决群众面临的生产生活问题成为一个重大考验。在行业停滞、群众受损的情况下，要解决群众“有事可干”“有事能干”“有钱能赚”的问题，已经不能按照前两年大搞基建、大搞内业的方式来解决，于是水口乡结合紫笋茶采摘季打通用工渠道，解决了群众有事可干的问题，同时预判 2022 年茶叶销售形势严峻，提前沟通茶叶加工企业，开展茶产业二次加工，力求物尽其用；结合春笋大量上市却无人问津的情况，发动群众开展笋制品二次加工，提升产业附加值；加快推进辖区相关基础设施项目建设，并优先利用当地劳动力解决短期就业问题；依托村集体的长兴杏梦文化传播有限公司加速开展 IP 品牌建设，开发特色旅游产品、文创产品等；邀请专业团队，组织业主开展新媒体抖音平台直播培训，拓宽农产品销售渠道和宣传途径；针对水口乡最大的客源地——上海因疫情管控导致生活物资紧缺的情况，发动业主们克服困难，踊跃捐款捐物，采购食材送达上海居民小区，既体现了亲情化服务，又为行业复苏做好了宣传；同时，乡政府还联动相关部门持续出台了纾困支持和引流政策等。

2020 年开始的新冠肺炎疫情对旅游业的打击是致命的，很多经营主体丧失了对产业发展的信心——一边肩负着债务，一边却是景区封闭，继续营业又遥遥无期。因而，当时和当下，水口乡政府和管理部门做得最多的工作是树立和提振行业信心，深入调查行业遇到的困难，通过各种途径减轻各家民宿业主的负担，同时给予其心理上的鼓励和支持，让他们坚信一段时间后，旅游业的春天必将到来，因而疫情停业期间最应该做的是多举措提升自身内涵和品质，进行硬件设施的改造和参加各类培训提升服务技能等。疫情防控常态化情况下，水口乡按照上级部门的防疫要求，时刻保持谨慎之心，既抓好防控防疫，更从行业纾困、内业提升、业态丰富、外宣推广等方面着手抢抓先机，通过落地贴心举措稳定民心、增加收入，为行业复苏打下坚实基础。

第十四章　发展问题与发展远景

水口乡旅游业从起步、发展、壮大、规范、提升、转型至今已历经 20 余年，不同的发展阶段，解决了不同的问题和困难。在发展过程中，随着旅游企业和产业所涉及的申请、审批、监管、服务、整合等方面的流程逐步建立和完善，水口乡探索出了产业起步引导、企业标准化审批流程制定、个性化服务体系制定、管理体制机制建立与完善、基础配套设施提升、旅游业态丰富化等方面的特色路径。

新时期、新形势、新变化、新需求下，旅游市场、旅游消费正在发生前所未有的变化，乡村旅游业的边界更加模糊，其发展正在由开始的粗放型逐步趋向于精细化，从简单的旅游“六要素”标配向深度旅游体验转型，从简单的农家乐旅游向兴趣型、多元化乡村目的地旅游转变。面对众多因素的发展变化，水口乡旅游业发展的前期优势有可能会成为后期强劲发展的绊脚石。问题与机遇共生，只有水口乡各级层面共同致力于产业发展，才能解决这些问题，抓住新的发展机遇。

第一节　水口乡旅游发展面临的主要问题

一、人才问题

我国“三农”问题的解决已经从全面完成脱贫攻坚任务转向乡村振兴，乡村振兴的核心问题是“人”的问题，人才缺乏是制约乡村振兴的最大共性问题。水口乡旅游业持续快速发展的主要制约因素也在于人才的缺乏。

1. 问题剖析

疫情影响之下，水口乡旅游业可能在下一发展阶段才会出现的问题已经提前呈现，其中最为突出的便是乡村人才问题，这是制约水口乡旅游业进一步发展的瓶颈。从民宿产业到特色农业再到其他旅游关联产业，绝大部分经营人员是第一代业主，虽然偶尔也有第一代与第二代共同经营的模式，虽然年轻人所占比重也在逐年上升，但是水口乡劳动力年轻化的趋势远远赶不上市场变化的速度，这导致产品开发与消费市场需求变化的矛盾日益突出。

疫情的多点散发与常态化防控措施，使得经营水口乡旅游的业主真正面临着自产业起步以来的最大危机，剖析其人才问题主要为两个方面。一是第一代经营业主的知识和能力有限，面对住宿客流锐减的局面，他们既觉得非常无奈，又感慨形势的突变，怀念疫情前的繁荣。第一代经营业主大多数是年纪较大的本地乡民，他们没有能力深挖旅游市场变化的深层次原因，一直在等待过去繁荣景象的重现。虽然他们也积极采取了一些自救措施，但对需求变化缺乏深入分析，不明确具体的转型方向，因此无法采取有效的应对举措，其在思维、理念、管理、服务、营销及资金投入等方面与现代游客的实际需求差距进一步拉大。二是年轻劳动力对相关产业的兴趣不大。因代际差异及择业观念的影响，年轻人对乡村行业、传统手艺等兴趣并不大。以水口乡国家级非物质文化遗产为例，通过对《茶经》等典籍的研究考证和反复试验，水口乡紫笋茶传统制作技艺得以恢复，古法制茶的手工蒸青技艺得以重现，但是在实际推广传承过程中却遇到了年轻人不愿意学的情况。

2. 经验路径

农村要发展、农民要致富、乡村要振兴，当务之急就是要解决人才振兴的问题。在20多年的旅游业探索中，水口乡发现四个层面的人才队伍配备对当地的发展与振兴至关重要，即决策层面、管理层面、经营层面和受众层面，水口乡今后的发展需要在这些层面有源源不断的新鲜血液加入。

（1）决策层面

决策层面主要是指长兴县和水口乡两级政府。一方面，不论是发展旅游业还是特色农业等其他产业，“规划先行”至关重要。水口乡旅游业从起步到现阶段，县乡两级政府一直强调“先策划、再规划”，“策划”是指经过系统性调研、收集整理信息、分析提炼后提出阶段性前瞻战略发展导向，规划是基于策划制定的落地方案，这种模式为水口乡发展战略的确立提供了更为科学的依据和支撑，也为战略的落地提供了更大的保障。另一方面，基层政府是最直接面向群众的组织，是党中央各项法律法规政策的落地执行者，是当地发展战略的主导者、发展政策的制定者、相关政策的落地者和执行者。县乡党委班子的决策主导了当地特定阶段内的主要发展方向，这对于县乡两级政府执政人员的能力、素养等提出了更高的标准和要求。

（2）管理层面

管理层面主要是指基层政府的相关管理部门和村级组织，它们在所有政策的落地过程中起到决定性作用。基层政府的相关管理部门负责落实管理服务、引导发展、创新指导等工作。村级组织的号召力、凝聚力、战斗力尤为重要，在产业发展、壮大、规范、转型等过程中发挥着强大的作用。村干部作为农村的领军人物，旅游产业的发展对其能力、素质、威信等提出了更高的要求。在充分发挥基层党建功能的基础上，村干部既要具备带领带动的号召力，又要具备统筹工作的协调力，还要具备资金争取的沟通力，以及项目争创的拼搏力。

（3）经营层面

经营层面主要是指乡村民宿经营业主的主体作用。一是要吸引进城务工的农村青壮年劳动力返乡创业就业，助力乡村振兴；二是要激发在村村民参与产业发展的积极性和主动性；三是要提升村民所提供产品和服务的品质，使之与市场接轨；四是要破解吸引外来人才参与和投资水口乡旅游业的难题。

（4）受众层面

受众层面主要是指旅游市场，即游客。需要解决如何通过完善的旅游供应链系统吸引品质游客、留住品质游客，以及如何通过产品服务品质化、业态丰富化等途径促进消费增值等问题。

二、市场问题

水口乡旅游业的发展历经 20 余年，其核心定位还是坚持以当地村民经营的乡村民宿为主，并在此基础上实现多元化发展。目前，水口乡已经形成了品牌酒店、特色民宿、精品民宿、普通民宿（农家乐）并存的差异化发展格局，但总体而言，其结构还是呈现金字塔形，面向中青年群体或中高端消费群体的业态严重偏少。近几年来，水口乡旅游市场变化明显，由此引发了供给与需求方面的一系列矛盾。

1. 旅游市场变化

（1）客源市场地域结构变化

疫情管控政策影响下，省内游、市内游、周边游已经成为新常态，跨省团队游客量急剧萎缩，短途的家庭游、亲子游、体验游等出游类型比例逐步上升。水口乡的惯常客源地，如上海、苏州、无锡、常州等城市受到散发性疫情的影响，游客无法正常出行至水口乡，省外游客量锐减。水口乡近两年的游客，从对上海和苏南地区的高度依赖，转向以省内、市内为主。

（2）客源市场消费力结构变化

高端消费呈现上升趋势，入住率远高于普通乡村民宿。以 2021 年为例，水口乡共接待住宿游客 70 余万人，其中品牌酒店共接待住宿游客 6 万余人，特色民宿共接待住宿游客 2 万余人。水口乡的酒店+特色民宿总床位数近 1500 张，占总数量的 6.8%左右，而住宿游客接待量占总量的 11.4%左右，其游客入住率远远高于包吃包住的普通乡村民宿。

（3）客源市场年龄结构变化

客源市场年龄结构变化表现为自驾型游客量和中青年游客量稳步上升。出行方式和年龄结构的变化体现了整个乡村旅游市场客源结构的逐步优化，但是水口乡许多普通乡村民宿仍以中老年游客为主，客源市场年龄结构变化为其带来的直接影响，就是主要客源群体——中老年游客的接待量呈现断崖式下跌。

（4）疫情之下住宿游客量下降

疫情之下，水口乡的住宿游客量下降明显。从游客总量来看，2021 年水口乡游客量为 420 万人次，其中住宿游客有 70 多万人，按住宿游客逗留时间为 3 天 3 人次计算，实际住宿游客转化率约为 50%，与 2019 年全年接待 403 万人次、住宿游客量 120 万人相比，住宿游客下降幅度超过了 41%。

2. 旅游供求矛盾产生

（1）住宿产品的供求矛盾

较高端的住宿产品表现为刚需，而水口乡则是以包吃包住的普通乡村民宿为主。新冠肺炎疫情加速了乡村民宿产业的两极分化，原本家家户户游客盈门的景象已不再，乡村品牌酒店和一部分改造提升后整体环境改善、服务设施完备、服务态度良好、接待模式转变的乡村民宿客房供不应求，而大部分包吃包住的普通乡村民宿呈现门可罗雀的局面。水口乡域范围内，品牌酒店有开元芳草地乡村酒店、花间堂 • 沂水禅茶文化主题酒店、大唐贡茶璞仕酒店、景澜 • 富硒山居酒店和霸王潭远方的家酒店 5 家共 963 个床位，获得省、县级特色民宿认定的有以紫茗山庄、尧韵山庄、归心民宿、竹溪源舍、枕竹@顾渚等为代表的 20 余家共 400 余个床位，星级农家乐（乡村民宿）有 50 余家共 2000 余个床位，3 个类别合计约占水口乡总床位数的 15%，相比传统包吃包住型的普通乡村民宿中高端酒店（民宿）的床位数占比较小，但需求较大。

（2）旅游商品的供求矛盾

随着客源市场的快速变化，客源群体的消费水平、消费观念、消费模式、消费对象等都发生了较大的变化，水口乡原来针对中老年群体游客的旅游供应链系统也受到了冲击，旅游商品如同住宿产品一样面临着较大的转型压力。水口乡核心区顾渚村的市场、不夜街、步行街等 600 余间各类商铺，销售的主要是中老年群体喜欢的初级农副产品，精加工的品牌类旅游商品较少。2020 年疫情暴发以前，相关商品一直处于供不应求的局面，疫情发生后，客源结构发生较大变化，传统的中老年住宿游客量急剧下降，以初级农副产品为主的旅游商品出现滞销现象，不少店铺处在倒闭的边缘。

（3）旅游与消费之间的矛盾

受疫情管控要求下多次间歇性停业的影响，虽然水口乡总游客量呈上升趋势，但住宿游客下降幅度较大。通过举办多频次、高密度、多元化的系列性演艺活动，水口乡吸引了不少新的客源，但是新客源受其逗留时间较短和自身消费心理的影响，对原有的商业配套产品没有太大的兴趣。活动推动下的水口乡旅游出现了闹人不闹市的尴尬局面，游客在水口乡没有进行过多的消费，对当地经济的带动效应不是很大。

（4）逐步出现的旅游淡旺季矛盾

原本水口乡旅游客源群体主要是来自长三角地区的中老年游客，其旅游经济最值得自豪的是不存在明显的淡旺季和周末经济。但随着游客结构发生变化，以及疫情下省外中老年群体的暂时性流失，周边游客群体成为水口乡旅游的补充。这一群体虽然在年龄结构上更为年轻化，但受制于工作因素，一般只能够采取周末或节假日旅游的方式，水口乡旅游逐步呈现出周末经济现象，旅游淡旺季矛盾日益突出。

总体而言，近几年来，水口乡的旅游市场变化很大，客源结构最大的变化是中青年游客量稳步上升，相对于以前以退休老人为主体的市场定位，市场变化后机遇与挑战并存，恰当迎接市场结构变化成为水口乡旅游业可持续健康发展的关键所在。

三、竞争问题

水口乡旅游之所以成功发展至今，就是在瞬息万变的市场经济大潮下，精准地抓住了市场定位，以中老年市场为主的发展策略是其前期发展的稳定基础，但是面对形势变化，其前期优势可能成为今后长足发展和内生动力充分激发的阻力。市场结构优化、旅游向纵深方向发展等，都需要水口乡能够巧妙地处理来自外部的竞争压力，恰当地处理水口乡旅游内部的竞争矛盾，充分发挥自身的竞争优势。

1. 外部的竞争压力

从省域看，温州、宁波、舟山、衢州、杭州等地的乡村旅游业态均各具特色；从湖州市域看，德清洋家乐（民宿）、安吉乡村旅游、长兴乡村旅游呈现三足鼎立、百花齐放之势，既相互竞争又相互补充；从长兴县域看，竞争主要来自以“太湖龙之梦”为主的规模型综合体，以及以煤山镇、小浦镇为主的特色民宿。水口乡作为最早发展乡村旅游的乡镇之一，承受着来自周边新业态发展的竞争压力，面临着前所未有的危机和挑战。以“太湖龙之梦”为例，水口乡旅游业发展了20余年才拥有近600家民宿、2万余个床位的集群规模，而“太湖龙之梦”项目仅通过3年多时间的建设，其住宿接待规模就达到了2.5万个房间，价格也实现了从80元/床到1万元/房的全覆盖，还拥有动物园、大马戏、海洋馆、太湖古镇、烟花秀、水秀等一系列体验性项目，其周边地区的特色民宿也应市场所需如雨后春笋般出现，仅煤山镇、小浦镇两个地方的民宿就已近300家。水口乡如果不能抓住机会顺利实现转型与特色发展，就很可能会被后来者超越。

2. 内部的竞争矛盾

水口乡域范围内，品牌酒店、特色民宿、普通农家乐（乡村民宿）的市场定位虽然具有差异性，但他们之间的竞争性问题也同样存在。以精品酒店和特色民宿为例，其产品价格体系和客源对象存在部分重叠现象：开元芳草地乡村酒店、花间堂·沂水酒店、大唐贡茶璞仕酒店等房间价格一般在580～1800元，但在近年来纾困政策支持和企业应对疫情冲击举措下，品牌酒店基本上都被纳入职工疗（休）养定点单位，日常非周末最低价格为340元/间/晚。水口乡特色民宿采取两种不同的接待模式，一是包吃住模式，一般价格为300～500元/人/晚，用餐包含三正一早，以标准间核算是600～1000元/间/

晚；二是不含吃模式，单个房间价格在 380～880 元。因此，无论特色民宿采取哪一种接待模式，其价格与品牌酒店基本相同，但资金投入、接待规模、内部业态、配套设施、宣传营销、活动组织、标准化服务等方面与品牌酒店的差距较大，在这种竞争压力之下，特色民宿个体和行业如何保持生存空间、如何实现可持续发展是值得探索和深入研究的问题。

3. 水口乡旅游的竞争优势

水口乡旅游今后的发展方向仍然是以民宿经济为主体，继续致力于帮助并促进普通农家乐（乡村民宿）向特色民宿转型，从而带动全体乡民共同致富。以近年来水口乡的接待情况来看，特色民宿的发展态势向好，游客接待量和客房入住率均高于品牌酒店和普通农家乐（乡村民宿）。

近几年，水口乡特色民宿接待量总体呈稳步上升趋势，客源结构逐步优化，其主要原因如下。

一是特色民宿自身的客源定位精准。特色民宿锚定水口乡庞大基础客源群体中的中高端游客需求，有效地避开了民宿个体宣传能力缺乏的短板。

二是特色民宿充分发挥了民宿小而精的优势。特色民宿以农户家庭为单位，在改造或建设前期规划阶段就已经确定了主题和内涵，相对于标准化的酒店，在房间设置等各方面更具主体化和个性化，再加上环境自然优雅、私密性较强等，对小众客源在同价位选择过程中更具吸引力。

三是特色民宿更加突出“亲情化”服务。多年来水口乡旅游的特色是“亲情化”服务，特色民宿则在普通乡村民宿的基础上进一步发挥耐心、细致、周到的服务理念，努力营造温暖的“家”，无论在游客预订、接送、入住还是返程后，都充分实现了主客互动和共享，让游客真正感受到“家”的温馨。

四是特色民宿能够提供个性化、定制化服务。特色民宿结合游客观赏、文化、住宿、美食、游乐、体验等兴趣和需求，在自身尽力提供多元化体验活动和服务的基础上联动周边景区、农业点等，提供个性化、定制式活动项目。

四、品牌问题

品牌化是产业升级的必然途径，也是“绿水青山就是金山银山”绿色发展理念下实现产业增效的重要举措，乡村旅游因为参与主体和利益相关者众多，在品牌化过程中会遇到一系列的困难。尽管如此，水口乡坚持走品牌化道路的意志非常坚定。水口乡旅游品牌化过程中遇到的主要问题是经营者品牌意识薄弱、品牌打造困难、品牌维护艰难等。

1. 品牌意识薄弱

水口乡的旅游产业处在从最初的农家乐向乡村特色民宿转变过程中，从前期的“低、小、乱、散”向“设施完备、体验丰富、服务周到、文化深厚”转变。但其绝大多数农家乐（乡村民宿）业主为当地的中老年乡民，受知识结构、见识广度、投资观念等所限，品牌意识较为薄弱，转型目标不够明晰。同样，旅游带动下的农副产品也面临着类似的问题，在“小农意识”和逐利心理影响下，生产者和经营者品牌意识薄弱，低价竞争行为普遍，甚至还出现了一些饮鸩止渴的不良生产行为，既损害了产品的品质，又破坏了整类产品的声誉。

2. 品牌打造困难

无论是民宿产品还是农副产品，统一品牌的打造都存在诸多困难。一是分散生产与经营模式下产品质量难以完全得到保证，而统一品牌遵循木桶原理，需要每个生产者和经营者都具有诚信意识和品质观念。二是分散生产与经营模式造成成本居高不下。与外地规模化种植（养殖）相比，水口乡本地农副产品的生产成本较高，且外形小而难看，究其原因主要是技术投入不够，散户难以负担高昂的技术服务费用。以猕猴桃为例，本地普通的绿心猕猴桃终端价格不低于 10 元/斤，而通过农副产品批发市场购买来的外地同类产品销售价格仅为 5 元/斤。三是内部低价竞争行为屡禁不止。以网红肉圆为例，2018 年，在水口乡年味摄制过程中，民宿自制肉圆全过程被央视宣传报道，迅速走红，各家各户通过线下美食品鉴推荐和线上宣传推广等形式进行销售后，水口乡形成了一条以肉圆为核心的供应链，但是有的民宿为了比别家多卖货，主动把价格从统一的 8 元/个降至 5 元/个，价格下降后利润空间被压缩，偷工减料行为便时有发生。

3. 品牌维护艰难

水口乡 8 村联建的村集体公司——长兴杏梦文化传播有限公司在市场引导和品牌化方面做了大量的工作，如旅游地 IP 设计、产品统一包装设计及推广、指导定价等，但是水口乡统一品牌的塑造及后期维护方面仍存在较大的困难，其中最为主要的是统一价格和产品标准化问题。长兴杏梦文化传播有限公司虽然能对自己销售的产品做到统一质量、统一包装、统一价格，但是商品经济下，其他经营户销售的产品也代表着水口乡形象，导致对市场上众多旅游产品和商品的监管成本高、难度大。因此，在品牌维护方面，水口乡还需要开发制定出更加完善的创新型体制机制，以加快其旅游业及旅游产品的品牌化进程。

第二节　水口乡旅游发展远景

乡村旅游是水口乡全域旅游发展的一个重要组成部分，乡村旅游的发展不能只停留在表面的繁荣上，必须要走与生态旅游、文化旅游相结合的道路。乡村旅游作为“绿色生态经济"和"体验经济"相结合的产物，拥有潜力最大的旅游资源——乡村生态和农副产业，是实现农村内生性脱贫和共同富裕的重要途径，是实现城乡文化交流、共同发展的重要渠道。通过20多年的不断探索与实践，水口乡旅游业的发展远景如下。

一、以民宿为核心的现代化产业体系

1. 以民宿产业为发展核心

今后，水口乡将坚定不移地促进以村民、农户为主体的乡村民宿产业的发展，帮助其进行差异化市场定位，引导民宿融入当地文化与个体特色，构建多层次、亲情化、特色化的现代民宿产业体系，使水口乡旅游资源实现更优配置；大力鼓励年轻人"养"民宿，即秉持"健康、休闲、生态"的经营理念，打造优美的民宿内部环境，营造惬意的民宿整体氛围；充分发挥品牌酒店的产业补充和推动作用，使其在服务设施标准化等方面引领当地民宿发展，通过竞争的方式激励和敦促民宿业不断提升品质。

2. 一二三产业深度融合发展

现阶段，水口乡旅游业对农业的带动作用明显，但仅以初级农副产品为主，低层次产业在面临重大突发事件或经济萧条时受到的冲击较大，因此需要进行全产业升级，促进农业、加工生产业、文化业和旅游业的深度融合，增强整体产业链的风险防控能力和抵抗能力。此外，水口乡将继续推动农副产品的品牌化发展，发展IP型旅游商品制造业，既增加农副产品的附加值，又开发生产系列文化旅游商品，建立起多元化的现代产业体系。

二、"市场+公益"的现代化服务体系

1. 建立完善的乡村旅游市场现代化服务体系

乡村民宿旅游车队的规范化、规模化运营，既促进了本地劳动力的充分就业，又为上海、苏南等地的游客提供了便捷的上门接送服务；乡村民宿接待设备清洗市场化，民宿餐器具和床上用品等充分实现市场集中洗涤，使得分散经营的民宿能够提供统一的、标准化的品质设施；物业公司响应民宿紧急状况所需，能够随时提供应急付费服务且价格低廉；完善的保险、金融、物流、旅游商品等市场，能够围绕民宿产品提供现代化的市场服务内容。

2. 建立完善的公共服务体系

农家乐（民宿）行业协会负责乡村民宿相关的接待、咨询、投诉处理等工作；各类志愿者组织负责相关的引导、纠纷处理等事务性工作和服务；建立与市场紧密结合的帮

扶体系，创新帮扶模式，实现乡村民宿及农户帮扶工作重心从“授之以鱼”向“授之以渔”转变；建设和维护优美的乡村生态、完善的公共设施，为当地乡民和游客提供完备的公共服务设施和公共游憩空间。

三、“自治+智治”的现代化治理体系

1. 全域范围内实现高度自治

水口乡通过架构设置、职权划分、机制设立、制度设计等方式，充分发挥村民自治、行业自治和村民自律的作用，提升自主组织和村民的荣誉感、获得感和主人翁意识，让村委会、协会、村民、游客等社会力量参与到管理和服务中来；继续完善片区网格化管理，将景区划分为若干个片区，采取部门成员、村委会成员、协会理事联片包户方式，及时掌握相关动态，化解各种矛盾；在农家乐（民宿）行业协会的基础上组建农家乐（乡村民宿）调解委员会和民宿行业工会，充分发挥民宿业主和村民的力量，确保自己管事、能管好事。

2. 实现“智治”模式全覆盖

水口乡通过智慧化管理手段，形成了开放式景区的规范管理、长效管理机制，以及标准化、可推广、可借鉴的模式；建立了完备的乡村“智慧管理”系统运行机制和相关大数据配套机制，使得全域范围内“智慧管理”系统安装与使用率达到 100%，管理对象信息上线率达到 100%；加强与区块链技术的融合，量化工作标准，实现乡村旅游管理从信息化向智能化、从管理向治理的提升与跨越，提高了社会治理工作整体效能，打造出乡村“智治”新模式。

四、以诚信为基础的社会主义新乡风

1. 打造诚信特色乡风

水口乡以乡村民宿和各类农副产品等为载体，以诚信为基础，提供品质产品，打造诚信特色乡风；引导村民遵守村规民约，主动参加各类公益活动以提升诚信指数；在村民与村民、村民与游客相处和交易过程中提倡诚信乡风，树立诚信标兵。

2. 打造亲情特色民情

“来者都是客”，凡是到水口乡旅游的，无论住在哪家民宿，如果需要帮助，水口乡全体乡民都会尽力帮忙，小者为其引路，大者帮助其脱离危险；民宿业主和自家住宿客人之间建立起亲人般深厚的感情，让再次入住的客人感受到家庭般的温暖；民宿之间相互帮助，相互推荐客源，相互提供各类食材，相互帮助销售各类农副产品等。

3. 提升产业发展认同度

乡村旅游业的发展为水口乡带来了翻天覆地的变化，帮助当地老百姓实现了共同致富。因此，要让老百姓充分认识到乡村旅游发展的重要性，鼓励他们参与和从事旅游相关产业并获利于产业发展；要通过各种渠道提升老百姓对水口乡旅游业的认同度，鼓励他们以主人翁的态度参与生态环境保护等各类公益项目和设施的建设与维护。

五、“花园+家园”式品质旅游目的地

1. 打造“花园”式景区

对标省级旅游度假区和国家 5A 级旅游景区建设标准，水口乡努力把自己建设成为长三角地区大中型城市的“后花园”：紧紧围绕“全域旅游”和“乡村振兴”内涵，以“养生胜地、品质水口”为目标，以农文旅领域供给侧结构性改革为抓手，全力打造乡域“大花园”，使自己成为“长三角乡村旅游首选地、全国民宿集聚最优区”；开展 IP 系统规划，启动标识标牌和景观景点的 IP 视觉融入建设，打造形象品牌突出的“花园”式景区。

2. 推进水口乡“家园”建设

水口乡的“亲情经济”和“亲情文化”已具有相当的口碑，今后将继续弘扬和强化这种“亲情”特色，鼓励各家民宿充分发挥“亲情”活力，在全村、全乡范围内举办亲情式、家族式文化盛宴活动，打造家园般温暖的品质旅游目的地。

六、旅游带动下的共同富裕示范区

水口乡接下来的发展将以打造“创业创新新高地、生态建设样板区、宜居宜游首选地、共同富裕示范区”为总体目标，以经济创强、乡村创美、人民创富为主攻方向。

1. 努力建设高质高效的繁荣水口乡

坚持实体振兴、产业创富，牢牢把握转型升级、创新促富，紧盯项目、产业、要素，加快推进经济高质量发展，构建更具活力、创新力、竞争力的高质量发展模式，推动水口乡由“旅游兴乡”向“产业兴乡”转变，打造创业创新新高地。

2. 努力建设宜居宜游的美丽水口乡

深化生态文明建设，推进产业经济生态化，强化生态资源产业化，形成绿色产业体系，推动水口乡由外延式打造向内涵式提升转变；持续巩固生态文明建设领先地位，基

本形成绿色低碳的生活方式和消费模式，全面建成人人向往的美丽家园，打造生态建设样板区和宜居宜游首选地。

3. 努力建设富裕富足的幸福水口乡

继续践行“绿水青山就是金山银山”理念，依托农旅融合、文旅融合，扶持产品直播、农村电商等新兴业态，使其快速崛起，扩大就业，推动高质量就业，扩大农民增收渠道，帮助其提高收入；顺应民心、尊重民意，关注群众需求，感知群众冷暖，以更实的举措推动民生实事落地，形成全覆盖、可持续的社会保障制度和更加健全完善的基本公共服务体系，让群众共享发展成果，打造全域美丽、精神富足的共同富裕示范区。

本章启示

一、理论知识链接

乡村旅游的未来必然朝着精致化、品质化和集群化方向发展。具有乡村特色的精致化，既要发展乡村特有的产品，又要符合高端游客的精致化需求，提供个性化服务；品质和品牌必将成为乡村旅游发展的主旋律，优美的自然环境、悠哉的乡村生活、富有乡愁的农业劳动、特色的乡土文化、亲情般的人际关系等，一切的一切都显得那么自然，没有被雕琢过的痕迹，既具有满满的“乡土味”，又自然契合大城市的服务水准；融合发展、“乡村旅游业+”、乡村综合体也将成为乡村旅游发展的必然趋势，乡村旅游必将实现集群化发展。

二、水口乡经验与启示

在乡村旅游 20 余年的发展过程中，水口乡通过碰到问题、分析问题、解决问题，探索出一些接地气且行之有效的工作方法和破解路径。这些举措一方面可以为其他地区的发展提供参照依据和样板，另一方面也可以让后发展地区能够了解发展过程中可能会出现的问题，做到提前谋划准备，避开雷区。

现如今，人民群众的生活水平日益提高，其对于幸福生活的追求更是趋于多元化。同样地，游客对于旅游的要求也越来越高，传统的“住农家屋、吃农家饭、干农家活”式乡村旅游已经不能适应市场需求，不能满足游客对体验感、沉浸感等的追求。旅游业作为乡村振兴的有效途径，在各级政府的大力支持和鼓励下，呈现出欣欣向荣、百花齐放的局面，虽然目前因新冠肺炎疫情影响按下了暂停键，但随着短期国际游受限，国内乡村旅游将是下一阶段旅游的主流，被压制的旅游激情和欲望将在后疫情时代释放出来。如何在开放的动态竞争环境中、在日新月异的旅游新业态发展局面下保持本地乡村旅游的高质量可持续发展是一个共性的命题。我们要清醒地认识到新时代旅游的本质——凡是能够吸引游客、留住游客并在此过程中产生经济活动的都可以算作旅游。没有一种旅游业态是一成不变、一直领先的，旅游业需要结合市场需求不断变革；要遵循和把握市场发展规律，不断给旅游业注入新动能，使其保持活力；要通过发展乡村旅游吸纳更多的回流劳动力，促进农村剩余劳动力充分就业，促进产业振兴；旅游产业发展过程中要坚持乡土本质，坚持“既要绿水青山，也要金山银山”；乡村振兴过程中要打破因循守旧观念，要有“舍我其谁”的勇气和信心，无论是在体制机制、业态，还是经营管理方面，都要敢于突破和创新。

参考文献

[1] 赵黎明．发展乡村旅游 改善农村民生[J]．旅游学刊，2010，25(9)：8-9．

[2] 李静宇，林立波．欧洲乡村旅游对中国乡村旅游发展的启示[J]．北方园艺，2020(8)：147-152．

[3] 杨华．日本乡村旅游发展研究[J]．世界农业，2015(7)：158-161．

[4] 石金莲，崔越，黄先开．美国乡村旅游发展经验对北京的启示[J]．中国农业大学学报，2015，20(5)：289-296．

[5] 姚海琴．我国乡村旅游业的就业特性、影响与效应研究[M]．北京：机械工业出版社，2018．

[6] 谭俊峰．乡村旅游助推乡村振兴路径[J]．社会科学家，2021(3)：58-63．

[7] 张占斌．中国式现代化的共同富裕：内涵、理论与路径[J]．当代世界与社会主义，2021(6)：52-60．

[8] 周振东．旅游业不是“无烟工业”：对旅游与环境关系的再认识[J]．财经问题研究，2001(10)：50-53．

[9] 詹姆斯·N．罗西瑙．没有政府的治理[M]．张胜军，刘小林，等译．南昌：江西人民出版社，2001．

[10] 肖唐镖．宗族在村治权力分配与运行中的影响分析[J]．投资与建设，2002(3)：1-6．

[11] 郭正林．乡村治理及其制度绩效评估：学理性案例分析[J]．华中师范大学学报(人文社会科学版)，2004，43(4)：24-31．

[12] 党国英．我国乡村治理改革回顾与展望[J]．社会科学战线，2008(12)：1-17．

[13] 李冰冰，王曙光．农村公共品供给、农户参与和乡村治理：基于 12 省 1447 农户的调查[J]．经济科学，2014(6)：116-128．

[14] 袁金辉．中国乡村治理的回顾与展望[J]．云南行政学院学报，2016，18(1)：112-117．

[15] 张凌云，黎巎，刘敏．智慧旅游的基本概念与理论体系[J]．旅游学刊，2012(5)：66-73．

[16] 史云姬．体验经济时代下新一代通信技术在智慧旅游中的应用[J]．科技视界，2013(9)：180，193．

[17] 姚志国，鹿晓龙．智慧旅游：旅游信息化大趋势[M]．北京：旅游教育出版社，2013．

[18] 李华．发展农村集体经济 助推乡村振兴战略：以襄汾县为例[J]．山西农经，2019(4)：79，90．

[19] 王德刚，孙平．农民股份制新型集体经济模式研究：基于乡村旅游典型案例的剖析[J]．山东大学学报(哲学社会科学版)，2021(1)：142-151．

[20] 周立，奚云霄，马荟，等．资源匮乏型村庄如何发展新型集体经济？：基于公共治理说的陕西袁家村案例分析[J]．中国农村经济，2021(1)：91-111．

[21] 夏柱智．农村集体经济发展与乡村振兴的重点[J]．南京农业大学学报(社会科学版)，2021，21(2)：22-30．

[22] 熊瑞祥，李辉文．儿童照管、公共服务与农村已婚女性非农就业：来自 CFPS 数据的证据[J]．经济学，2016，15(4)：393-414．

[23] 刘西国，刘晓慧，赵莹．老年照护对农村已婚女性非农就业的影响[J]．南方人口，2019，34(1)：1-9．

[24] 李旻，赵连阁，谭洪波．农村女性劳动力非农就业影响因素：基于辽宁省的实证分析[J]．中国农村经济，2007(12)：10-19．

[25] 钱念孙．乡贤文化为什么与我们渐行渐远[J]．学术界，2016(3)：38-44．

[26] 吴晓燕，赵普兵．回归与重塑：乡村振兴中的乡贤参与[J]．理论探讨，2019(4)：158-164．

[27] 吕丹，李明珠．基于演化博弈视角的“乡贤”参与乡村治理及其稳定性分析[J]．农业经济问题，2020(4)：111-123．

[28] 张雨薇，武晋．任务型经纪：新乡贤参与乡村治理的新范式——基于桐乡“乡贤+三治”融合的田野观察[J]．西北农林科技大学学报(社会科学版)，2021，21(6)：42-51．

[29] 高静，龚燕玲，武彤．新时代乡贤治村的嵌入逻辑与现实检验：双案例对照[J]．农业经济问题，2021(4)：110-120．

[30] 高静，王志章．改革开放 40 年：中国乡村文化的变迁逻辑、振兴路径与制度构建[J]．农业经济问题，2019(3)：49-60．

[31] 张静宜，陈洁．强化乡村人才支撑有效供给 实现脱贫攻坚乡村振兴有效衔接[J]．宏观经济管理，2021(8)：54-60．

[32] 吴晓燕，赵普兵．回归与重塑：乡村振兴中的乡贤参与[J]．理论探讨，2019(4)：158-164．

附录一　水口乡农家乐（乡村民宿）积分制管理细则

水口乡农家乐（乡村民宿）积分制管理细则 1

序号	检查项目	分值		备注
1	公共安全（检查部门：水口乡派出所、水口乡安全生产监督管理中心）	20	评分	
1.1	各楼层疏散通道和安全出口有无堆放物品造成堵塞、各楼层有无高空易坠物	2		
1.2	各楼层灭火器数量是否充足、有无过期，烟雾传感器安装是否到位、位置是否正确、有无开启	2		
1.3	庭院有无电线裸露、乱拉乱接，地下室有无堆放易燃物品及用于歌舞娱乐、住宿等	2		
1.4	3 层及 3 层以上有无配备逃生绳、逃生用口罩和手电，3 层以上有无人员住宿情况	2		
1.5	农家乐（乡村民宿）从业人员是否会正确使用灭火器和引导人员疏散	2		
1.6	监控设施是否安装到位、完好，视频保存期限是否符合要求	2		
1.7	有无专门的住宿登记接待处，是否按规定登记旅客住宿信息，农家乐（乡村民宿）内部管理是否因不到位而造成治安隐患	8		少登记 1 人扣 1 分
1.8	对文明创建检查不配合、推三阻四、态度恶劣的	一票否决		
1-1	加分项	5	评分	
1.9	农家乐从业人员积极参加平安志愿者活动，参加活动 1 小时加 0.1 分	5		平安志愿者活动包括调解纠纷、治安巡逻、疏导交通、寻找走失人员及劝导违法行为等
合计				

检查单位：　　　　　　　　　　　　　　检查人：　　　　　　　　　　时间：

农家乐（乡村民宿）名称：　　　　　　　业　主：　　　　　　　　　　时间：

水口乡农家乐（乡村民宿）积分制管理细则 2

序号	检查项目	分值		备注
2	公共基础（检查部门：水口乡综合执法中队）	10	评分	
2.1	庭院房屋前后有无乱堆乱放，有无乱晾晒，有无圈养家禽	3		
2.2	庭院有无绿化（种植花草），有无休憩设施（如座椅、秋千等）	1		
2.3	门口有无醒目、规范、统一的农家乐（乡村民宿）标识标牌及标识标牌有无残缺损坏	1		
2.4	农家乐（乡村民宿）有无设置生态停车位，自备车、游客车辆、大巴有无乱停放	1		
2.5	有无搭建棚披、遮阳伞、可收缩移动雨棚等	1		
2.6	有无开通无线 Wi-Fi、网上预订、网上咨询等服务	1		
2.7	是否配合相关部门做好餐厨垃圾、建筑垃圾和生活垃圾分类收集处理	2		
2.8	对文明创建不配合、景区整体环境不爱护、态度恶劣的	一票否决		
2-2	加分项	6	评分	
2.9	庭院设计合理有意境，树木造型独特，可供观赏	1		
2.10	有游客常用、应急的在有效期内的非处方药品	1		
2.11	配合部门开展宣传工作，积极参与文明旅游相关活动，做好游客文明旅游宣传	2		
2.12	在农家乐（乡村民宿）改造过程中态度积极，注重打造蕴含茶文化特色的庭院	2		
合计				

检查单位：　　　　　　　　　　　　检查人：　　　　　　　　时间：

农家乐（乡村民宿）名称：　　　　　业　主：　　　　　　　　时间：

水口乡农家乐（乡村民宿）积分制管理细则 3

序号	检查项目	分值		备注
3	餐饮服务（检查部门：水口乡市场监督管理所、水口乡食品安全办公室）	20	评分	
3.1	桌椅、餐具、酒具等有无明显污渍，有无消毒；集中供货消毒餐具有无超过保质期；餐具消毒柜使用是否正常（不得放置与餐具无关用品）	2		
3.2	厨房是否整洁，有无防蚊、蝇、鼠及其他有害动物的措施；废弃物容器有无配盖子、外观是否清洁	2		
3.3	食品原料和餐具有无分开清洗，厨具能否及时消毒	1		
3.4	有无专门印制的菜单和饮品单，有无明码标价；无资格制售凉菜的，有无制售凉菜	2		
3.5	食材是否新鲜，有无异味；有无进货查验，索证索票是否规范、齐全	2		
3.6	食物有无保鲜冷藏；食品储藏室是否规范（没有与食品无关物品），储放食品有无使用有色容器	2		
3.7	有无餐具、拖把、工具专用清洗水池；清洗池有无按规范使用	2		
3.8	厨房有无洗手消毒设施且有明显标识；厨房、食品仓库、清洗池堆物品是否符合规定，有无定期整理	2		
3.9	厨师工作期间是否穿工作服，衣帽、双手是否清洁	1		
3.10	服务人员身体是否健康，个人卫生情况是否良好，上菜时手指是否触及食物	1		
3.11	游客对农家乐（乡村民宿）餐饮是否满意、有无投诉	2		
3.12	菜品是否留样、保存是否符合要求（菜品留样保留 48 小时，菜单留存存档两个月）	1		
3.13	对检查到的问题不重视、推三阻四、态度恶劣的	一票否决		
3-3	加分项	4	评分	
3.14	在本年度省市县农家乐（乡村民宿）菜肴大赛获奖（有获奖证明）；具有从业人员食品安全培训记录，持有食品安全管理员证；厨师具有厨师资格证	4		
合计				

检查单位：　　　　　　　　　　　　检查人：　　　　　　　　时间：

农家乐（乡村民宿）名称：　　　　　业　主：　　　　　　　　时间：

水口乡农家乐（乡村民宿）积分制管理细则 4

序号	检查项目	分值		备注
4	服务质量［检查部门：水口乡农家乐（民宿）行业协会］	40	评分	
4.1	客厅是否整洁，东西有无乱摆放，证照有无按要求摆放、公示	2		
4.2	阳台有无放置花卉盆栽，有无垂直绿化并做好高空防坠工作	2		
4.3	公共卫生间有无污渍、异味、卫生死角，消毒间（池）有无堆放杂物	2		
4.4	布草间有无堆放杂物或挪作他用，甚至取消布草间	3		
4.5	客房是否一客一换，能否做到随叫随到服务	1		
4.6	客房床上用品是否统一洗涤，有无污渍、毛发、异味、不干燥、破损等现象	3		
4.7	客房内有无采取防蚊虫、防蝇措施	2		
4.8	客房卫生间有无异味，机械通风或排风装置能否正常使用	2		
4.9	装修材料是否环保，有无明显异味	2		
4.10	客房自来水能否做到 24 小时供应	2		
4.11	有无游客投诉属实且未及时整改的问题	4		
4.12	有无提供小件物品寄存、雨伞出借、旅行日常用品等服务	2		
4.13	有无服务不热情、不周到，强买强卖、随意降价、虚假宣传、恶性竞争行为	4		
4.14	有无不亮照经营、不明码标价行为	2		
4.15	有无掺杂、掺假，以次充好，销售不合格产品行为；有无原料外包装不符合要求，未按照外包装标识的条件和要求储存	3		
4.16	有无不配合各类创建和整治活动、超范围经营	4		
4-4	加分项（水口乡农家乐（民宿）行业协会）	10	评分	
4.17	客厅有书吧、茶吧等休憩空间，有县旅游宣传资料	1		
4.18	房间阳台花卉点缀有创意，维护有效	1		
4.19	房间设计风格新颖，有主题、特色，有本地风土人情的旅游宣传资料	1		
4.20	房间内使用大品牌卫浴洁具，抽水马桶使用卫洗丽设施	1		
4.21	房间有地暖、空调等取暖措施，有落地窗，通透性强，能有效借景	1		
4.22	客房床头柜、桌子上设有装饰点缀，墙上有特色装饰（如墙绘、装饰画、书法、国画等）	1		
4.23	能设置服务意见本，主动让游客提意见、留言	1		
4.24	有提升农家乐（乡村民宿）知名度的注册商标、宣传口号和宣传方式	1		
4.25	积极参与文明旅游相关活动，配合部门开展宣传工作，做好游客文明旅游宣传工作	2		
合计				

检查单位：　　　　　　　　　　检查人：　　　　　　　　时间：

农家乐（乡村民宿）名称：　　　　业　主：　　　　　　　　时间：

水口乡农家乐（乡村民宿）积分制管理细则 5

序号	检查项目	分值		备注
5	社会责任（检查部门：村委会）	10	评分	
5.1	有无不积极配合部门、乡镇、协会开展的各项活动（如未按规定缴纳税收、保洁卫生、污水处理等费用）	3		
5.2	有无对公共设施建设、征地拆迁等工作态度不积极、不配合，甚至阻挠的	2		
5.3	有无做好自身农家乐（乡村民宿）的统计上报工作	1		
5.4	有无积极参加社会公益事业，有无损坏公共设施或将公共设施占为己用	2		
5.5	有无邻里相处不和睦、诋毁其他农家乐（乡村民宿）名誉、游客投诉（合理的投诉）行为	2		
5.6	营造景区整体环境（特别是道路沿线涉及庭院改造提升时）不积极、不改造的	一票否决		
5-5	加分项	15	评分	
5.7	积极参加政府、各职能部门组织的技能培训、学习会议等	3		每参加 1 次加 0.5 分 最高加 3 分
5.8	党员农家乐（乡村民宿）业主包干到户、包干带户效果好	3		每带动 1 户加 1 分 最高加 3 分
5.9	为游客提供节庆、民俗体验，如清明节做团子，端午节包粽子，腊八节煮粥，过年打年糕、写春联，元宵节煮汤圆等	3		每一个加 1 分 最高加 3 分
5.10	为游客提供农事体验，如采茶炒茶、做笋干、腌制腊肉、编竹筐手工艺品等	2		每一个加 1 分 最高加 2 分
5.11	带游客参与更多精神体验活动，如茶艺、抄经、棋艺等	2		每一个加 1 分 最高加 2 分
5.12	为游客提供 1～3 天线路体验活动清单，并且组织实施	2		
合计				

检查单位：　　　　　　　　检查人：　　　　　　　　时间：

农家乐（乡村民宿）名称：　　　　　　　　业　主：　　　　　　　　时间：

水口乡农家乐（乡村民宿）积分制管理总评表

__________农家乐（乡村民宿）　　　　业主姓名：　　　　　　　　年　　月　　日

<table>
<tr><th rowspan="2">序号</th><th rowspan="2">检查项目</th><th rowspan="2">检查部门</th><th colspan="2">扣分项</th><th colspan="2">加分项</th><th rowspan="2">合计</th><th rowspan="2">负责人签名</th></tr>
<tr><th>分值</th><th>得分</th><th>分值</th><th>得分</th></tr>
<tr><td rowspan="2">1</td><td rowspan="2">公共安全</td><td>水口乡派出所</td><td rowspan="2"></td><td rowspan="2"></td><td rowspan="2"></td><td rowspan="2"></td><td rowspan="2"></td><td rowspan="2"></td></tr>
<tr><td>水口乡安全生产监督管理中心</td></tr>
<tr><td>2</td><td>公共基础</td><td>水口乡综合执法中队</td><td></td><td></td><td></td><td></td><td></td><td></td></tr>
<tr><td rowspan="2">3</td><td rowspan="2">餐饮服务</td><td>水口乡市场监督管理所</td><td rowspan="2"></td><td rowspan="2"></td><td rowspan="2"></td><td rowspan="2"></td><td rowspan="2"></td><td rowspan="2"></td></tr>
<tr><td>水口乡食品安全办公室</td></tr>
<tr><td>4</td><td>服务质量</td><td>水口乡农家乐（民宿）行业协会</td><td></td><td></td><td></td><td></td><td></td><td></td></tr>
<tr><td>5</td><td>社会责任</td><td>村委会</td><td></td><td></td><td></td><td></td><td></td><td></td></tr>
<tr><td>6</td><td>合计</td><td></td><td></td><td></td><td></td><td></td><td></td><td></td></tr>
</table>

附录二　人才及项目奖励文件

水口乡全域旅游发展奖励方案（试行）

一、指导思想

紧紧围绕“打造长三角乡村游首选地、全国民宿集聚最优区”这一目标，牢固树立“绿水青山就是金山银山”的发展理念，深入践行乡村振兴战略，全面落实高质量发展总要求，推进水口全域旅游高质量赶超发展，推动乡村旅游产业结构优化，鼓励支持乡村旅游产业差异化、品牌化发展，提升乡村旅游管理和服务水平，结合《湖州市乡村旅游促进条例》《关于印发水口乡特色民宿发展实施办法（试行）的通知》（水委〔2019〕63 号）等文件精神，特制定本办法。

二、鼓励范围

水委〔2019〕63 号文件明确的奖励对象，对产业发展有重大贡献的企业，对促进乡村旅游业发展做出突出贡献的带头人、高层次人才、回乡创业人员，获得本乡组织的各评比类奖项的企业或个人（特色餐饮、旅游商品、演艺节目等），获得行政部门认定的旅游特色品牌（项目）创建的村、行业协会、企业或个人，获得非营利性特色旅游（文化）项目创建的企业或个人。

三、奖励条件

符合奖励条件的企业主体需为主管部门合法审批并正常开展经营的主体单位且三

年内无违法失信行为，个人主体需三年内无违法失信行为。奖励对象将在全域旅游大会上进行通报表彰并授奖。

四、申报要求

1）品牌类、项目类创建须以主管部门认定文件为准。

2）重大贡献、突出贡献企业认定标准中的核心可量化指标以主管部门量化数据为准，行业突出贡献奖无法量化指标以行业证明且公示为准。

3）评比类奖励以活动方案和评比打分等资料为准。

4）专业类奖励以相关专业认定标准为准。

五、申报流程及奖励金额

奖励补助资金由生态旅游办公室牵头组织申报，联审小组负责审核验收，审核结果报乡党委政府批准执行。

除水委〔2019〕63 号文件明确的奖励金额外，其他项目实行“一事一议”。

六、附则

1）企业（单位、个人）同一申报内容，涉及本政策意见两项以上奖励的，不重复享受，按“从高从优”原则执行。

2）从事其他违反法律法规经营活动，发生环保违法重大事件、影响社会稳定重大事件、职业卫生重大事件、较大安全生产事故，或被列入安全生产黑名单、被涉税部门立案查处、未完成节能减排指标、被列入有关失信联合惩戒黑名单的，不得享受本政策。

3）对采取虚报发票、重复申报等不正当手段套取奖励的，取消当年及下年度奖励资格，对已发放的奖励资金依法追回。

本办法自 2019 年 11 月 1 日起试行。由水口乡人民政府负责解释。本办法如与上级有关法律法规相冲突，以上级法律法规为准。

中共水口乡委员会

水口乡人民政府

2019 年 11 月 1 日

2021年水口乡“六之纷飞”产业激励政策实施方案（建议）

为深入推进水口乡乡村旅游发展，加快农文旅产业融合及转型升级，建设省级乡村民宿特色小镇和省级样板美丽城镇，争创省级大花园耀眼明珠先行区、长三角山水田园风光样板区和全国乡村振兴示范区，擦亮“养生圣地、品质水口”金名片，经乡党委政府研究决定，特制定此实施方案。

一、政策期限

2021年1月1日—2021年12月31日。

二、奖励对象

本乡范围内市场经营主体及相关农户。

三、政策内容

1. 茶之韵

1）全力打响“长兴紫笋茶”品牌。荣获国家、省、市荣誉称号的，进行1∶1配套奖励；在核心景区开设紫笋茶品牌形象店的，一次性奖励当年房租的50%，最高2万元。

2）鼓励资质茶企紫笋茶叶加工设备升级，新增设国内先进水平加工线的，奖励总投资10%，最高5万元。

3）农家乐、民宿业主在“五个一”基础上，推广使用水口区域品牌农产品的，给予一定奖励；开展水口乡农产品深加工并形成产品系列和品牌的企业，给予一事一议奖励。

2. 节之演

1）对在水口乡举办节庆活动的企业、单位，每次给予一定补助，最高5万元。

2）每个行政村设立20万元文体专项基金，用于发展文化体育事业，实行专项考核。

3）对积极建设水口演艺品牌，并完成省、市、县相关文化走亲活动输出的，最高奖励3万元。

3. 商之潮

1）对引进符合产业导向的总部经济、文创、影视等新型业态优质实体项目的个人或单位，最高奖励50万元；对盘活“六未项目”的个人或单位最高奖励10万元；对年纳税2000万元以上建筑业企业，按当年实缴税收的2%予以奖励。

2）对引进知名运动、文创品牌专卖店及中国特许连锁100强的连锁店奖励5万元。本土创意文旅商品获得国家级、省级铜奖以上的，分别奖励5万元、3万元。

3）当年被列入省服务业重大项目和市服务业“大好高”项目的，最高奖励10万元；首次被评为“浙江省服务业重点企业”的，奖励10万元；首次被评为省级、市级“老字号”品牌企业的，分别奖励5万元和3万元；首次被评为服务业规模以上企业的，奖励2万元。

4. 色之彩

1）在核心景区及乡村主要道路两侧发展七彩田园，通过上级有关部门验收的，给予总投入额20%的补助，最高10万元。

2）在核心景区及主干线两侧进行林相改造，改造后满足县级部门验收标准的，按照县级补助资金进行1∶1配套补助。

3）达到美丽庭院示范户标准的农户、民宿（农家乐），分别给予2000元、1万元的奖励。

5. 游之动

1）经审批，对主办各类体育赛事的企业、单位给予奖励，最高5万元。

2）对建成各类公益性竞技体育设施的企业、单位给予奖励，最高10万元。

3）对新建成各类规模化、专业化、特色化的农业采摘园或体验项目的，给予奖励，最高20万元。

6. 夜之光

1）对企业、品牌商铺进行外立面亮化的，补助亮化硬件投入额的10%，单个项目最高补助3万元。

2）对打造夜光景观带的行政村给予电费补助；应规划需要亮化的农户，由村级专项补助当年电费。

四、附则

1）各单位同一申报内容，涉及本政策两项以上奖励的，原则上不重复享受，按“从高从优”原则执行（乡党委政府有单独决议的除外）。

2）当年发生环保违法重大事件、影响社会稳定重大事件、职业卫生重大事件、较大安全生产事故，或被列入安全生产黑名单、被涉税部门立案查处、未完成节能减排指标、被列入有关失信联合惩戒黑名单的，不得享受本政策。

3）对采取虚报发票、重复申报等不正当手段套取财政奖励的，取消当年及下年度奖励资格，对已发放的奖励资金依法追回。

4）本政策所涉条款由各相关办公室制定具体操作细则，并由乡党政办备案。

5）政策资金由各行政村组织申报，相关办公室负责审核验收，乡纪委审查复核，审核结果报乡党委政府批准后兑现。

6）本政策自 2021 年 1 月 1 日起施行。